工 程 材 料

范 悦 主编

北京航空航天大学出版社

内容简介

本书是作者结合近年来的教学经验和材料领域的最新发展，参照近年来最新颁布的有关材料方面的国家标准编写而成的。内容包括工程材料的性能、材料的结构与性能间的关系、材料的强化、常用材料分析介绍、材料的选用及选用实例。

为了使学生能够获得关于工程材料的理论及实际选用工程材料的综合知识，本书力图将上述内容有机地结合起来，以体现综合、系统、全新、实用的特点。

本书可作为高等工科院校（含电大、函大、网络大学等）机械类和近机械类专业的教材，也可作为生产及科研部门有关科技人员的参考书或自学读物。

图书在版编目（CIP）数据

工程材料/范悦主编. —北京：北京航空航天大学出版社，2003.8

ISBN 978-7-81077-249-5

Ⅰ. 工… Ⅱ. 范… Ⅲ. 工程材料—高等学校—教材 Ⅳ. TB3

中国版本图书馆 CIP 数据核字（2003）第 050541 号

工程材料

范 悦 主编

责任编辑 刘宝俊

*

北京航空航天大学出版社出版发行

北京市海淀区学院路 37 号（100083） 发行部电话：010—82317024 传真：010—82328026

http://www.buaapress.com.cn

E-mail:bhpress@263.net

北京九州迅驰传媒文化有限公司印装 各地书店经销

*

开本：787×1092 1/16 印张：9.25 字数：237 千字

2003 年 8 月第 1 版 2021 年 8 月第 6 次印刷 印数：12 001～13 000 册

ISBN 978-7-81077-249-5 定价：30.00 元

前　言

本书是根据国家教委课程指导小组有关机械类专业《工程材料》课程教学的基本要求，结合工程技术与管理的发展，在总结近年来的教学经验和材料领域的最新发展基础上，参照近年来最新颁布的有关材料方面的国家标准编写而成的。内容包括工程材料的性能、材料的结构与性能间的关系、材料的强化、常用材料分析介绍、材料的选用及选用实例。

为了增强教材的实用性、先进性及全面性，本书在加强金属材料、非金属材料内容的基础上，又适当地增加了功能材料内容，并且所有材料都参照最新的国家标准进行了修订。

本书金属部分主要由范悦编写，非金属部分主要由杨伟群编写，王卫林负责新标准查阅，并参加了部分内容的改编修订工作。在编写中参阅了多方面的书刊资料。在本书出版之际，谨向支持、帮助过本书出版的有关人士致谢；谨向所有对本书内容有贡献的各位参考文献的作者致谢。

由于水平有限，书中的不妥当之处在所难免，期待读者和专家指正。

编　者

2003.6

目　　录

第一章　工程材料的性能

工程上所用的各种金属材料、非金属材料和复合材料统称为工程材料。它的性能分为使用性能和工艺性能。使用性能是指零件在使用条件下材料所表现出来的性能。它包括物理性能、化学性能、力学性能等。工艺性能是指材料在加工过程中所表现的性能，也就是加工的难易程度。它包括铸造性能、可锻性、可焊性、切削加工性和热处理工艺性等。材料使用性能的好坏，决定了它的使用范围与寿命。工艺性能的好坏，决定了它在加工中对成型的适应能力。

材料的力学性能是指材料在外力作用下所表现出的抵抗能力。由于载荷的形式不同，材料可表现出不同的力学性能，如强度、硬度、塑性、韧性、疲劳强度等。材料的力学性能是零件设计、材料选择及工艺评定的主要依据。

1.1　强度与塑性

1.1.1　强度及刚度

强度是指在载荷作用下材料抵抗塑性变形和断裂的能力。机械零件在载荷作用下会产生变形或断裂。载荷较小时，产生弹性变形；载荷大时，材料产生塑性变形；载荷过大时，材料断裂。

由于载荷的作用方式有拉伸、压缩、弯曲、剪切等形式，所以强度也分为抗拉强度 σ_b、抗压强度 σ_{bc}、抗弯强度 σ_{bb}、抗剪强度 σ_τ 等。在使用中一般多以抗拉强度作为基本的强度指标，常简称为强度。强度单位为 MPa（MN/m^2）。

材料的强度、塑性可以通过拉伸试验测定。

按 GB6397—86 的规定，标准拉伸试样可制成圆形试样和板形试样两种，如图 1.1 所示。圆形试样因夹紧时易于对中，应优先使用。圆形试样有长试样和短试样两种，长试样 $l_0=10d_0$，短试样 $l_0=5d_0$（d_0 为试样直径，l_0 为试样标距）。试验按 GB228—87 金属拉伸试验方法进行。将试样夹在拉伸试验机上缓慢加载拉伸，直至拉断为止。图 1.2 所示为用低碳钢试样做拉伸试验时测得的拉力（F）和伸长量（Δl）的关系曲线，称为低碳钢拉伸曲线。

由图 1.2 可知，在载荷较小的 oe 段，试样的伸长量随载荷增加而增加，外力去除后试样恢复原状。这种变形称为弹性变形。超过 e 点后则进入“弹—塑”性变形阶段，在这一阶段若除去外力，试样不能完全恢复原状。当载荷增加到 F_s 时，拉伸曲线在 s 点后出现了水平段，表示载荷保持不变时，试样继续明显伸长，这种现象称为屈服。屈服现象过后，试样又随载荷的增加而伸长，称为强化阶段。当载荷增加到 F_b，拉伸曲线在 b 点时，试样出现局部变细的缩颈现象。b 点以后，所需载荷逐渐减小，变形主要集中于颈部。当载荷达到 F_k 时，试样在缩颈处断裂。试样在拉伸过程中，经历了弹性变形、屈服、强化、颈缩和断裂几个阶段。

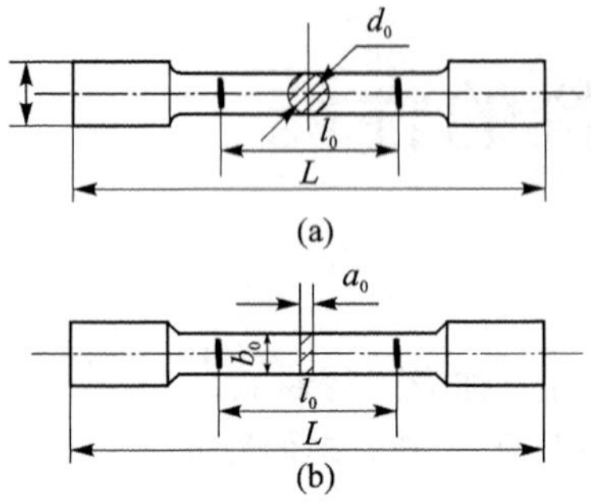

图 1.1　拉伸试样

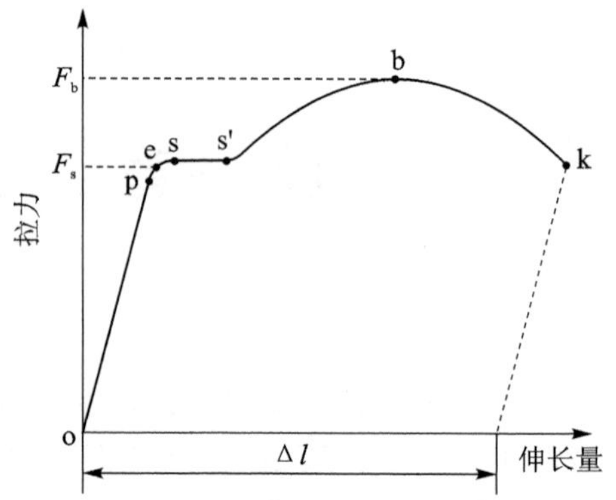

图 1.2　低碳钢拉伸曲线

当材料受载荷作用时，其内部会产生与外力相平衡的内力。单位面积上的内力称为应力(σ)。强度的大小是以材料所能承受的应力数值来表示的，即

$$\sigma = \frac{F}{A_0} \tag{1.1}$$

当材料受载荷作用时，其长度会伸长。伸长量(Δl)与原长度(l_0)的比值称为应变(ε)，即

$$\varepsilon = \frac{\Delta l}{l_0} \tag{1.2}$$

1. 屈服强度

屈服强度是指材料产生屈服时的最小应力。它表达了材料抗塑性变形的能力，用 σ_s 表示：

$$\sigma_s = \frac{F_s}{A_0} \tag{1.3}$$

式中：F_s——s 点的最小载荷，单位为 N；A_0——试样原始横截面积，单位为 mm^2。

由于工业中使用的大多数材料(如合金钢、铜合金、铝合金等)没有明显的屈服点，很难准确测定 σ_s。因此国家标准中规定，残余应变量为 0.2%时的应力值作为这些材料的屈服强度，称为条件屈服强度，用 $\sigma_{0.2}$ 表示。

2. 抗拉强度

抗拉强度是指材料所能承受的最大应力。它表征了材料抵抗断裂的能力，用 σ_b 表示：

$$\sigma_b = \frac{F_b}{A_0} \tag{1.4}$$

式中：F_b——试样在断裂前的最大载荷，单位为 N；A_0——试样原始横截面积，单位为 mm^2。

材料的抗拉强度容易测定，数值也比较准确。σ_s 和 σ_b 是选材的两个重要强度指标。在设计零件及构件时，若不允许产生塑性变形，应以 σ_s 来校核强度，如空气压缩机机匣螺栓等；若只要求使用时不断裂，则以 σ_b 来校核强度，如一般机械上的连接螺栓等。用 σ_b 作为强度指标时，应采用较大的安全系数。对于脆性材料必须用 σ_b 作为强度指标。

3. 刚度与弹性模量

刚度是指零件或构件抵抗弹性变形的能力。在构件形状、尺寸不变的情况下，其刚度决定于材料的弹性模量。弹性模量是指在比例极限(σ_p)范围内，应力与应变之比：

$$E = \sigma/\varepsilon, \quad E = \frac{Fl_0}{A_0 \Delta l} \tag{1.5}$$

式中：Δl——试样在比例极限范围内的变形量，单位为 mm；

F——试样所受拉力，单位为 N；

l_0——试样原标距长度，单位为 mm；

A_0——试样原始横截面积，单位为 mm^2。

由低碳钢的拉伸曲线可知，op 段是载荷与伸长量 Δl 为成正比关系的直线段，p 点处的应力用 σ_p 表示，称为比例极限；pe 段虽非正比关系，但仍属纯弹性变形阶段，e 点处的应力用 σ_e 表示，称为弹性极限。故前者是指材料保持载荷与伸长成比例增长的最大应力，后者是指材料保持纯弹性变形时的最大应力。E 为在比例极限范围内，应力 σ 与应变 ε 的比例常数。当 F、l_0 和 A_0 一定时，E 与 Δl 成反比，即某种材料的弹性模量越大，其弹性变形量就越小，而刚度就越大。弹性模量(E)主要取决于金属的本身性质，与晶格类型和原子间距有关，而热处理等强化手段对弹性模量影响极小。大部分机械零件都在弹性状态下工作，对刚度有一定要求，在工作时不允许产生过大的弹性变形。除选择具有较大弹性模量的材料外，增大横截面积或改进结构形式均可使零、构件的刚度增加。

1.1.2 塑　性

塑性是指在外力作用下材料产生永久变形而不被破坏的能力。常用的塑性指标是伸长率(δ)和断面收缩率(ψ)：

$$\delta = \frac{l_1 - l_0}{l_0}, \qquad \psi = \frac{A_0 - A_1}{A_0} \tag{1.6}$$

式中：l_0——试样原标距长度，单位为 mm；

l_1——试样拉断后标距长度，单位为 mm；

A_0——试样原始横截面积，单位为 mm^2；

A_1——试样断裂处的横截面积，单位为 mm^2。

在测定材料的强度时，可以同时测定它们的塑性。长试样($l_0 = 10d_0$)测得的延伸率用 δ_{10} 表示；短试样($l_0 = 5d_0$)测得的延伸率用 δ_5 表示。延伸率值的大小与试样长度有关，对于同一材料 $\delta_5 > \delta_{10}$。ψ 与试样的尺寸无关，而且对材料的塑性改变更为敏感，所以能更可靠地反映材料的塑性。δ、ψ 值越大，表示金属的塑性越好。

塑性指标在工程技术中具有重要的实用意义。它虽然不直接用于工程设计，但很多零件要求具有一定的塑性。良好的塑性可以使材料顺利地完成某些成型工艺，如翼肋、火焰筒的冷冲压及涡轮盘、涡轮轴的锻造等。良好的塑性还可以在一定程度上保证零件的工作安全，在零件使用时万一超载，塑性变形引起的强化作用使零件不致于突然断裂。一般 δ 达到 5%，ψ 达到 10%，即能满足绝大多数零件的使用要求。过高地追求塑性，会降低材料的强度。

1.2 硬　度

许多零件在使用过程中表面会产生划痕、凹坑，或长期使用后产生磨损。这是由于材料的硬度低而造成的。工程上用于测量材料硬度的方法有布氏硬度、洛氏硬度和维氏硬度等。另外，肖氏硬度用于测量橡胶。

1.2.1 布氏硬度(HB)

布氏硬度值用布氏硬度机测定。其原理如图 1.3 所示：将直径为 D 的球形压头(D=10、5、2.5、2、1 mm)在相应载荷 F 的作用下压入所测材料表面，经规定的保持时间后卸除载荷，得一直径为 d 的压坑。载荷除以压坑球面积所得的商，即为布氏硬度值。若测定布氏硬度值在 450 以下的材料，应选用普通淬火钢球，用 HBS 表示；若测定布氏硬度值在 450～650 的材料，应选用硬质合金球，用 HBW 表示。其计算公式为

$$\text{HBS(HBW)} = \frac{F}{A} = \frac{2F}{\pi D(D - \sqrt{D^2 - d^2})} \tag{1.7}$$

由式(1.7)可以看出，布氏硬度值实质上是指材料压坑单位球面积上的抵抗力。其数值越大，则表示材料越硬。

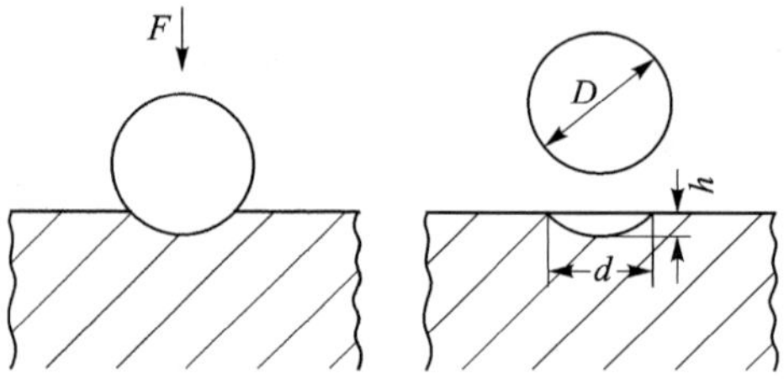

图 1.3　布氏硬度测量原理

布氏硬度测量压坑面积大，受材料不均匀度影响小，故测量误差小，硬度值准确、真实。但当材料太硬时(布氏硬度值大于 650)，球形压头可能产生变形，则不宜采用布氏硬度。另外，由于布氏硬度压坑较大，也不宜用来检测成品、小件、薄件的硬度。

1.2.2 洛氏硬度(HR)

洛氏硬度值使用洛氏硬度机测定。其原理如图 1.4 所示：先加初载荷 99 N，使顶角为 120°的圆锥形金钢石(或 ϕ1.588 mm 的淬火钢球)压头紧密接触材料表面，并压入深度 h_1；再加上主载荷(490 N 或 874 N 或 1 372 N)使压入深度达 h_2；经保持规定时间后，卸除主载荷、保留初载荷，由于材料弹性恢复，压入深度减小为 h_3。以 $h_3 - h_1 = \Delta h$ 作为洛氏硬度值的计算深度。

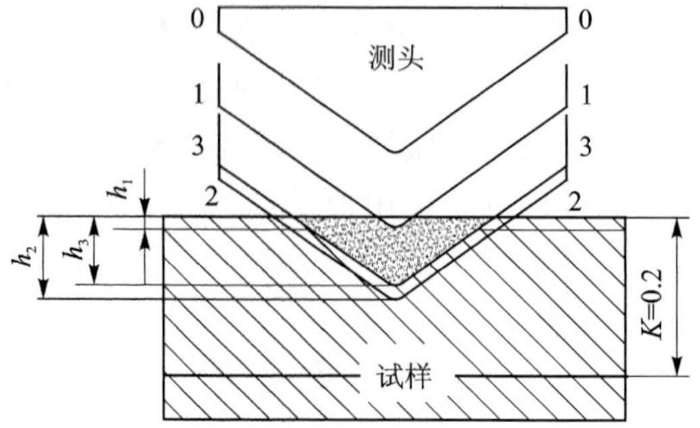

图 1.4　洛氏硬度测量原理

由于 Δh 数值很小，并且材料越硬数值越小，若用此值表示硬度则与习惯不符。故确定每 0.002 mm 深度为一个硬度单位，同时根据锥或球两类不同的压头各采用一个常数 K。洛氏硬度按下式计算：

$$\mathrm{HR}=\frac{K-\Delta h}{0.002} \tag{1.8}$$

根据材料硬度和厚度不同，可采用不同压头和载荷组成 15 种洛氏硬度标度。其中最常用的是 HRA、HRB、HRC 三种(GB1818—79)，其硬度值可在洛氏硬度机的刻度盘上直接读出，不必再采用上式计算。表 1.1 所列为这三种标度的试验条件和应用举例。

表 1.1 常用洛氏硬度的三种标度

洛氏硬度	测头	载荷/N	刻度颜色	有效范围	应用
HRA	金刚石锥	588	黑	70～85	硬质合金、表面硬化层
HRB	钢球	980	红	25～100	有色金属、退火钢
HRC	金刚石锥	1 470	黑	20～67	淬火、回火钢

需要指出的是，若对同一材料采用不同标度测量，所得数值各不相同；反之，采用不同标度测量不同材料若得到相同数值，各材料的实际硬度并不相同。故上述三种标度之间不能用所测得的硬度值直接对比来比较材料的硬度高低。

洛氏硬度法测量简便迅速，可直接读数，表面压坑小，多用于较薄材料或成品检测。但由于压坑过小，测量误差稍大，常采用不同部位多点测量，取其平均值。

1.2.3 维氏硬度(HV)

维氏硬度测试原理如图 1.5 所示，基本上与布氏硬度法相同。不同的是所加载荷 F 较小，而且使用的是锥面间夹角为 136°的金刚石正四棱锥体压头，在被测材料上压坑为四方锥形。通过测量压坑投影两对角线的平均长度 d，可计算出压坑表面积 A，压坑单位面积上所产生的抗力即为维氏硬度值。

其计算式为：

$$\mathrm{HV}=\frac{F}{A}=\frac{1.891\,5F}{d^2}$$
$$d=(d_1+d_2)/2 \tag{1.9}$$

同布氏硬度法一样，习惯上单位不予标出，所得数值越大，说明材料越硬。维氏硬度的载荷 F 分为六级(49、98、196、294、490、980 N)，可根据材料硬度和厚度的不同来选择。压痕对角线长度单位为 mm。维氏硬度不随载荷变化，即不同载荷下的维氏硬度可以相互比较。在一般情况下，选用 294 N 载荷。测定表面薄层时，可用小载荷。维氏硬度的优点是测量精度高，测量的硬度范围宽(可高达 1 300 HV)，应用广泛，特别适宜于测定工件表面硬化层、金属镀层及薄片金属的硬度。

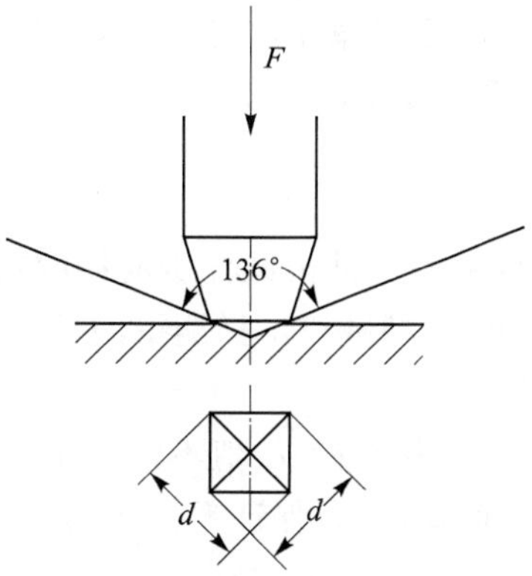

图 1.5 维氏硬度测量原理

硬度指标在生产中应用广泛。在产品设计的技术条件中，硬度是一项重要的技术指标。

对于工具、模具和有耐磨性要求的零件，硬度是直接的使用性能指标，如高速钢车刀要求硬度＞HRC62、热锻模要求硬度 HRC35～47。此外，硬度与强度之间存在着一定的内在联系，硬度测量迅速简便，又不破坏成品零件，常用零件的硬度来估算强度；对于低碳钢，也可采用硬度与强度换算表。

1.3 冲击韧度

冲击韧度是材料抵抗冲击载荷的能力。许多机械零件（如飞机起落架、发动机涡轮轴、汽车变速齿轮等）在工作中受到冲击载荷的作用，能引起材料断裂。因此，对此类零件进行设计时，不但要考虑前述的静态力学性能指标，还要考虑韧性等动态力学性能指标。在测定冲击韧度值时，不仅存在力的作用，而且伴随有力的作用速度，所以它是一种能量参数。

将材料制成带 V 型缺口或带 U 型缺口的标准试样，采用横梁式（见图 1.6a）或悬梁式（见图 1.6b）两种方法进行冲击试验。

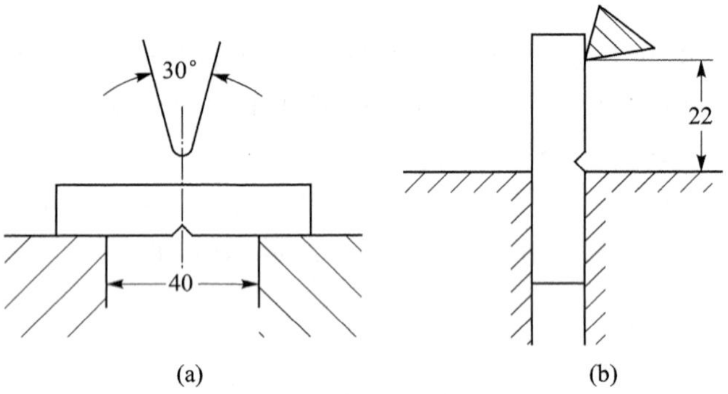

图 1.6 冲击韧度测量原理

横梁式冲击试验因试样装夹方便，更为常用。先将试样放在如图 1.7 所示的冲击试验机的支座上，并使试样缺口背向摆锤冲击方向与摆锤对正；然后将重量为 G 的摆锤提举到一定高度 H；摆锤落下将试样冲断，此时摆锤高度为 h。试样横截面单位面积上所消耗的功即为冲击韧度值 a_k，即

$$a_k = \frac{A_k}{S} \tag{1.10}$$

式中：A_k——冲击试样所消耗的功，单位为 J；S——试样缺口处的横截面积，单位为 cm^2。

用 U 型缺口试样测得的冲击韧度用 a_{kU} 表示，用 V 型缺口试样测得的冲击韧度值用 a_{kV} 表示。

金属材料的 a_k 值不能直接用于零件的设计计算，但对承受冲击载荷的零件，应当有一定的 a_k 值要求，以保证零件使用的安全性，如航空发动机轴 $a_k=80\sim100\ kJ/m^2$；一般零件则要求 $a_k=300\sim500\ kJ/m^2$ 便可满足要求。

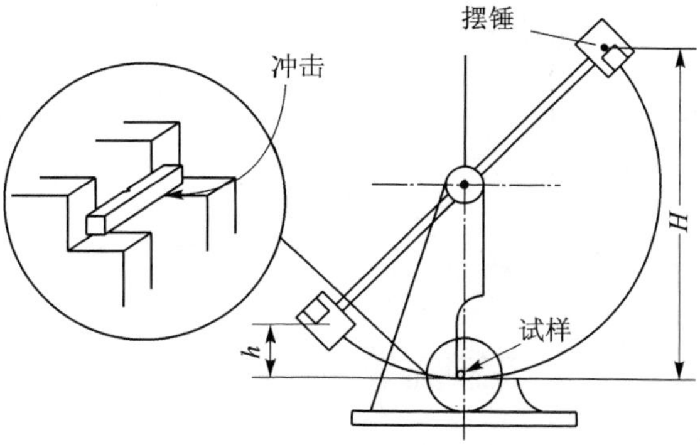

图 1.7 冲击试验机原理

1.4 疲劳断裂和疲劳强度

机械零件在交变载荷作用下,其工作应力远小于抗拉强度,甚至小于屈服强度时,在长时间工作后发生突然断裂的现象称为疲劳断裂。疲劳强度是指材料经无限多次应力循环仍不断裂时的最大应力。它表征了材料抵抗疲劳断裂的能力。

交变载荷是指只有应力数值变化,没有方向变化的重复应力和既有应力数值变化,又有方向变化的交变应力。机床主轴、齿轮、弹簧、连杆等作旋转或往复运动的零件就是在上述应力作用下工作的。在交变载荷作用下,材料表面的刀痕、尖角等应力集中处和材料内部的夹渣、气孔、裂纹等缺陷处首先产生疲劳裂纹,并随应力循环周次的增加,疲劳裂纹不断扩展,直至零件的有效横截面面积不能承受外载荷时突然断裂。这就是疲劳断裂的机理。

疲劳试验方法很多,其中应用最广泛的是旋转弯曲疲劳试验,试验装置如图 1.8 所示。实验测得材料所受的交变应力 σ 与其断裂前应力循环次数 N 的关系曲线称为疲劳曲线,如图 1.9所示。可以看出,施加载荷越小,即交变应力越小,则在断裂前能够承受的循环次数越多。当应力降低到某一数值时,曲线趋向水平,即表示在该应力作用下,材料经过无限多次应力循环而不断裂。工程上规定,材料的应力循环次数达到某一基数而不发生断裂时,其最大应力就作为该种材料的疲劳强度。一般钢铁的循环基数 N 取 10^7 次,有色金属的循环基数 N 取 10^8 次。材料承受对称循环交变应力时的疲劳强度用 σ_{-1} 表示。钢材的 σ_{-1} 只有 σ_b 的 50%左右。

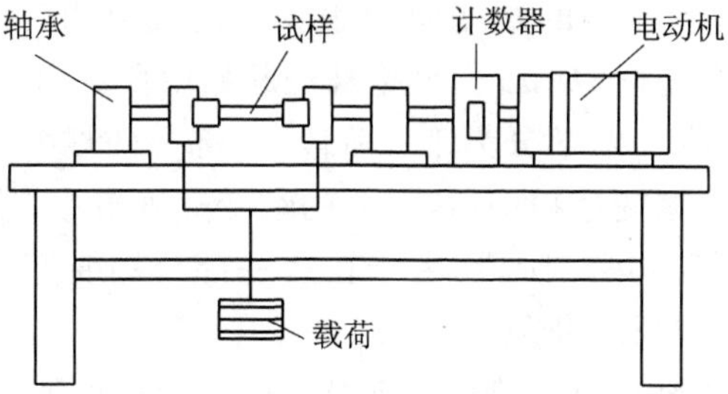

图 1.8 疲劳试验原理

机械零件的断裂有 80%是因疲劳而造成的。由于疲劳断裂是突然发生的,常常会引起严重事故。采取改进设计(避免尖角连接、降低表面粗糙度值等)和采用表面强化工艺(表面淬

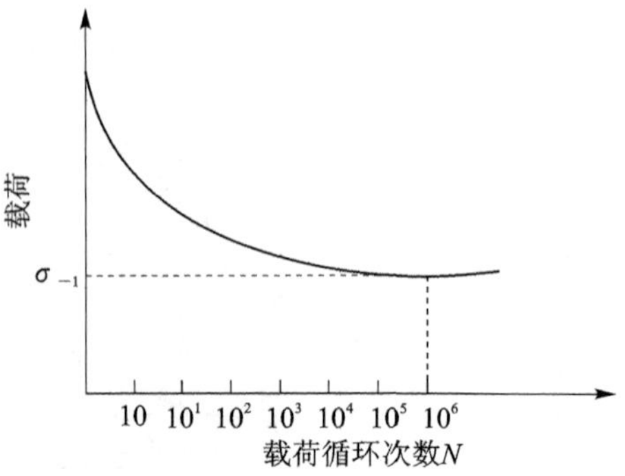

图 1.9 疲劳曲线

火、化学热处理、喷丸、滚压等)方法都可提高零件的疲劳强度。加强原材料和零件成品的内部缺陷检查也可减少或避免疲劳断裂。

1.5 材料高温性能

在汽轮机、蒸汽锅炉、化工炼油设备及航空发动机中,很多零件长期在高温下工作。温度对材料的力学性能影响很大,一般随温度的升高,金属材料的强度和弹性模量降低而塑性增加。但当高温长时负载时,金属材料的塑性却显著降低,往往出现脆性断裂现象。由此可见,对于高温材料的力学性能,不能使用常温下短时拉伸的应力—应变曲线来评定,还必须加入温度与时间两个因素。

这里所指的"高温"或"低温"是相对该金属的熔点而言,常采用约比温度,即 T/T_m(T 为试验或工作温度,T_m 为金属熔点,均为热力学温度)。当约比温度大于 0.5 时为高温,反之为低温。

1.5.1 蠕 变

蠕变就是金属材料长时间的在一定温度、一定应力作用下,即使应力小于 $\sigma_{0.2}$,也会缓慢地发生塑性变形的现象。这种变形最后导致的材料断裂称为蠕变断裂。蠕变在低温下也会产生,但只有当约比温度大于 0.3 时才比较显著。如碳钢当温度超过 300 ℃、合金钢温度超过 400℃时,就必须考虑蠕变的影响。蠕变是高温下金属力学行为的一个重要特点。金属材料的蠕变过程可用如图 1.10 所示典型的蠕变曲线表示。曲线分为三个阶段。ab 部分为第一阶段,包括瞬时变形 oa 和蠕变变形 ab,ab 部分称蠕变起始阶段。由于这部分的蠕变速度是逐渐减小的,故又称蠕变减速阶段。bc 部分为第二阶段,这部分的蠕变变形与时间成线性关系,即蠕变速度维持恒定。在整个蠕变过程中,这部分的蠕变速度最小,故称为稳态蠕变阶段或最小蠕变速度阶段。cd 部分为蠕变第三阶段,由于在这一部分蠕变变形速度逐渐增加,故这部分称为蠕变加速阶段,直至 d 点材料断裂。

蠕变强度是指材料在高温长时载荷作用下抵抗塑性变形的能力。有以下两种表示方法:

(1) 在规定时间内达到规定变形量的蠕变强度,记为 $\sigma_{\delta/t}^{T}$,单位为 MPa。其中 T 为摄氏温度(℃),δ 为延伸率(%),t 为持续时间(h)。

例如 $\sigma_{0.2/1000}^{800}=60$ MPa,表示试样在 800 ℃,经过 1 000 小时,发生 0.2%变形量的应力为

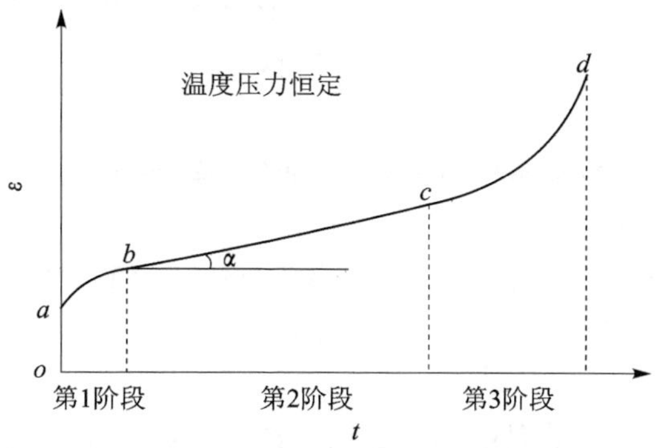

图 1.10 典型蠕变曲线

60 MPa。这种蠕变强度一般用于需要提供总蠕变变形的构件设计。

(2) 稳态蠕变速度达到规定值时的蠕变强度，记为 σ_v^T，单位为 MPa。其中 T 为摄氏温度(℃)，v 为稳态蠕变速度(%/h)。例如 $\sigma_{1\times10^{-5}}^{600}=60$ MPa，表示试样在 600 ℃，稳态蠕变速度为 1×10^{-5} %/h 时的蠕变强度为 60 MPa。这种蠕变强度一般用于受蠕变变形控制的，工作时间较长的构件设计。

1.5.2 持久强度

持久强度是指材料在高温长时载荷作用下抵抗断裂的能力。其大小用给定温度(T)下，恰好使材料经过规定时间(t)发生断裂的应力值表示，记为 σ_t^T。这里所指规定时间是以机组的设计寿命为依据的。锅炉、汽轮机等机组的设计寿命为数万至数十万小时，而航空喷气发动机的寿命则为一千或几百小时。例如某材料在 700 ℃条件下承受 30 MPa 的应力作用，经 1 000 h后断裂，则称这种材料在 700 ℃、1 000 h 的持久强度为 30 MPa，写成 $\sigma_{1000}^{700}=30$ MPa。

对于设计某些在高温运转过程中不考虑变形量大小，而只考虑在承受给定应力下使用寿命的零件来说，金属材料的持久强度是极其重要的性能指标。

1.5.3 高温疲劳

金属材料在高温下的疲劳强度往往是疲劳与蠕变同时作用的结果，因此也常称其为蠕变范围内的疲劳。一般地说，当温度超过 $0.5T_m$ 时，材料的疲劳强度会急剧下降。随着温度的升高，疲劳强度逐渐下降。某试样若在 650 ℃时，应力为 40 MPa，经 10^7 次对称循环后断裂，记为 $\sigma_{-1}^{650}=40$ MPa。

1.6 材料的物理及化学性能

1.6.1 金属的物理、化学性能

1. 金属的物理性能

(1) 密 度

单位体积物质的质量称为该物质的密度。其表达式为

$$\rho = m/V \tag{1.11}$$

式中：ρ为物质的密度，单位为 kg/m^3；m 为物质的质量，单位为 kg；V 为物质的体积，单位为 m^3。

密度小于 $5\times10^3 kg/m^3$ 的金属称为轻金属，如铝、镁、钛及它们的合金。密度大于 $5\times10^3 kg/m^3$ 的金属称为重金属，如铁、铅、钨等。

金属材料的密度直接关系到由它们所制构件和零件的自重。轻金属多用于航天航空器上。

(2) 熔　点

金属从固态向液态转变时的温度称为熔点。纯金属都有固定的熔点。熔点高的金属称为难熔金属，如钨、钼、钒等，可以用来制造耐高温零件，如在火箭、导弹、燃气轮机和喷气式飞机等方面得到广泛应用。熔点低的金属称为易熔金属，如锡、铅等，可用于制造保险丝和防火安全阀零件等。

(3) 导热性

导热性通常用热导率来衡量。热导率的符号是 λ，单位是 W/(m·K)。热导率越大，导热性越好。金属的导热性以银为最好，铜、铝次之。合金的导热性比纯金属差。在热加工和热处理时，必须考虑金属材料的导热性，防止材料在加热或冷却过程中形成过大的内应力，以免零件变形或开裂。导热性好的金属散热也好，在制造散热器、热交换器与活塞等零件时，要选用导热性好的金属材料。

(4) 导电性

传导电流的能力称导电性，用电阻率(ρ)来衡量，电阻率的单位是 Ω·m。电阻率越小，金属材料导电性越好。金属导电性以银为最好，铜、铝次之。合金的导电性比纯金属差。电阻率小的金属(纯铜、纯铝)适宜于制造导电零件和电线。电阻率大的金属或合金(如钨、钼、铁、铬)适宜于做电热元件。

(5) 热膨胀性

金属材料随着温度变化而膨胀、收缩的特性称为热膨胀性。一般来说，金属受热时膨胀，体积增大，冷却时收缩，体积缩小。热膨胀性用线胀系数 α_l 和体胀系数 α_V 来表示：

$$\alpha_l = \frac{L_2 - L_1}{L_1 \Delta t} \tag{1.12}$$

式中：α_l为线胀系数，单位为 1/K 或 1/℃，L_1为膨胀前长度，单位为 m，L_2为膨胀后长度，单位为 m，Δt 为温度变化量，单位为 K 或℃。

由膨胀系数大的材料制造的零件，在温度变化时，尺寸和形状变化较大。轴和轴瓦之间要根据其膨胀系数来控制其间隙尺寸；在热加工和热处理时也要考虑材料热膨胀系数的影响，以减少工件的变形和开裂。

(6) 磁　性

金属材料可分为铁磁性材料(在外磁场中能强烈地被磁化，如铁、钴等)、顺磁性材料、(在外磁场中只能微弱地被磁化，如锰、铬等)和抗磁性材料(能抗拒或削弱外磁场对材料本身的磁化作用，如铜、锌等)三类。铁磁性材料可用于制造变压器、电动机、测量仪表等。抗磁性材料则用于要求避免电磁场干扰的零件和结构材料，如航海罗盘。铁磁性材料当温度升高到一定数值时，磁畴被破坏，变为顺磁体，这个转变温度称为居里点，如铁的居里点是 770 ℃。一些金属的物理性能见表 1.2。

表 1.2　一些金属的物理性能及力学性能

金属	铝	铜	镁	镍	铁	钛	铅	锡	锑
元素符号	Al	Cu	Mg	Ni	Fe	Ti	Pb	Sn	Sb
密度/($kg \cdot m^{-3} \times 10^3$)	2.70	8.94	1.74	8.9	7.86	4.51	11.34	7.3	6.69
熔点/℃	660	1 083	650	1 455	1 539	1 660	327	232	631
线胀系数/$℃^{-1} \times 10^{-6}$	23.1	16.6	25.7	13.5	11.7	9.0	29	23	11.4
电导率/(S/m)	60	95	34	23	16			14	
热导率 W/(m·K)	2.09	2.85	1.46	0.59	0.84	0.17			
磁化率 κ	21	抗磁	12	铁磁	铁磁	182	抗磁		
弹性模量 E/MPa	72 400	130 000	43 600	210 000	200 000	112 500			
抗拉强度 σ_0/MPa	80～110	200～240	200	400～500	250～330	250～300	18	20	4～10
伸长率 δ/%	32～40	45～50	11.5	35～40	25～55	50～70	45	40	
断面收缩率 ψ/%	70～90	65～75	12.5	60～70	70～85	76～88	90	90	0
布氏硬度/HB	20	40	36	80	65	100	4		30
色泽	银白	玫瑰红	银白	白	灰白	暗灰	苍灰	银白	银白

2. 金属的抗蚀性

材料抵抗环境介质腐蚀的能力叫做材料的抗蚀性。

在周围介质的作用下,使金属逐渐受到破坏的现象称为腐蚀。按照金属与周围介质作用的性质,把腐蚀分类为化学腐蚀和电化学腐蚀。

金属与周围介质发生纯化学作用产生的腐蚀称为化学腐蚀,它有两种形式:其一是金属在干燥气体中的腐蚀,如高温燃气对涡轮喷气发动机零部件的腐蚀。其二是金属在非电解液中的腐蚀,如飞机管路系统受汽油、滑油的腐蚀。

化学腐蚀的特点是腐蚀过程中不产生电流。其腐蚀速度慢、危害小。

电化学腐蚀是指金属和周围介质(如酸、碱、盐等电解质溶液和潮湿空气)发生电化学作用而产生的腐蚀。

图 1.11 为金属的电化学腐蚀原理示意图。两种金属或两相金属在电解液的作用下形成宏观腐蚀电池和微观腐蚀电池。

电化学腐蚀的特点是腐蚀过程中有电流产生,腐蚀速度快,危害大。

为了防止金属腐蚀,可以采用合金化以及表面防护等措施。

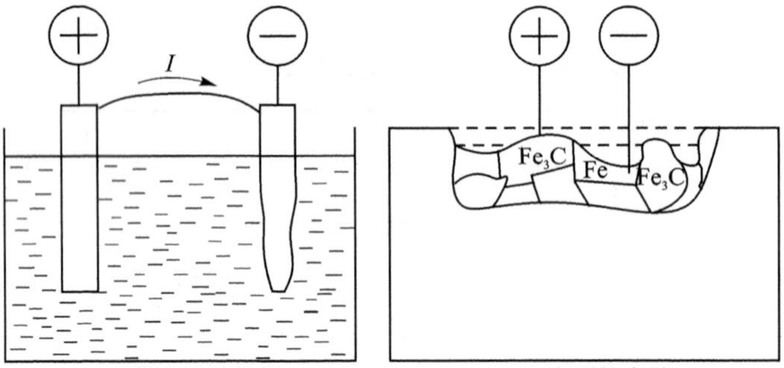

(a) 原电池的作用 (b) 金属的腐蚀

图 1.11 电化学腐蚀原理

1.6.2 高分子材料的物理、化学性能

同金属相比，高分子材料的物理、化学性能有如下特点。

1. 绝缘性

高聚物分子的化学键为共价键，不能电离，没有自由电子和可移动的离子，因此是良好的绝缘体，绝缘性能与陶瓷相当。另外，由于高聚物的分子细长、卷曲，柔性好，所以对热、声的传导也有良好的绝缘性能，例如，塑料的导热性就只有金属的百分之一以下。

2. 耐热性

高聚物的耐热性是指它对温度升高时性能明显降低的抵抗能力。此性能主要包括力学性能和化学性能两方面，而一般多指前者，所以耐热性实际常用高聚物开始软化或变形的温度来表示。这个温度值也就是高聚物的使用温度的上限值。按照材料的力学状态，对于线形无定形高聚物，它应该与玻璃化温度或软化温度有关，而对于晶态高聚物则与熔点有联系。

塑料的耐热性常采用马丁耐热温度表示。将标准试样(120 mm×15 mm×10 mm)置于马丁耐热仪中，施加一定的静弯应力(5 MPa)，缓慢加热，使试样末端弯曲到指定大小(6 mm)时的温度，即为该塑料的马丁耐热温度(℃)。

热固性塑料的耐热性比热塑性塑料高。常用热塑性塑料如聚乙烯、聚氯乙烯、尼龙等，长期使用温度一般在 100 ℃以下；热固性塑料如酚醛塑料的耐热温度为 130～150 ℃；耐高温塑料如有机硅塑料等，可在 200～300 ℃使用。同金属比较，高聚物的耐热性是较低的。这是高聚物的一大不足。

3. 耐蚀性

高聚物的化学稳定性很高。它们耐水、无机试剂以及耐酸和碱的腐蚀。尤其是被誉为塑料王的聚四氟乙烯，不仅耐强酸、强碱等强腐蚀剂，甚至在沸腾的王水中也很稳定。耐蚀性好是塑料的优点之一。

4. 老　化

老化是指高聚物在长期使用和存放过程中，由于受各种因素的作用，性能随时间不断恶化，逐渐丧失使用价值的过程。其主要表现是：对于橡胶为变脆、龟裂或变软、发粘；对于塑料是退色、失去光泽和开裂。这些现象是不可逆的，所以老化是高聚物的一个主要缺点。

老化的原因主要是分子链的结构发生了降解和交联。降解是大分子发生断链或裂解的过程。结果使相对分子质量降低，抻断为许多小分子，甚至分解成单体，因而使其机械强度、弹性、熔点、溶解度、粘度等降低。交联是分子链之间生成化学键，形成网状结构，从而使性能变硬，变脆。

影响老化的内在因素主要是化学结构、分子链结构和聚集态结构中的各种弱点。外在因素有热、光、辐射、应力等物理因素；氧和臭氧、水、酸、碱等化学因素；微生物、昆虫等生物因素。

改进高聚物的抗老化能力，应从其具体问题出发，主要措施有三个方面：①表面防护。在表面涂镀一层金属或防老化涂料，以隔离或减弱外界中的老化因素的作用。②改进高聚物的结构，减少高聚物各层次结构上的弱点，提高稳定性，推迟老化过程。③加入防老化剂，消除在外界因素影响下高聚物中产生的游离基，或使活泼的游离基变成比较稳定的游离基，以抑制其链式反应，阻碍分子链的降解和交联，达到防止老化的目的。

1.6.3　陶瓷的物理和化学性能

1. 热膨胀性能

热膨胀是温度升高时物质原子振动振幅增大，原子间距增大所导致的体积胀大现象。热膨胀系数的大小与晶体结构和结合键强度密切相关。键强度高的材料热膨胀系数低；结构较紧密的材料的热膨胀系数较低，所以陶瓷的线胀系数比高聚物低，比金属更低。

2. 导热性

导热性为在一定温度梯度作用下热量在固体中的传导速率。陶瓷的热传导主要依靠原子的热振动，由于没有自由电子的传热作用，所以陶瓷的导热性比金属小。受其组成和结构的影响，一般导热系数 $\lambda=2\sim50$ W/(m·K)。陶瓷中的气孔对传热不利。所以，陶瓷多为较好的绝热材料。

3. 热稳定性

热稳定性为陶瓷在不同温度范围波动时的寿命，一般用急冷到水中不破裂所能承受的最高温度来表示。例如，日用陶瓷的热稳定性为 220 ℃。它与材料的线胀系数和导热性等有关。线胀系数大和导热性低的材料的热稳定性低；韧性低的材料的热稳定性也不高。所以陶瓷的热稳定性很低，比金属低得多。这是陶瓷的另一个主要缺点。

4. 化学稳定性

陶瓷的结构非常稳定。在以离子晶体为主的陶瓷中，金属原子被氧原子所包围，被屏蔽在其紧密排列的间隙中，很难再同介质中的氧发生作用，甚至在 1 000 ℃以上的高温下也是如此，所以是很好的耐火材料。另外，陶瓷对酸、碱、盐等腐蚀性很强的介质均有较强的抵抗能力，与许多金属的熔体也不发生作用，所以也是很好的坩埚材料。

5. 导电性

陶瓷的导电性变化范围很广。由于缺乏电子导电机制，大多数陶瓷是良好的绝缘体；但不少陶瓷既是离子导体，又有一定的电子导电性；许多氧化物，例如 ZnO、NiO、Fe_3O_4 等实际上是重要的半导体材料。

总之，陶瓷材料的性能特点是：具有不可燃烧性、高耐热性、高化学稳定性、不老化性、高的硬度和良好的抗压能力；但脆性很高，温度急变抗力很低，抗拉、抗弯性能差。

习题与思考题

1. 工程材料的性能包括哪几方面？研究它们与材料的选择和加工有何关联？

2. 说明刚度、强度、硬度、塑性、韧性的含义，它们分别与金属零件的哪种失效形式有关？

3. 说明并列表比较下列符号的名称、意义、公式、单位，它们分别为何种力学性能的指标？

E、σ_b、σ_{-1}、$\sigma_{0.2}$、HBS、HBW、HRB、HRC、a_k、δ、ψ。

4. 按 GB699 规定，15 号钢材出厂时，力学性能指标应不低于下列数值：$\sigma_b=372$ MPa、$\sigma_s=225$ MPa、$\delta=27\%$、$\psi=55\%$。现购进一批 15 号钢材，用它制成 $d_0=10$ mm，$L_0=50$ mm 拉伸试样，作拉伸试验的结果是：$p_b=33\ 844$ N，$p_s=20\ 699$ N、$d_1=6$ mm，$L_1=65$ mm。试计算这批钢材的力学性能是否合格。

5. 铁、铝和某碳纤维的弹性模量分别为 213 790 MPa、70 560 MPa 和 390 000 MPa。当应力为 49 MPa 时，它们的应变各是多少？

6. 已知三种钢的硬度，A：HRA75、B：HRC37、C：250 HBS，试比较它们硬度值的大小。

7. 标距不相同的延伸率能否进行比较？为什么？

8. 疲劳破坏是怎样形成的？提高零件疲劳寿命的方法有哪些？为什么表面粗糙的零件会降低材料的疲劳强度？

9. 金属在高温下的力学性能有哪些特点？高温力学性能用哪些指标衡量？

10. $\sigma_{0.2/2000}^{750}$、σ_{-1}^{600}、$\sigma_{1\times10^{-4}}^{600}$ 分别是哪项高温力学性能指标？意义分别是什么？

第二章　材料的结构与变形

2.1　金属的结构与结晶

2.1.1　金属常见晶体结构

一切物质都是由原子组成的。固态的物质按其原子的聚集状态可以分为晶体和非晶体两大类。在晶体中，原子按一定的几何规律作周期性的排列，称为有序排列。绝大多数固体都为晶体，如石墨、金刚石、固态金属等。在非晶体中，原子无规则地堆集在一起，称为无序排列。自然界中这种物质较少，如松香、石蜡、玻璃等。

晶体与非晶体之间存在着明显的性能差异。晶体有固定的熔点和凝固点，而非晶体则没有。这是因为由原子有序排列的固态晶体向原子无序排列的液态转变时有显著的热效应，呈不连续转变。非晶体的原子排列无论固态、液态都是无序的，呈连续转变。此外，由于晶体各方向原子排列情况不同，呈各向异性。而非晶体的原子是杂乱排列的，各方向原子排列无明显差别，呈各向同性。

所有固态晶体都具有有序排列的晶体结构，图 2.1(a)所示为一种晶体中原子排列的模型(刚球模型)。为了研究不同金属原子的排列规律，也可将原子看为质点，用假想的线条将各原子中心连接起来，构成一个三维空间格架，如图 2.1(b)所示。这种描述原子在晶体中排列方式的空间格架称为晶格。晶格中的每个点称为结点。晶格中各方位的原子面称为晶面。晶格中各方向的原子列称为晶向。由于晶体原子排列方式呈周期性重复，故只需对晶格中最基本的单元进行分析便能确定原子的排列规律。能够代表晶格特征的基本单元叫做晶胞，如图 2.1(c)所示。

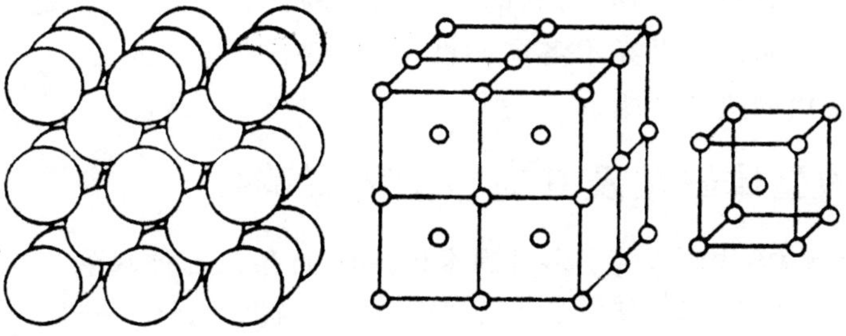

(a)　　(b)　　(c)

图 2.1　晶体结构示意图

由于金属键结合力强且无方向性，所以金属原子总是趋向于最紧密的排列，使原子排列的方式大为减少。大多数金属都属于下述三种晶格类型。

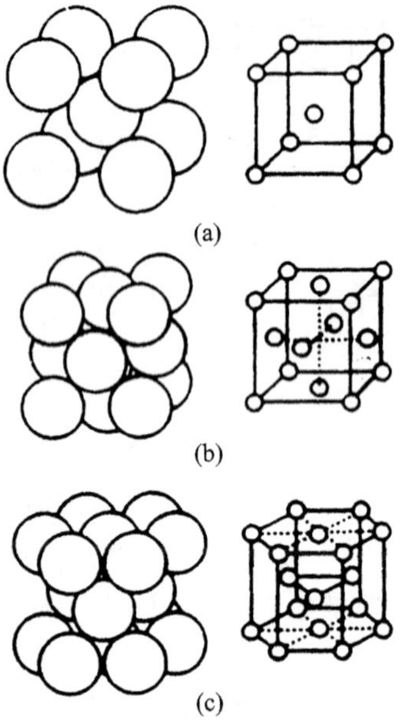

图 2.2 常见金属晶格类型

1. 体心立方晶格

这种晶格的晶胞是一个立方体，在立方体的八个角上和立方体中心各有一个原子，如图 2.2(a)所示。属于体心立方晶格的金属有 α－Fe(912 ℃以下的纯铁)、Cr、W、V 等 20 余种。

2. 面心立方晶格

这种晶格的晶胞也是一个立方体，在立方体的八个角上和六个面的中心各有一个原子，如图 2.2(b)所示。属于面心立方晶格的金属有 γ－Fe(912～1 390 ℃之间的纯铁)、Al、Cu、Ni、Au、Ag、Pb 等 20 余种。

3. 密排六方晶格

这种晶格的晶胞是一个六棱柱体，在柱体的上下两个六方面的角上及中心各有一个原子，在柱体中间还排列着三个原子，如图 2.2(c)所示。属于密排六方晶格的金属有 Mg、Zn、Be、Ti、Cd 等近 30 种。

不同类型晶格的金属具有不同的性能。如单就塑性来讲，面心立方晶格最好，密排六方晶格最差，体心立方晶格介于二者中间。属于同一类晶格的金属若晶格常数或夹角角度不同也会显示出性能上的差异。同一晶体中晶格类型与空间位向排列完全一致的称为单晶体。在单晶体中，由于存在着晶面或晶格上原子密度的不同，因而其各方向的物理、化学、力学性能也不相同。这种单晶体因方向不同而引起性能差异的现象称为各向异性。

以上所述为理想的晶体结构。工业上实际使用的金属材料除因特殊需要制作外(如半导体材料单晶硅和航空发动机中的单晶叶片)，都是由许多晶格位向不同的小晶体构成的，称为多晶体。每一个小晶体称为一个晶粒。晶粒与晶粒之间的界面叫晶界。多晶体金属虽然每个晶粒都是各向异性的，但由于各个晶粒的位向不同，故各个晶粒的各向异性现象互相抵消，多晶体金属显示各向同性(又称伪各向同性)。多晶体的结构如图 2.3 所示。

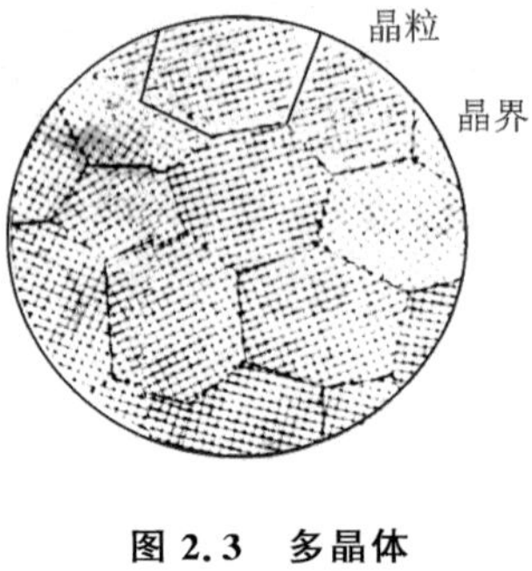

图 2.3 多晶体

2.1.2 金属的晶体缺陷及其对性能的影响

在金属的实际晶体结构中，由于多种因素的影响而存在各种缺陷。这些缺陷会使金属的物理、化学、力学性能产生变化，其中最重要的是造成金属的强化。根据其几何形态特征，金属晶体缺陷可分为以下三类。

1. 点缺陷

点缺陷是指三维空间中，三个方向上尺寸都很小的缺陷。最常见的是晶格空位、间隙原子和置换原子，如图 2.4 所示。热振动或塑性变形都会产生空位。晶格空位使空位周围的原子相互靠拢，产生收缩型晶格畸变。间隙原子是误排在晶格间隙中的原子，可能是同类原子，也可能是异类原子。间隙原子的存在会产生膨胀型晶格畸变。置换原子是异类原子替代了正常晶格上的原子，也会引起晶格的畸形变化。扭曲畸变会引起金属晶体性能的变化。一般来讲，会对金属原子的相对移动、金属的塑性变形起阻碍作用，从而引起金属的强度、硬度提高。

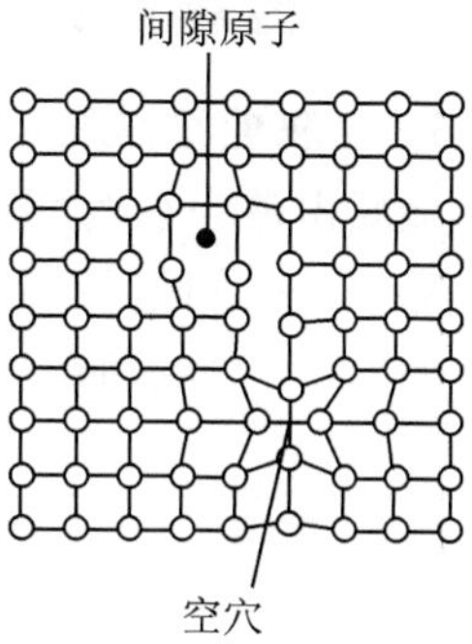

图 2.4　点缺陷

2. 线缺陷

线缺陷是指在两个方向上尺寸很小，在另一方向上尺寸较大的缺陷。也就是指各种类型的位错。在晶体中某处有一列或若干列原子有规律的错排现象称为位错。图 2.5 为最简单的刃型位错示意图。*DC* 称为位错线，在位错线附近发生了晶格畸变。位错在晶体中的移动会使金属塑性变形容易进行。当位错密度增加到一定程度时，使位错移动困难，又会使金属的强度提高。这种现象称为位错强化。

3. 面缺陷

面缺陷是指在两个方向上尺寸很大，在另一方向上尺寸较小的缺陷。最常见的面缺陷为晶界与亚晶界。晶界实际上是位向不同的晶粒之间的过渡层，因受邻近晶粒内原子排列位向不同的影响，晶界处原子排列不规则，晶格处于畸变状态，如图 2.6 所示。由于原子排列混乱，晶界处的熔点低，且易被腐蚀；由于在常温下晶界增加了位错移动阻力，故晶界处的硬度、强度较高，晶界面积越大，强度越高。使用电子显微镜可以观察到，在一个晶粒内部又存在位向差只有几十[角]分到 1°～2°的小晶块，称为亚晶粒，其界面称为亚晶界。亚晶界与晶界的作用相似。通过细化晶粒，增加晶界面积提高金属强度的方法称为晶界强化或细晶强化。必须指出，这种强化与位错强化不同，晶界强化不仅使金属强度提高，还使其塑性、韧性得到改善。

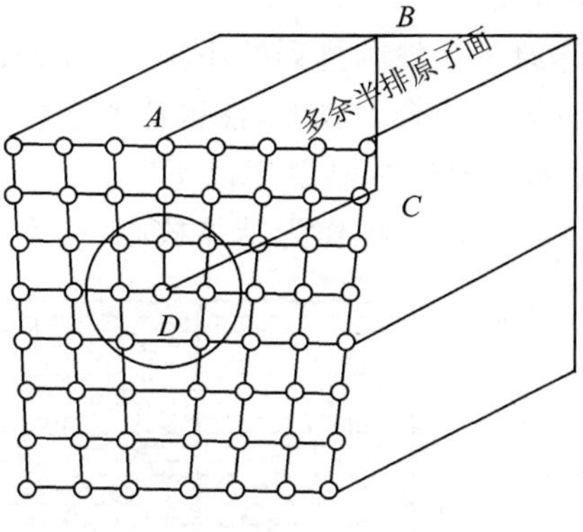

图 2.5　刃型位错示意图

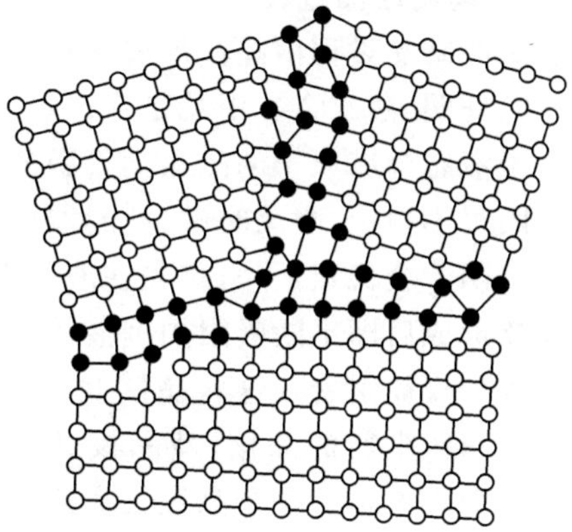

图 2.6　面缺陷示意图

以上这些晶体缺陷并不是固定不变的，而是随着温度、加工过程等因素变化而变化。

2.1.3 金属的结晶与同素异构转变

1. 金属的结晶及过冷现象

金属由液态变为固态的过程称为结晶。使加热到熔融状态的金属缓慢冷却，在冷却过程中每隔一定时间记录一次温度，直到凝固完毕。将记录的数据标注在时间—温度坐标图中，可画出如图 2.7 所示的一条曲线，称为冷却曲线。这种测定金属冷却过程的方法称为热分析法。

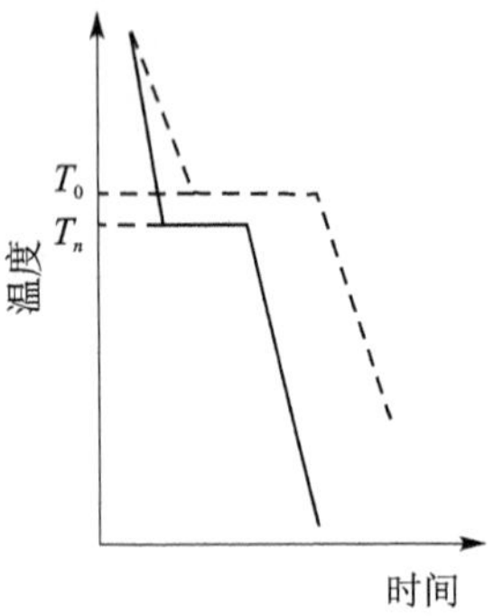

图 2.7 纯金属的冷却曲线

由冷却曲线可知，液态金属随时间的增长温度不断下降，当降至某一温度时出现了一个平台，这个温度是金属的实际结晶温度 T_n。因为在该温度时，金属液已开始结晶，结晶时放出的结晶潜热与冷却时向外界散失的热量相平衡，所以温度保持不变。结晶完毕后温度仍随时间的增长不断下降。

每种纯金属都有一定的平衡结晶温度（或理论结晶温度）T_0。实际金属凝固时只有冷却到低于 T_0 的某一温度 T_n 时，结晶过程才能有效地进行。这种实际结晶温度总是低于理论结晶温度的现象叫过冷现象。过冷是结晶的必要条件。理论结晶温度与实际结晶温度的差值称为过冷度，即 $\Delta T = T_0 - T_n$。

实际结晶温度和过冷度的大小与冷却速度有关，冷却速度越快，实际结晶温度越低，过冷度越大。

需要指出的是，纯金属的结晶是一个恒温过程；但对于大多数合金来说，它们的结晶过程却在一个温度区间内进行。

2. 金属的结晶过程

金属的结晶过程由晶核形成和长大两个基本过程组成。

研究证明，液态金属中总是存在着许多类似于晶体原子有规则排列的小集团，称为近程有序。由于液态金属原子的热振动很激烈，原子间距离较大而结合力较弱，使得这些近程有序的原子集团很不稳定，时聚时散，此起彼伏。只有当温度降至理论结晶温度以下时，大于一定尺寸的原子团才会稳定下来，首先在液态金属中形成一些极小的晶体作为结晶核心，称为晶核。

晶核形成后即不断吸附周围液体中的原子，使它们按一定的排列规律附着在这些晶核上。与此同时，在液态金属中又不断产生新的晶核，新晶核又不断长大，直到液态金属全部消失为止。每个晶核长大后即成为一个晶粒，同时相邻晶粒之间自然形成了晶界，如图 2.8 所示。

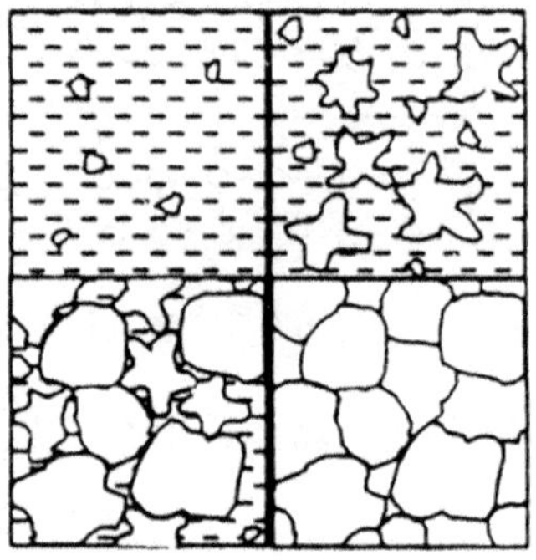

图 2.8 结晶过程示意图

晶核长大初期的外形是比较规则的，但当晶体棱角形成后，因棱角处的散热条件优于其他部位，故得到优先生长。生长方式像树枝一样，先长出枝干（或称一次晶轴），然后再长出分枝（或称二次晶轴）。依此类推，直至最后把所有晶轴间隙填满，如图 2.9 所示。有些金属表面或铸锭缩孔处金属液在结晶时补充不足，结晶后往往可以发现枝晶的形态，如图 2.10 所示。

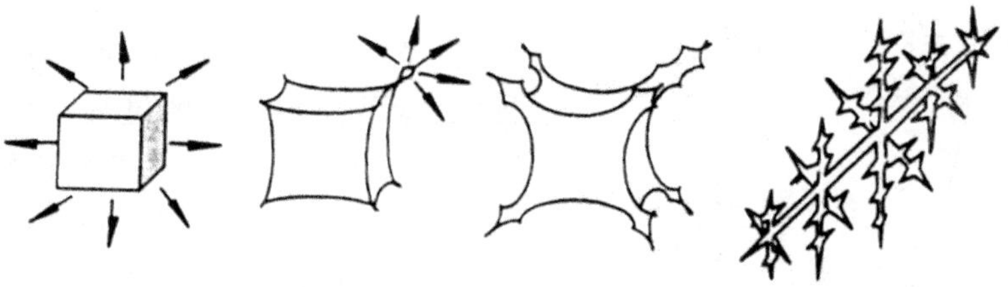

图 2.9 枝晶长大方式示意图

3. 晶粒度及其控制

晶粒度即是晶粒大小的等级，常用单位体积内所含晶粒数目表示。晶粒的大小对金属材料的性能有着重要影响。一般情况下，晶粒越细小，其强度越高，塑性及韧性越好。因此，在实际生产中总希望得到细小均匀的晶粒组织。

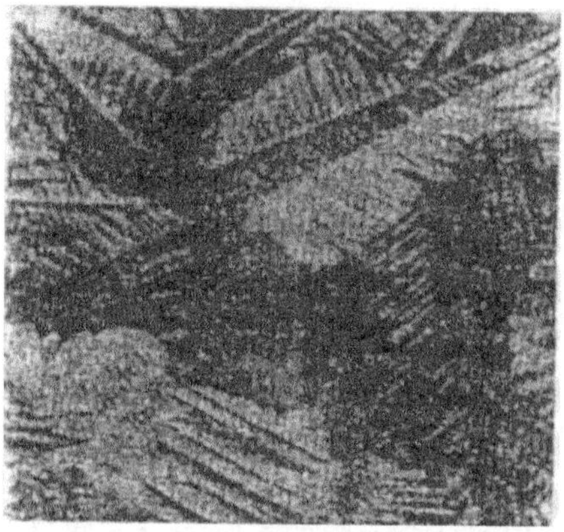

图 2.10 枝晶形态示意图

单位体积内的晶粒数目(Z)越多，则晶粒越细。Z 取决于结晶时的形核率 N(单位时间在单位体积内所生成的晶核数目)与晶核长大速度 v 两个因素，它们之间存在以下关系：

$$Z \propto \sqrt{N/v} \tag{2.1}$$

由式(2.1)可知，通过控制形核率 N 与晶核长大速度 v 这两个因素，使 N/v 获得较大的比值，即促进形核、抑制晶核长大，就会产生细小的晶粒。细化晶粒的主要方法是：

(1) 增大过冷度

金属结晶的过冷度越大，其冷却速度也越大，形成的晶核数目越多，结晶后的晶粒越细。在实际生产中，过冷细化的办法只适用于尺寸较小的铸件。大铸件整体获得大的冷却速度是困难的，甚至会导致铸件的变形或开裂。

(2) 变质处理

变质处理又称孕育处理。它是在金属结晶前加入一些细小的变质剂作为“人工晶核”(非自发形核)，起到增加形核率或降低长大速度的作用，从而获得均匀细小的晶粒。与增大过冷度相比，变质处理细化晶粒效果更好，因而在生产上应用更广泛。例如在铸铁液中加入硅、钙，在铝硅合金液中加入钠盐等。

(3) 振动搅拌

在液态金属结晶过程中，采取机械振动、超声波振动、电磁搅拌等方法，使正在生长中的枝状晶体破碎，破碎的细小晶体又成为新的晶核，增大了形核率，从而使晶粒细化。

4. 金属的同素异构转变

多数金属结晶后，晶格类型不再发生变化。但有少数金属如铁、钴、钛、锡等，在结晶完成后继续冷却的过程中还会发生晶体结构的转变。金属的这种在固态下由一种晶格向另一种晶格的转变称为同素异构转变。

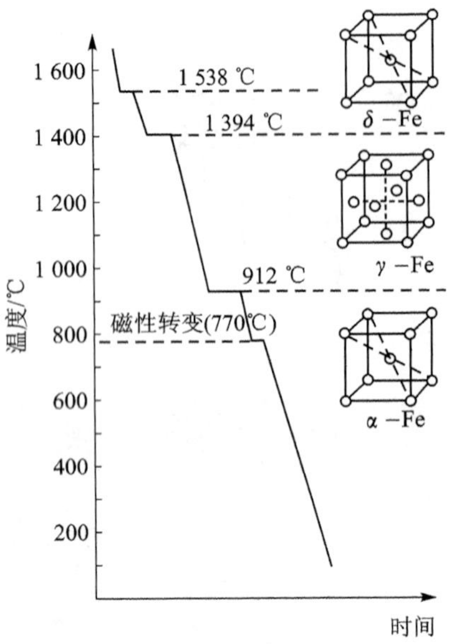

图 2.11 铁的冷却曲线图

金属的同素异构转变也是原子重新排列的过程，称为重结晶。固态下的重结晶与液态下的结晶相似，也遵循晶体结晶的一般规律：转变在恒温下进行，也有形核与长大的过程，也必须在一定的过冷度下转变才能完成。同素异构转变与液态金属结晶也存在着明显区别，主要表现在：晶界处能量较高，新的晶核往往在原晶界上形成；固态下原子扩散比较困难，固态转变需要较大的过冷度；固态转变时会产生体积变化，在金属中引起较大的内应力。例如，由 γ - Fe 转变为 α - Fe 时体积增大 1%。

图 2.11 为铁的冷却曲线图，该图说明了铁在冷却过程中发生的同素异构转变：铁在液态结晶后是体心立方晶格，称 δ - Fe；当冷却至 1 394 ℃时转变为面心立方晶格，称 γ - Fe；继续冷至 912 ℃时又转变为体心立方晶格，称 α - Fe，以后一直冷至室温晶格类型不再发生变化。770 ℃时出现的小平台为磁性转变点，低于该温度铁才有磁性，不发生晶格类型的变化。

铁的同素异构转变具有十分重要的意义。正是由于铁在不同温度下具有不同的晶体结构，对碳和合金元素的溶解能力不同，才能通过热处理改变其性能。

2.1.4 合金的结构

合金是指两种或两种以上金属元素或金属与非金属元素通过熔炼、烧结等方法制成的具有金属特性的物质。如钢与铸铁是铁和碳的合金；黄铜与锡青铜分别是铜与锌和铜与锡的合金。组成合金的独立物质称为组元。组元通常指纯元素，也可以是稳定的化合物。根据合金的组元数，合金分为二元合金、三元合金等。相同的组元所组成的一系列合金称一个合金系。

由于合金在强度、硬度等力学性能方面比纯金属高得多，所以工业中使用的金属材料几乎全部是合金。

合金中具有相同化学成分、相同的晶体结构，并有明显界面分开的均匀部分称为“相”。如纯金属液体为单相，在结晶过程中液体和固体共存时则为两相。相的区别并非只限于物质的状态，在固态下由于晶体结构不同也会同时存在几个相。相与相之间的转变称为“相变”。“组织”是指用肉眼或光学显微镜观察到的内部构造的图像，如金属的晶粒。“组织”与“相”只是材料内部构造不同尺度的两个概念。相的基本组成部分是“原子”，组织的基本组成部分是“相”，原子间的结合键、相的成分与结构决定了相的性能，组织中的相的组成方式决定了材料的力学性能。

合金中的相按其结构特点可分为固溶体和金属化合物两大类。

1. 固溶体

合金各组元在液态下互相溶解，结晶为固态后仍然保持溶解状态的合金相，称为固溶体。固溶体的特征是：溶剂为含量较多的基体金属，晶格类型保持不变；溶质为含量较少的合金元素，晶格类型消失。例如碳原子溶解到 α - Fe 的晶格中，形成的固溶体（称铁素体）具有 α - Fe

原来的体心立方晶格，而碳失去原来的密排六方结构，以单个原子溶入 α－Fe 的晶格，α－Fe 是溶剂，碳是溶质。碳原子溶解到 γ－Fe 的晶格中，形成的固溶体（称奥氏体）具有面心立方晶格。

根据溶质原子在溶剂晶格中所处的位置不同，固溶体分为置换固溶体和间隙固溶体两种。

（1）置换固溶体

溶质原子置换了溶剂晶格中溶剂原子的部分位置而形成的固溶体称为置换固溶体，如图 2.12(a)所示。多数固溶体为置换固溶体，如黄铜中的 α 相就是锌原子置换铜晶格上的原子而形成的固溶体。由于溶质原子在溶剂中的溶解度不同，置换固溶体中有些是无限固溶体，如铜镍合金；有些是有限固溶体，如铜、钼、铝、钨等，只能与铁形成有限固溶体。

（2）间隙固溶体

溶质原子位于溶剂晶格间隙中所形成的固溶体称为间隙固溶体，如图 2.12(b)所示。钢中的铁素体就是碳在 α－Fe 中形成的间隙固溶体。间隙固溶体只能是有限固溶体。

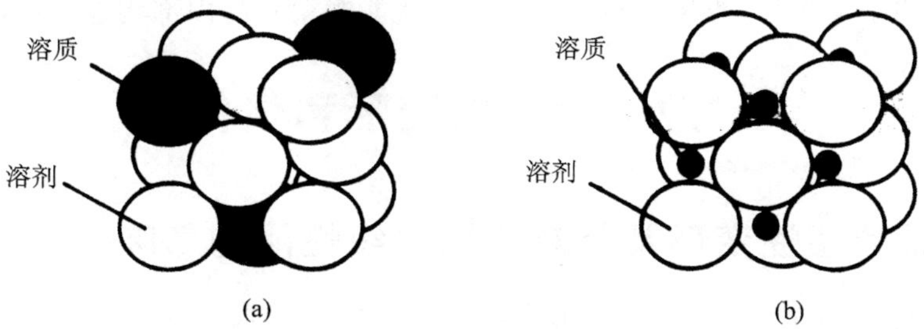

图 2.12　固溶体示意图

无论是间隙固溶体还是置换固溶体，都因溶质原子的溶入而导致原子间作用力发生变化，使溶剂晶格发生畸变，如图 2.13 所示。原子尺寸相差越大，畸变就越严重。晶格畸变增加了位错移动的阻力，提高了合金的强度和硬度。这种通过溶入溶质元素而使溶剂金属强度、硬度提高的现象称为固溶强化。固溶强化在工业中得到了广泛的应用，是提高金属材料力学性能的主要方法之一。例如向铜中加入一定量的镍，可使其抗拉强度提高近一倍。由于固溶体是以溶剂金属为基体，故其具有良好的塑性与韧性。

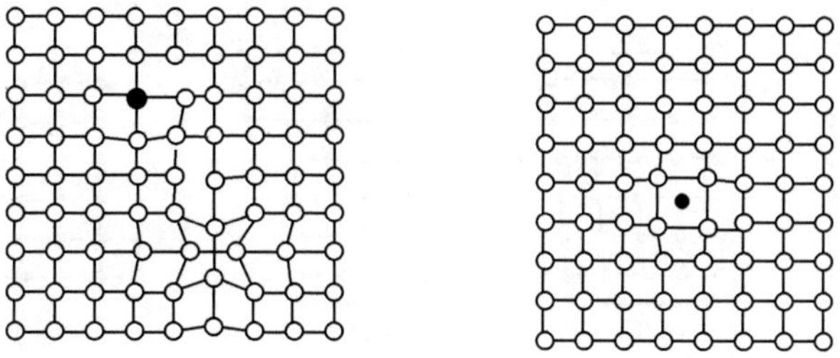

图 2.13　固溶体晶格畸变

2. 金属化合物

合金中各组元按一定方式形成的一种新晶体称为金属化合物。金属化合物的晶格类型不同于任一组元，一般具有复杂晶格，如碳钢中的渗碳体（Fe_3C）是铁与碳形成的金属化合物，其晶格类型既不同于铁，也不同于碳，表现为图 2.14 所示的复杂结构。

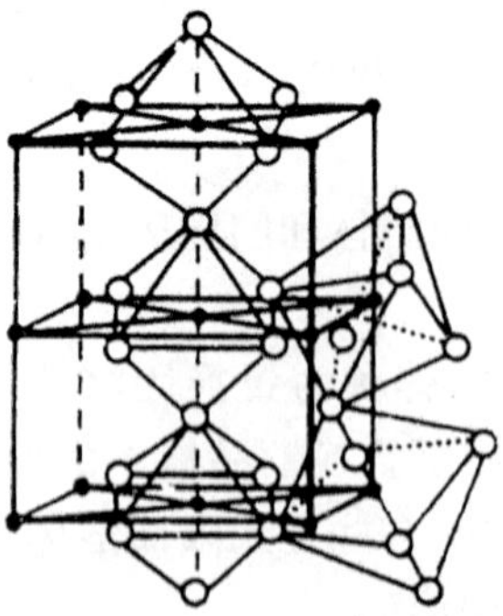

图 2.14 金属化合物的结构

复杂的结构使金属化合物具有较高的熔点、很高的硬度与脆性。合金中出现金属化合物时,合金的强度、硬度和耐磨性提高,但塑性、韧性降低。由于金属化合物硬而脆,通常不能作为合金的基体材料,而是以弥散状态(细粒状、细点状)分布于合金基体上作为强化相。弥散度越高,金属强度、硬度越高。这种以弥散粒子作为第二强化相而使金属强度、硬度提高的现象称为弥散强化。由于第二强化相粒子很小,故对合金的塑性、韧性影响较小。弥散强化在生产中也得到了广泛应用。

在固态合金中,还存在着机械混合物。机械混合物是由两种或两种以上的相混合而成的。组成混合物的各相仍保持原来的晶格类型与性能。机械混合物的整体性能则取决于各组成相的性能以及它们各自的形状、数量、大小及分布情况,即组织形态。"组织形态"是指用肉眼或光学显微镜能观察到的内部构造的图像。

2.2 金属的变形和强化

2.2.1 金属的塑性变形及其对金属组织性能的影响

金属在外力作用下产生变形,当外力去除后不能恢复的永久性变形称为塑性变形。塑性变形不仅使金属获得所需的形状和尺寸,而且能改变金属的组织和性能。

1. 单晶体的塑性变形

单晶体金属的原子按一定规则排列(见图 2.15a),当受力较小时,晶体内原子间距发生微小变化,原子稍偏离平衡位置处于不稳定状态(见图 2.15b),当外力去除后原子则返回平衡位置,晶体变形随之消失,这就是弹性变形阶段;当外力进一步增加达到一定程度,原子就沿着某些晶面滑移,达到新的平衡位置(见图 2.15c),这时外力去除后,原子不再恢复到原来的位置,晶体产生了永久性的塑性变形(见图 2.15d)。在剪应力作用下,晶体的一部分相对于另一部分产生滑动,称为滑移。发生滑移的晶面称为滑移面。

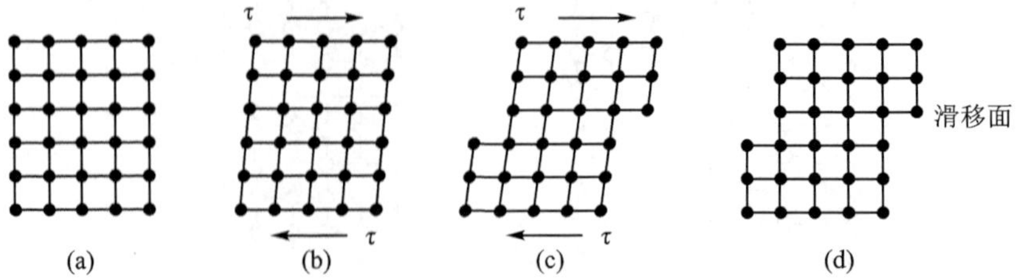

图 2.15 塑性变形示意图

滑移虽然是塑性变形的基本方式,但是理论研究和实践都已表明,塑性变形的产生并不是沿着整个滑移面同时进行的简单的刚性滑移造成的,而是由位错在滑移面上的运动来实现的。如图 2.16 所示,位错中心附近的极少量原子作微量位移,多余的半个原子面就从 ab 位置移到了 a′b′位置。图 2.17 表示了一个刃型位错在剪应力作用下,多余的半个原子平面从滑移面的左侧逐步转移到右侧，造成上、下部分晶体相对滑移了一个原子间距的全过程。由此可见：金属晶体的塑性变形，是由于晶体中存在着位错，位错中心的原子位移引起了位错运动，大量的位错运动引起晶体滑移的结果。位错运动方式的滑移所需的剪应力远远小于刚性滑移。无位错的金属晶体理论强度约为 $E/10$，而实际金属中有大量位错，其强度只有约 $E/200$ 到 $E/300$（E 为弹性模量）。

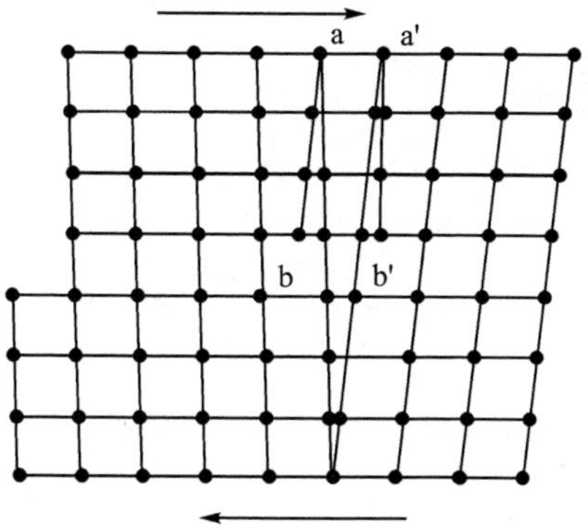

图 2.16　位错中心原子微量位移

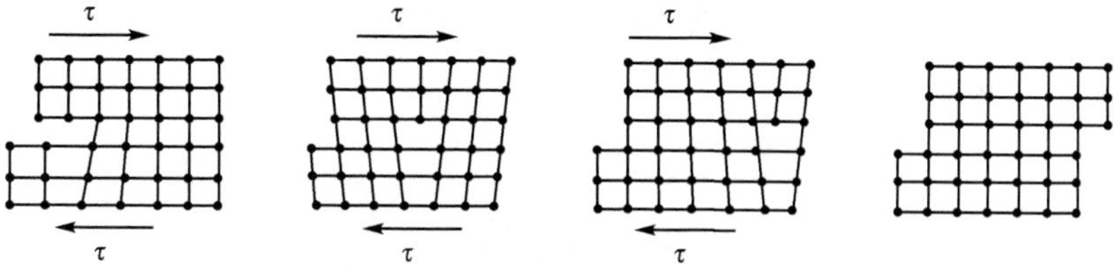

图 2.17　含位错晶体的滑移

2. 多晶体的塑性变形

多晶体中每个晶粒的塑性变形与单晶体相同。但是由于晶粒间有晶界存在，各单晶粒的位向又不相同，故多晶体的塑性变形要比单晶体更加困难和复杂。

晶界处的原子排列比较紊乱，杂质和缺陷较多。当滑移变形时，位错移动到晶界附近便会受到阻碍，增大了滑移阻力。金属的晶粒越细，晶界的总面积就越大，变形抗力就越大。金属的晶粒越细，发生滑移的晶粒数目就越多，金属的塑性变形分布越均匀，使金属的塑性提高越多。多晶体中各晶体的位向不同是多晶体塑性变形较复杂的另一原因。在对多晶体金属施加外力后，具有与外力成 45°滑移面的晶粒中首先要发生滑移变形，这种滑移必然会受到相邻位向不利于滑移的晶粒的阻碍，必须施加更大的外力，并且伴随着晶粒之间的滑移和转动，处于不同位向的晶粒才能先后进行滑移。

3. 塑性变形对金属组织和性能的影响

在常温下金属塑性变形后，内部组织将发生变化。晶粒中及晶界外的杂质沿着变形最大的方向伸长，其显微组织呈纤维状线条，称作纤维组织；部分晶粒破碎，亚晶粒数目增多，细化；位错密度增加，晶格畸变严重。金属组织的改变必然会引起性能的变化。其中最主要的是随着变形程度的增加，强度和硬度不断提高，塑性和韧性不断降低，这种现象称为冷作硬化或加工硬化，如图 2.18 所示。产生加工硬化的原因是主滑移面减少，位错密度增加，从而导致变形阻力增大，变形能力减小。加工硬化是金属材料的一项重要特性，是强化金属的一种重要方法，尤其是对一些不能用热处理方法进行强化的材料，如工业纯铜、黄铜及奥氏体不锈钢来说，这种强化方法显得更加重要。如含 0.9%～1.0%碳的碳素钢线材经冷拔后，钢丝强度可高达 2 949 MPa。金属中出现纤维组织后，其性能出现各向异性。

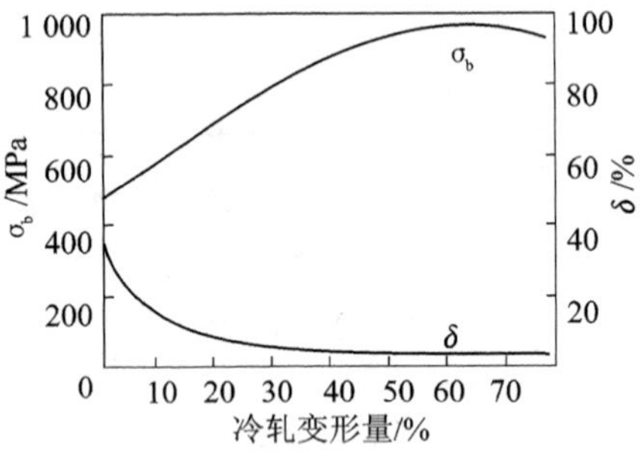

图 2.18 变形对金属性能的影响

2.2.2 再结晶

金属在常温下经塑性变形而加工硬化后处于不稳定状态，具有恢复为原状态的自发趋势。如果对塑性变形后的金属加热，提供原子活动所必须的能量，将会产生组织与性能的变化，如图 2.19 所示。

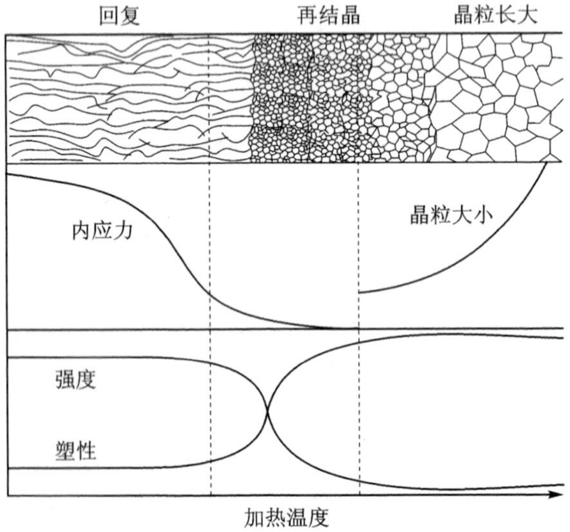

图 2.19 变形金属加热时组织性能的变化

1. 回 复

当加热温度不太高时，金属内原子活动能力增强不多，原子能作短距离的移动，使晶格畸变程度大为减轻，大部分内应力得以消除。这一过程称为回复。金属回复使加工硬化部分消除，即强度、硬度略有下降，而塑性有所提高。由于原子不能进行大距离移动，所以碎晶和拉长晶粒外形并未改变。

工业生产中的去应力退火，就是回复在生产中的应用。对冷变形后的金属进行去应力退火，既可消除其内应力，又可保持其加工硬化性能。

2. 再结晶

当继续升高加热温度时，原子就具有了更大的活动能力，金属的显微组织发生明显的变化，碎晶和拉长晶粒不再存在，以碎晶和晶界上的某些质点为晶核成长为新的细小均匀的等轴晶粒。这个过程称为再结晶。冷变形金属开始进行再结晶的最低温度，称为再结晶温度。实验表明，纯金属的再结晶温度与其熔点有如下关系：

$$T_{再}=0.4\ T_{熔}(T\ 为热力学温度)$$

合金的再结晶温度略高于纯金属。

由于再结晶后的金属晶格畸变和加工硬化现象完全消除，因而其强度、硬度显著下降，塑性、韧性明显上升，金属的性能又恢复到变形前的状态。

工业生产中常采用再结晶退火（一般高于再结晶温度 100～200 ℃）使加工硬化的金属恢复塑性，以便进一步加工。

3. 晶粒长大

再结晶完成后，如果继续升高加热温度或延长保温时间，晶粒便会互相吞并，细小的晶粒快速成长为粗大的晶粒，导致金属的力学性能显著下降。

2.3　高分子材料的结构和性能

2.3.1　高聚物的相对分子质量

1. 高聚物的聚合度和相对分子质量

高分子材料实际上是由高分子化合物经过加工和加入某些添加物而制成的。有机高分子化合物有天然与合成之分。如蛋白质、淀粉及纤维素是自然界中生长的，故叫做天然高分子化合物；而塑料、合成纤维及合成橡胶则属于人工合成的，所以也叫做合成高分子材料。高分子化合物也称高分子聚合物或高聚物(Polymer)，其相对分子质量的数量级常在 10^3～10^6 之间，它们的相对分子质量远远高于我们所熟悉的低分子化合物，一般可达几万、几十万，甚至上百万。高分子化合物虽然分子特别巨大，1 个分子含有成千上万个原子，但是它的化学组成都比较简单，这成千上万个原子通常仅包括碳、氢、氧、氮等几种元素，并以相同的结构单元组成高分子。其分子是由许多小分子单元键合而成的长链状分子，天然和合成的高分子化合物都是如此，例如：

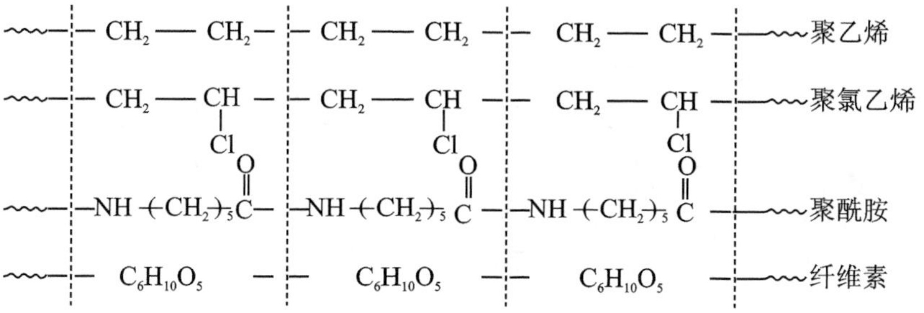

合成高分子化合物通常是由低分子化合物通过聚合反应而形成的，所以它又叫做高聚物或聚合物，而这些低分子化合物则称为单体。

应当指出，聚合物的重复单元(虚线部分)往往与形成它的单体(原料)的化学组成基本相同。总之，高分子化合物可以概括为由许多个结构相同的重复单元以共价链相联，以长链分子为基础的大分子所组成的化合物。上述四种高聚物的分子结构式可简示如下；

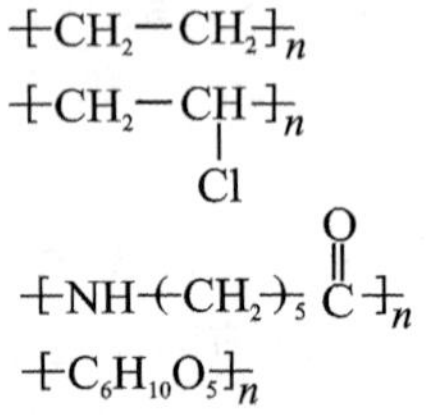

式中括号内部分为高分子的重复单元(或重复结构单元)，有时也称为链节。括号外右下角的 n 为组成高分子的重复单元数目，常叫聚合度(DP)。显然，高聚物的相对分子质量(M)与重复单元相对分子质量(m)之间有如下关系(因相对分子质量很大，两端基团的质量可忽略不计)：

$$M = m \times \mathrm{DP}$$

由于高聚物的相对分子质量大、结构特殊，所以与低分子化合物相比有很多独到之处：

(1) 高聚物一般都具有一定的强度与弹性，可作为各种固体或弹性体材料使用；

(2) 高聚物还具有很好的可塑性和延展性，容易制成形状复杂的制品纤维与薄膜材料；

(3) 聚合物的本体或溶液粘度特别大，如 2%～3%溶液的粘度比同样浓度的小分子溶液大几十到几百倍；

(4) 高聚物的熔点或软化点的变化范围比较宽(5～10 ℃)，蒸汽压极低，在达到沸点之前分子就已分解掉，故聚合物无气态可言。

2. 相对分子质量对性能的影响

图 2.20 显示了有机高分子材料的强度随着相对分子质量增加的变化规律。可以发现，随着材料相对分子质量的增加，材料的机械强度不断提高。很显然，要使聚合物达到可以实用的强度，必须提高材料的相对分子质量，使它达到某一个临界值 c。这个相对分子质量的值大约为 10^4。这也是我们把高分子定义在这个相对分子质量范围的原因。

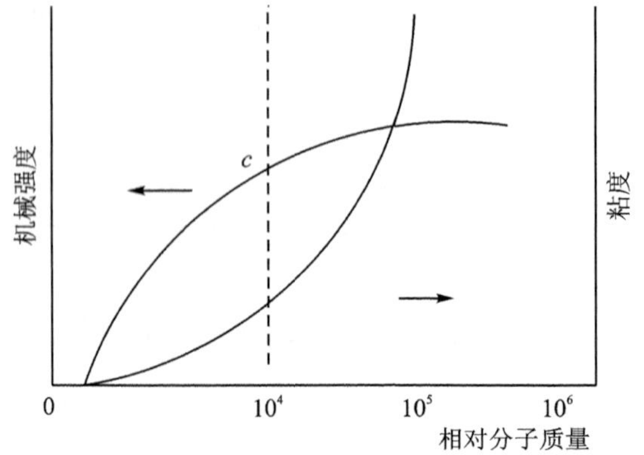

图 2.20 聚合物性质随相对分子质量的变化

不过聚合物的相对分子质量也不是越大越好，这是因为相对分子质量再继续增加，强度的增加并不显著，而聚合物的熔融粘度却大幅度上升，使材料的加工变得十分困难。

那么，为什么聚合物的强度会随着相对分子质量的增加而增加呢？原来这同分子间存在的相互作用力有关。这种被称为范德互尔斯(Var der Waals)力的分子间相互作用力存在于所有的分子中，这种作用力的本质是极性的作用。分子的极性越强，分子间的作用力就越强。即使是完全非极性的分子，由于电子的运动，会造成电荷的瞬间不平衡，产生非常短暂、微小的分子间相互作用力，称为色散力。此外还有诱导力，是极性分子对非极性分子间的相互作用力；偶极力是极性分子间的相互作用力；氢键则是一种有氢原子参与的极性分子间的相互作用力，例如水分子间，氢原子同氧原子间就会有很强的相互作用。在这四种相互作用力中，色散力最小，仅 4.18 kJ·mol^{-1}，是氢键强度的 1/10。平时我们把小分子化合物加热到沸腾，就是一个通过提高分子的热运动的速度和幅度，使小分子间的相互作用力破坏的过程。结果小分子气化，变成为单个的气体分子，液体变成了气体。沸点越高，表明分子间的相互作用力越大。有机分子大多数是非极性的，分子间的相互作用力非常之小，以色散力主，沸点很低。例如，非极性的有机物甲烷的沸点为－160 ℃，比分子间存在氢键相互作用的水的沸点低 260 ℃。

分子间的相互作用力是很小的，即使是最强的氢键相互作用力也仅是共价键能的 1/10。因此，我们平时将小分子化合物蒸发气化时，共价键是不会破坏的。不过分子间的相互作用力是与分子中所含的原子数有关的，原子的数目越多，分子间的相互作用力就越大，沸点也就越高。可以想像，当一个分子中包含有成千上万个单体单元时，分子间的相互作用力会有多大。以一个相对分子质量为 6 万含有 2 000 多个乙烯单元的聚乙烯分子为例，假设只有其中 1/20 的单元由于比较接近，存在分子间的相互作用力，那么分子间的相互作用力的总和，就会高达 400 kJ·mol^{-1}。这一数值大大超过共价键的键能。显然，高分子化合物即使加热到很高的温度也不会气化。最后，我们所观察到的不是分子与分子相互分开，而是分子内共价键的断裂，大分子分解成了小分子。所以，对同一种高分子而言，它的相对分子质量越大，分子间的相互作用也越大，材料的强度就越好。

需要说明的是，不同的聚合物达到临界强度时的最小相对分子质量是不同的。这是因为分子间相互作用力的大小是因聚合物组成和结构而异的。例如，分子间能形成氢键的聚合物尼龙—66 只要相对分子质量达到 10 000 左右，相当于 120 个左右的分子聚合在一起，就有较好的强度。而分子间作用力小的聚合物如聚乙烯，它要达到相当强度时的最低相对分子质量为 60 000。

已经合成出相对分子质量为上百万的聚乙烯树脂，称为超高相对分子质量聚乙烯。这种聚合物具有非常优异的抗冲击性能，可以用来制作高强度的机械零件。但是由于这种聚合物的熔融粘度非常大，因此，必须用专门的设备，在很高的压力下才能加工成型。

工业上，通过改变聚合物的相对分子质量，就可以得到不同牌号的产品，可以适用于不同用途。如果我们要加工纤维、薄膜或其他形状复杂的薄壁产品，我们就应选择相对分子质量小一点的原料，这样其熔融粘度会低一点，就比较容易加工；如果要制备塑料管材，则应选择相对分子质量高一点的原料，这样制成的管材强度会较高。

由于高聚物的相对分子质量很大，一般的聚合反应很难制备分子长度完全一致的聚合物。我们合成的聚合物实际上是不同相对分子质量的混合物，用一般的分析方法测得的是相对分子质量的平均值。通常，在同一个聚合物中，最小的分子和最大的分子的相对分子质量可能相差几十倍，上百倍。这就使得高聚物不像小分子化合物一样，有确定的物理常数。例如，高聚物的熔融温度是一个很宽的范围。这也是 20 世纪初，人们对高分子化合物缺乏正确认识的主要原因。

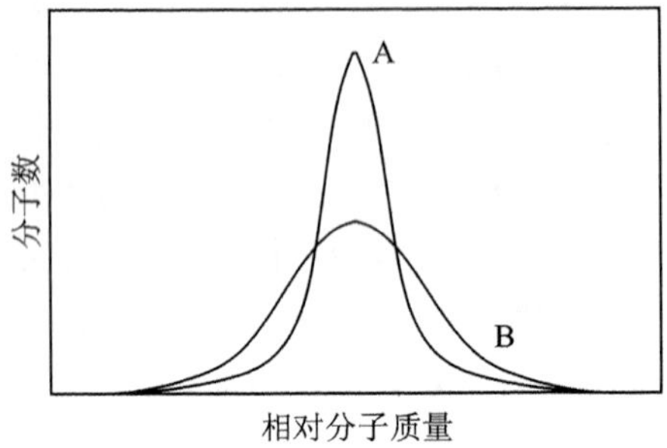

图 2.21 高分子相对分子质量

为了衡量一个聚合物相对分子质量的均匀程度，常常用相对分子质量分布来表示。如果聚合物的大多数分子的相对分子质量都差不多，那么我们就说这个聚合物的相对分子质量分布窄，如图 2.21 中的曲线 A 所示。相反，如果分子的大小参差不齐，它的相对分子质量分布就宽（见图 2.21 曲线 B）。在实际应用中，聚合物的相对分子质量分布是用分布指数 d 来表示的。$d=1$，表示相对分子质量分布均匀，所有的高分子几乎都是一样长短。自然，这是理想的情况。实际聚合物的 d 都大于 1。一般认为，分布指数在 2 以下的，为窄分布，大于 20 的为宽分布。用自由基聚合制备的聚合物的相对分子质量分布都较宽。很显然，高聚物的相对分子质量分布越窄，材料的性能越好，但是，合成也越困难。虽然通过活性阴离子聚合以及近年来正在开发的活性自由基聚合反应可以制备相对分子质量分布很窄的聚合物，但至今品种还较少。因此，进行分子设计，合成窄相对分子质量分布的高聚物仍是高分子化学家追求的目标。

3. 高分子的命名

高分子材料的命名方法比较繁杂。有些专用商品名直接由材料发明者或使用者提出，如尼龙、有机玻璃（聚甲基丙烯酸甲酯）；学术名称常在单体名称前加“聚”字，如聚乙烯、聚丙烯，有的在单体名称后加“树脂”或“橡胶”二字，例如酚醛树脂、丁苯橡胶等；而目前世界各地为便于交流，在商界和工业界大多用英文字母来表示聚合物，如 ABS、PS、PVC、PP 等。

2.3.2 高分子链形状

高分子是由许多相同的单体分子连接在一起的。如果所用的单体都是双官能团的，在极大多数情况下生成的聚合物会具有线形结构。如果在单体中存在三官能团或多官能团的化合物，或者由于反应过程太激烈，那么，最后反应得到的产物就可能形成带有支链或网状的结构，如图 2.22 所示。

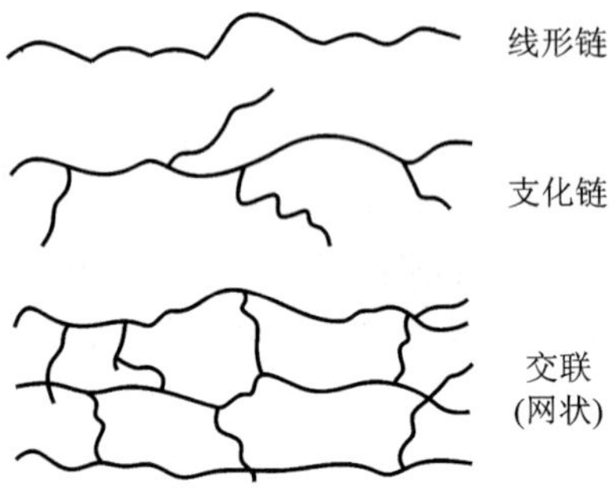

图 2.22 高分子链形状

由线形链或支链形成的高分子是一种热塑性聚合物。如果将它们加热到熔融温度以上，聚合物会软化、熔融，稍稍施加压力，就能加工成各种不同的形状。它们在合适的溶剂中，还会溶解，是一类可以反复溶解和熔融的高分子材料。大部分塑料，如我们所熟悉的聚乙烯、聚氯乙烯都具有类似的链结构，统称为热塑性聚合物。

如果相邻的大分子链间用共价键连接在一起，整个聚合物会形成三维的立体网状结构。可以想像，一旦聚合物形成这样的结构，聚合物分子就不能任意地移动了。这类聚合物在溶剂中不会溶解，加热时也不会熔融，是一种不溶不熔的高聚物。橡胶及大部分涂料和胶粘剂都具有类似的结构，统称为热固性聚合物。热固性聚合物的性能在某些方面如强度和耐温性等方面优于热塑性聚合物，但其缺点是加工困难、难以回收再利用。

要区分这两类高分子聚合物是很容易的。只要加热它们，在高温下能够软化的，就是热塑性高分子聚合物，不能软化的，则是热固性高分子聚合物。热塑性高分子聚合物可以反复加热熔融，因此，废弃的热塑性塑料可以在塑料加工机械中熔融，重新用于制备有用的塑料器皿。而热固性聚合物在高温下不能再改变形状，无法直接回收利用，废弃后，通常只能当燃料使用。

不同链形态的聚合物性质是很不同的，例如，用高压高温法制成的聚乙烯具有支化链结构，密度低，质地很柔软，但软化温度低，被大量用于制作薄膜；用低压法制成的聚乙烯具有线形结构，密度高，强度也好，软化温度较高，可用于制备重包装薄膜及塑料器皿等；而经辐照或过氧化物交联的聚乙烯树脂强度更好，耐温性更高，可以用于制作海底电缆的套管等（见表 2.1）。

表 2.1　不同链结构聚乙烯的性能

聚合物种类	链形态	密度	耐热性/℃	强度	用途举例
高压聚乙烯	支化	低	60（低）	低	食品袋
低压聚乙烯	线形	高	90（中）	中	周转箱
交联聚乙烯	交联	中	125（高）	高	电缆套管

2.3.3　高分子的聚集态结构

物质是由无数分子组成的，这些分子聚在一起，会有不同的排列形式。分子堆砌在一起的结构就称为聚集态结构。小分子的个体小，变化比较单一，一般只有结晶和非晶两种状态。高分子的相对分子质量很大，分子的组成不同，分子间的相互作用力不同，因此，分子链聚集在一起的形态也不同，它的聚集态结构就变得十分复杂。高分子的聚集态主要有非晶态、晶态和取向态等。

1. 高分子的结晶态

高聚物的每一个分子就好像是一根长长的线，通常情况下，它们互相杂乱无章地缠绕在一起，就像一团理不清的乱麻，被称为无规线团。这样形成的高聚物内部不存在规整的结构，是一类非晶态的高聚物。许多高聚物都有这样的结构，如聚氯乙烯、聚苯乙烯和有机玻璃等塑料，以及几乎所有的橡胶。

但是也有不少聚合物，当它们在塑料加工机中被加热熔融，然后从熔体中冷却成型时，长链的分子会按照一定的顺序规整地排列起来，形成有序的结晶结构。大多数聚合物从熔体中冷却时形成的结晶具有球状的形态，称为球晶。

由于高分子的相对分子质量很大，分子的运动受到牵制，因此，在通常条件下，它们不能像小分子化合物那样形成完美的单晶结构，也不能形成 100%的结晶。所谓的结晶聚合物实际上只是部分结晶的高分子聚合物。在这类聚合物中仍包含相当数量的非晶态结构。为此，我们常用结晶部分的质量分数或体积分数来表示高分子的结晶度。

聚合物能否结晶与它的分子组成和结构有很大关系。例如，具有对称线形结构的低压聚乙烯，有很高的结晶度(80%～90%)，而带有大量支化链的高压聚乙烯结晶度就较低(55%～65%)。聚丙烯分子具有很规整的结构，尼龙的分子中有很强的氢键相互作用，也都是结晶度很高的聚合物。

非晶聚合物大都是透明的，如有机玻璃、聚苯乙烯和聚氯乙烯等都是透明度很好的塑料。结晶聚合物有的透光好，有的透光差，取决于晶粒的尺寸。如果晶粒的直径与可见光的波长相似，高聚物就不大透明，如聚乙烯。反之，如晶粒的尺寸大于可见光的波长(如聚丙烯)或小于可见光的波长(如涤纶)，则结晶高聚物仍有很好的透明性。

对聚合物进行热处理或拉伸处理常常能进一步提高聚合物的结晶度。在热处理过程中，长链分子通过分子热运动调整它的位置，使分子排列得更加规整，结晶度提高。拉伸也有使分子排列得更加有序的作用。

结晶对聚合物的性能影响重大。聚合物的结晶度越高，它的力学性能就越好。例如无规聚丙烯是一种非晶的高分子，它的相对分子质量也很高，但强度很差，是一种蜡状的固体，不能作结构材料使用。商品的聚丙烯树脂是高结晶度的聚合物，强度高，还能耐较高的温度，是一种性质优良的塑料。高压聚乙烯具有支链结构，结晶度低，材料的性质就比较柔软，强度较低，而低压聚乙烯的结晶度高，材料的刚性好，强度也高。尼龙和聚酯都是结晶性聚合物，它们的强度都很好，是重要的工程塑料。橡胶的分子比较柔软、富有弹性，所以一般我们不希望它具有结晶结构。

2. 高分子的取向态结构

聚合得到的高分子在通常情况下是各向同性的，也就是在任何方向上，它的物理性质都是相同的。但是，用过塑料包装绳的人都有这样的经验，要想把绳子拉断是十分困难的，而把绳子撕裂却非常容易。塑料包装绳所以会有这样的特性，是由于人们在加工时，对塑料绳进行拉伸，将原来卷曲的聚合物分子拉直，沿着拉伸的方向上较平行地排列起来。经过高温处理，这种结构就固定下来(见图 2.23)，这就是取向态结构。

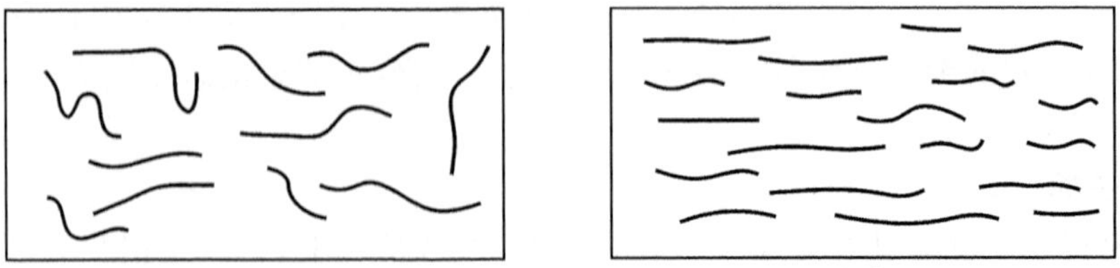

各向同性高分子　　取向态高分子

图 2.23 高分子的取向

纤维和塑料包装绳在制备时都要经过拉伸、取向，纺成的丝才会有很高的强度。拉伸是纤维制造过程中极为重要的一道工序。纤维的拉伸倍数越高，取向度越好，强度就越高。高强度纤维如钓鱼丝都需要经过高倍的拉伸。通过拉伸使聚合物的分子链取向，是提高聚合物机械强度的重要方法。美国杜邦公司利用这一原理制成了可以用于灌装可乐等碳酸饮料的耐压、高强度、质轻的聚酯塑料瓶，替代了易碎的玻璃瓶，降低了运输成本和破损率，对促进可口可乐的销售起了很大的作用。制瓶时，先将加热的聚酯型坯拉长，使分子沿纵向取向；然后在模子中用压缩空气将型坯吹成直径较大的瓶子，使分子又沿横向取向。这种双向拉伸的瓶子有很高的强度(见图 2.24)。

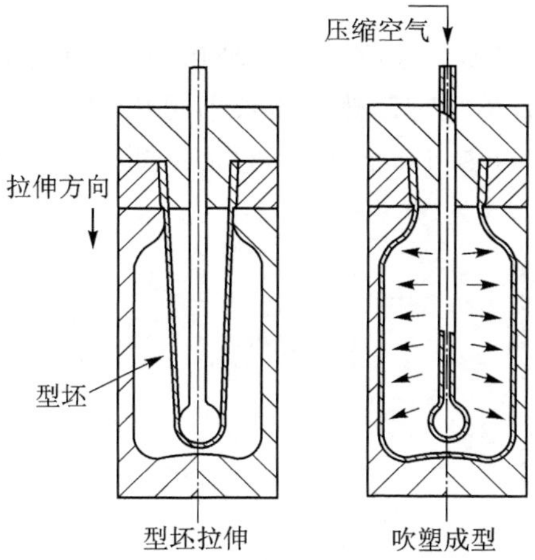

图 2.24　聚酯双向拉伸瓶的制备

2.3.4　高聚物的玻璃化温度和熔融温度

1. 高分子运动的特点

高分子运动有多重性。

高分子运动单元可以是侧基(原子或原子团)、链节、链段和整个分子链。一般来讲,对高聚物的物理和力学性能起决定作用的、最基本的运动单元只有两种,即整链运动和链段运动。

(1) 整链运动

像小分子一样,高分子链作为一个整体也能作质量重心的移动。研究表明,这种移动是通过链的诸链段协同移动来实现的。

(2) 链段运动

高分子链在保持其质量重心不变的情况下,实现一部分链段相对于另一部分链段的运动。这种运动起源于柔性主链上单键的内旋转(见图 2.25)。因此,链段运动是柔性高分子特有的运动单元。

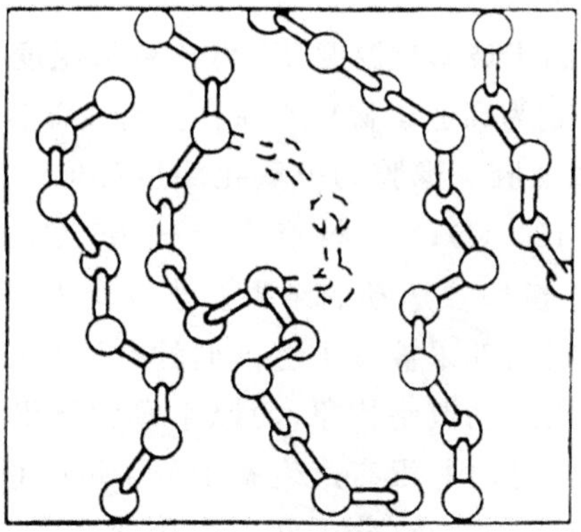

图 2.25　高分子链的基本运动单元

2. 高聚物的力学状态

(1) 线形无定型高聚物

随着温度的不同,线形无定型高聚物可处于玻璃态、高弹态和粘流态三种物理状态。线形无定型(非晶态)高聚物三种力学状态用热分析仪器可以测出如图 2.26 所示的线形无定型高聚物的变形量—温度曲线(也叫热机械曲线)。它是由测定试样在不同温度下受一定压力所产生的变形量来测定的。

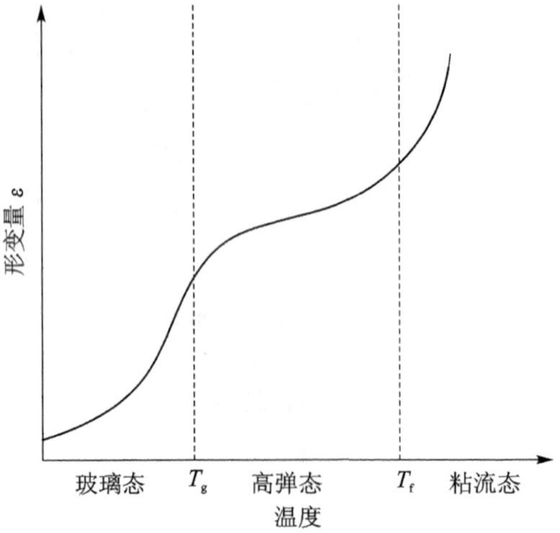

图 2.26 线形无定型高聚物的变形量—温度曲线

① 玻璃态:T_g 是高聚物的重要特征温度,叫做玻璃化温度。它不是一个固定的温度值,而是随测试方法和条件不同而变化的。高聚物的温度低于 T_g 时处于玻璃态。和其他低分子固体材料一样,玻璃态的高聚物受力时,瞬时产生应变并达到平衡;且应力和应变成正比。玻璃态的弹性变形量一般较小,具有一定的刚度。玻璃态的存在,是高聚物中链段的链节的微小热振动及链中键长和键角的弹性变形所造成的。

一般来说,以塑料形式使用的状态是高分子材料的玻璃态。所有室温下处于玻璃态的高聚物叫做塑料,工程塑料的 T_g 一般均高于室温,如聚苯乙烯的 $T_g=80$ ℃,尼龙的 $T_g=40\sim50$ ℃,聚碳酸酯的 $T_g=150$ ℃。

② 高弹态:当高聚物温度高于玻璃化温度 T_g,低于粘流温度 T_f 时,存在一种难得的物理状态——高弹态(也叫橡胶态)。它为高分子材料所独有。高弹态是橡胶的使用状态。所有室温下处于高弹态的高分子材料叫做橡胶。橡胶的玻璃化温度都低于室温。例如,天然橡胶的 $T_g=-73$ ℃(工作温度为-50 ℃～120 ℃);顺丁橡胶 $T_g=-105$ ℃(工作温度-70 ℃～140 ℃)。

高弹态的出现是高聚物中链段热运动的结果。当 $T>T_g$ 时,分子链动能增加,同时热膨胀造成的链间自由体积(即材料内部未被分子链占据的空间)也增大,链段的热运动得以进行,受外力作用时,分子链通过链段运动调整构象,使原来蜷曲链沿受力方向伸展,结果宏观表现为产生很大的变形。必须指出,这时并没有产生整个分子链质量重心的位移,因为无规缠结在一起的大量分子链之间还有许多结合点(分子间力作用或交联点)。当去除外力后,通过链段的运动,分子链段又回复至蜷曲状态,宏观变形消失。显然,这种调整构象的回复过程需要一定的时间。

玻璃化温度 T_g 在本质上就是高聚物中热运动单元的链段发生热运动的分界温度。低于 T_g，链段运动被冻结，高于 T_g，链段热运动发生。影响 T_g 的因素主要有相对分子质量、分子链的柔性和分子链间的结合力。

橡胶是在高弹态下使用的，橡胶的最大用途是制备轮胎。由于汽车要在室外使用，因此橡胶的 T_g 温度应越低越好。这样，即使在严寒的北方，汽车轮胎仍有较好的弹性，不会发生脆裂。

③ 粘流态：温度高于粘流温度 T_f 时，高聚物成为粘态熔体。熔体流动，产生不可逆的永久变形，这时大分子链的热运动以整链为运动单位；熔体的流动变形是由于大分子链的质量重心移动的结果。

粘流态是高聚物成型加工成制品的工艺状态。将高聚物原料(粉末、小颗粒或团状)加热至粘流态后，通过喷丝、吹塑、注塑、挤压、模铸等方法加工成各种形状的零件、型材或纤维等。加工成型过程的工艺条件(如应力、温度、冷却方式、模具形状等)都影响产品的组织结构和性能。

(2) 交联高聚物

交联高聚物的交联键限制了整链的运动，只要不产生降解反应，是不能流动的。当交联密度(单位体积内交联键数)较小时，网链(两交联点间的链长)较长，在外力作用下，网链仍能通过单键内旋转改变其构象，这类交联高聚物仍能出现明显的玻璃化转变，因而有玻璃态和高弹态。随着交联密度的增加，网链长度减小，链段运动由于受到更多的交联键限制而变得困难，结果使玻璃化温度升高，而高弹形变值则减小。因此，对交联度足够大的交联高聚物，其玻璃化转变是不明显的。

2.4　复合材料的结构和性能

2.4.1　复合材料的定义

根据国际标准化组织(International Organization for Standardization，ISO)为复合材料所下的定义，复合材料是由两种或两种以上物理和化学性质不同的物质组合而成的一种多相固体材料。复合材料的组分材料虽然保持其相对独立性，但复合材料的性能却不是组分材料性能的简单加和，而是有着重要的改进。在复合材料中，通常有一相为连续相，称为基体；另一根为分散相，称为增强材料。分散相是以独立的形态分布在整个连续相中的，两相之间存在着相界面。分散相可以是增强纤维，也可以是颗粒状或弥散的填料。

根据上述定义，复合材料可以是一个连续物理相与一个连续分散相的复合，也可以是两个或者多个连续相与一个或多个分散相在连续相中的复合，复合后的产物为固体材料才称得上复合材料，若复合产物为液体或气体时就不称为复合材料。复合材料既可以保持原材料的某些特点，又能发挥组合后的新特征，它可以根据需要进行设计，从而最合理地达到使用要求的性能。

由于复合材料各组分之间“取长补短”、“协同作用”，极大地弥补了单一材料的缺点，产生单一材料所不具有的新性能。复合材料的出现和发展，是现代科学技术不断进步的结果，也是材料设计方面的一个突破。它综合了各种材料如纤维、树脂、橡胶、金属、陶瓷等的优点，按需要设计、复合成为综合性能优异的新型材料。可以预言，如果用材料作为历史分期的依据，那么21世纪,将是复合材料的时代。

20世纪40年代,玻璃纤维和合成树脂大量商品化生产以后,纤维复合材料发展成为具有工程意义的材料。同时相应地开展了与之有关的科研工作。至60年代,在技术上臻于成熟,在许多领域开始取代金属材料。

随着航天航空技术的发展,对结构材料要求比强度、比模量、韧性、耐热、抗环境能力和加工性能都好。针对不同需求,出现了高性能树脂基先进复合材料,标志在性能上区别于一般低性能的常用树脂基复合材料。以后又陆续出现金属基和陶瓷基先进复合材料。

70年代末期发展的用高强度、高模量的耐热纤维与金属复合,特别是与轻金属复合而成金属基复合材料,克服了树脂基复合材料耐热性差和不导电、导热性低等不足。金属基复合材料由于金属基体的优良导电和导热性,加上纤维增强体不仅提高了材料的强度和模量,而且降低了密度。此外,这种材料还具有耐疲劳、耐磨耗、高阻尼、不吸潮、不放气和膨胀系数低等特点,已经广泛用于航天航空等尖端技术领域,是理想的结构材料。

80年代开始逐渐发展陶瓷基复合材料,采用纤维补强陶瓷基体以提高韧性。主要目标是希望用以制造燃气涡轮叶片和其他耐热部件。

2.4.2 复合材料的种类

1. 按增强材料的形态分类

按照增强材料的形态,可将复合材料分为如下几类:

(1) 连续纤维复合材料:作为分散相的纤维,每根纤维的两个端点都在复合材料的边界处。

(2) 短纤维复合材料:短纤维无规则地分散在基体材料中制成的复合材料。

(3) 粒状填料复合材料:微小颗粒状增强材料分散在基体中制成的复合材料。

(4) 编织复合材料:以平面二维或立体三维纤维编织物为增强材料与基体复合而成的复合材料。

(5) 层状复合材料:板状基体材料通过粘结剂胶合形成的复合板材。

2. 按增强纤维种类分类

按照增强纤维的种类,可将复合材料分为如下几类:

(1) 玻璃纤维复合材料。

(2) 碳纤维复合材料。

(3) 有机纤维复合材料(芳香族聚酰胺纤维、芳香族聚酯纤维、高强度聚烯烃纤维等)。

(4) 金属纤维复合材料(如钨丝、不锈钢丝等)。

(5) 陶瓷纤维复合材料(如氧化铝纤维、碳化硅纤维、硼纤维等)。

此外,如果用两种或两种以上纤维增强同一基体制成的复合材料称为混杂复合材料(Hybrid composite materials)。混杂复合材料可以看成是两种或多种单一纤维复合材料的相互复合,即复合材料的“复合材料”。

3. 按基体材料分类

根据基体材料的不同,可将复合材料分为如下几类:

(1) 聚合物基复合材料:以有机聚合物(主要为热固性树脂、热塑性树脂及橡胶)为基体制成的复合材料。

（2）金属基复合材料：以金属为基体制成的复合材料，如铝基复合材料、钛基复合材料等。

（3）无机非金属基复合材料：以陶瓷材料（也包括玻璃和水泥）为基体制成的复合材料。

4. 按材料作用分类

按照材料的作用，可将复合材料分为：

（1）结构复合材料：用于制造受力构件的复合材料。

（2）功能复合材料：具有各种特殊性能的复合材料（如阻尼、导电、导磁、换能、摩擦、屏蔽等）。

2.4.3 复合材料的基本性能

复合材料是由多相材料复合而成，其共同的特点是：

（1）可综合发挥各种组分材料的优点，使一种材料具有多种性能，具有天然材料所没有的性能。例如，玻璃纤维增强环氧基复合材料，既具有类似钢材的强度，又具有塑料的介电性能和耐腐蚀性能。

（2）可按对材料性能的需要进行材料的设计和制造。例如：针对方向性材料强度的设计；针对某种介质耐腐蚀性能的设计等。

（3）可制成所需的任意形状的产品，可避免多次加工工序。例如，可避免金属产品的铸模、切削、磨光等工序。

性能的可设计性是复合材料的最大特点。影响复合材料性能的因素很多，主要取决于增强材料的性能、含量及分布状况，基体材料的性能、含量，以及它们之间的界面结合情况，作为产品还与成型工艺和结构设计有关。因此，不论对哪一类复合材料，就是同一类复合材料的性能也不是一个定值。

2.5 陶瓷结构和性能

传统的陶瓷是指陶器和瓷器，也包括玻璃、水泥、搪瓷、砖瓦等人造无机非金属材料。由于这些材料都是以含二氧化硅的天燃硅酸盐矿物质，如粘土、石灰石、砂子等为原料制成的，所以陶瓷材料也是硅酸盐材料。随着现代科学技术的发展，出现了许多性能优异的新型陶瓷，它们不仅含有氧化物，还有碳化物、硼化物和氮化物等。

陶瓷是金属和非金属元素的固体化合物，其化学键为共价键或离子键，与金属不同，它们不含有大量电子。一般而言，陶瓷具有比金属更高的熔点和硬度，化学性质非常稳定，耐热性、抗老化性皆佳。通常陶瓷是绝缘体，在高温下也可以导电，但比金属导电性差很多。虽然陶瓷的许多性能优于金属，但它也存在致命的弱点，即脆性强，韧性差，很容易因存在裂纹、空隙、杂质等细微缺陷而破碎，引起不可预测的灾难性后果，因而大大限制了陶瓷作为承载结构材料的应用。

近年来的结构研究表明，在陶瓷基体中添加其他成分，如陶瓷粒子、纤维或晶须，可提高陶瓷的韧性。粒子增强虽能使陶瓷的韧性有所提高，但效果并不显著。20 世纪 40 年代，美国电话系统常常发生短路故障，检查发现，这是因为在蓄电池极板表面出现一种针状结晶物质所致。进一步的研究结果表明，这种结晶与基体极板金属结晶相似，但强度和模量都很高，并呈胡须状，故命名晶须。最常用的晶须是碳化硅晶须，其强度大，容易掺混在陶瓷基体中，已成功地用于增强多种陶瓷。

用作基体材料使用的陶瓷一般应具有优异的耐高温性能、与纤维或晶须之间有良好的界面相容性以及较好的工艺性能等。常用的陶瓷基体主要包括玻璃、玻璃陶瓷、氧化物陶瓷、非氧化物陶瓷等。

2.5.1 玻 璃

玻璃是通过无机材料高温烧结而成的一种陶瓷材料。与其他陶瓷材料不同,玻璃在熔化后不经结晶而冷却成为坚硬的无机材料,即具有非晶态结构是玻璃的特征之一。在玻璃坯体的烧结过程中,由于复杂的物理化学反应产生不平衡的酸性和碱性氧化物的熔融液相,其粘度较大,并在冷却过程中进一步迅速增大。一般当粘度增大到一定程度(约 1 012 Pa·s)时,熔体硬化并转变为具有固体性质的无定形物体即玻璃。此时相应的温度称为玻璃化转变温度(T_g)。当温度低于 T_g 时,玻璃表现出脆性。加热时玻璃熔体的粘度降低,在达到某一粘度(约 108 Pa·s)所对应的温度时,玻璃显著软化,这一温度称为软化温度(T_f),T_g 和 T_f 高低主要取决于玻璃的成分。

2.5.2 玻璃陶瓷

许多无机玻璃可以通过适当的热处理使其由非晶态转变为晶态,这一过程称为反玻璃化。由于反玻璃化使玻璃成为多晶体,透光性变差,而且因体积变化还会产生内应力,影响材料强度,所以通常应当避免发生反玻璃化过程。但对于某些玻璃,反玻璃化过程可以控制,最后能够得到无残余应力的微晶玻璃,这种材料称为玻璃陶瓷。为了实现反玻璃化,需要加入成核剂(如 TiO_2)。玻璃陶瓷具有热膨胀系数小、力学性能好和导热系数较大等特点。玻璃陶瓷基复合材料的研究在国内外都受到重视。

2.5.3 氧化物陶瓷

作为基体材料使用的氧化物陶瓷主要有 Al_2O_3,MgO,SiO_2,ZrO_2,莫来石(化学式为 $3Al_2O_3 \cdot 2SiO_2$)等,它们的熔点在 2 000 ℃以上。氧化物陶瓷主要为单相多晶结构,除晶相外,可能还含有少量气相(气孔)。微晶氧化物的强度较高,而具有粗晶结构时,晶界面上的残余应力较大,对强度不利;氧化物陶瓷的强度随环境温度升高而降低,但在 1 000 ℃以下降低较小。这类陶瓷基复合材料应避免在高应力和高温环境下使用。这是由于 Al_2O_3 和 ZrO_2 的抗热震性较差,SiO_2 在高温下容易发生蠕变和相变。虽然莫来石具有较好的抗蠕变性能和较低的热膨胀系数,但使用温度也不宜超过 1 200 ℃。

2.5.4 非氧化物陶瓷

非氧化物陶瓷是指不含氧的氮化物、碳化物、硼化物和硅化物。它们的特点是耐火性和耐磨性好,硬度高,但脆性也很大。碳化物和硼化物的抗热氧化温度约 900～1 000 ℃,氮化物略低些,硅化物的表面能形成氧化硅膜,所以抗热冲击温度可达 1 300～1 700 ℃。氮化硼具有类似石墨的六方结构,在高温(1 360 ℃)和高压作用下可转变成立方结构的 β-氮化硼,耐热温度高达 2 000 ℃,硬度极高,可作为金刚石的代用品。

习题与思考题

1. 比较并解释下列名词：

晶体与非晶体；晶格与晶胞，晶面与晶向；单晶体与多晶体；相与组织；固溶体与金属化合物。

2. 金属有哪些特性，为什么？试分析金属具有晶体结构的原因？

3. 为什么单晶体表现各向异性？而多晶体不表现？在何种情况下多晶体也能显示出各向异性来？

4. 什么叫结晶？结晶的条件是什么？为什么结晶时纯金属的冷却曲线上会出现水平段？

5. 金属晶界的结构有何特点？它对金属的性能有何影响？

6. 如果其他条件相同，试比较下列铸造条件下铸件晶粒的大小。

(1) 金属型与砂型；

(2) 浇注时振动搅拌或不振动搅拌；

(3) 薄铸件与厚铸件；

(4) 浇注时加变质剂与不加变质剂。

7. 塑性变形的实质是什么？变形后，对金属组织与性能产生哪些影响？

8. 纤维组织是怎样形成的？它对金属材料的性能有何影响？如何合理利用？

9. 什么是再结晶？再结晶对金属组织和性能有什么影响？

10. 金属可用哪些方法强化？原理各是什么？

第三章　材料改性方法

3.1　金属热处理

金属的热处理是将金属在固态范围内加热到一定温度下，进行必要的保温，并以适当的速度冷却至室温，以改变其内部组织，从而获得所需性能的工艺方法。

通过热处理可以提高材料的强度、硬度，改善塑性、韧性及切削性能。因此，热处理在机械工业中的应用日益广泛，在机床制造业中，在汽车、拖拉机制造业中，大部分零件都要进行热处理。各类工具（刃具、量具、模具）及重要零件，往往要经过几次不同的热处理工艺，才能达到性能要求。在航空工业中，飞机上的金属零件几乎百分之百要进行热处理。

3.1.1　铁—碳合金状态图

1. 铁—碳合金状态图

图 3.1 为 Fe—Fe_3C 状态图。状态图是表示各种成分的铁碳合金，在不同温度下的状态的图形。

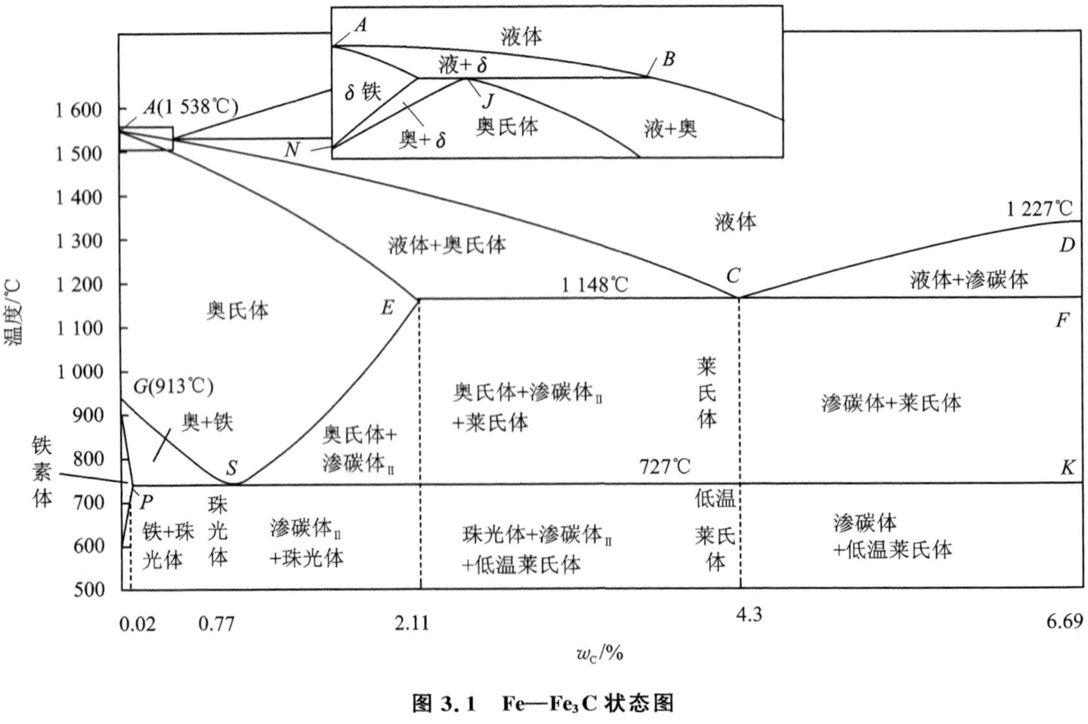

图 3.1　Fe—Fe_3C 状态图

图中 ACD 线为液相线，是冷却时金属液体开始结晶的温度。不同成分的铁碳合金液体开始结晶的温度是不同的。$AECF$ 线为固相线，是冷却时金属液体全部结晶时的温度。ECF 为共晶线，C 点为共晶点。当碳含量为 4.3%的铁碳合金由液态冷却到 1 148 ℃时，金属液体中会同时结晶出两种晶体。Fe_3C 这种现象叫共晶转变。转变产物为奥氏体和渗碳体的混合物。共晶转变可表示为 $L \to (A+Fe_3C)$。

铁碳合金的共晶转变产物又称为莱氏体，用 Ld 表示。

E 点是钢和铸铁的分界点。含碳量小于 2.11%的铁碳合金叫钢。含碳量大于 2.11%至 6.69%的铁碳合金叫铸铁。

S 点为共析点。碳含量为 0.77%的铁碳合金冷却到 727 ℃时，由奥氏体中会同时析出两种另外的晶体。这种现象叫共析转变。转变产物为铁素体和渗碳体的混合物。共析转变可表示为 $A \to (F+Fe_3C)$。共析转变产物又称作珠光体，用 P 表示。

PSK 线是冷却时奥氏体转变为珠光体，加热时珠光体转变为奥氏体的转变温度线，称为 A_1 线。ES 线是碳在奥氏体中的溶解度曲线，记做 A_{cm}。GS 线是合金冷却时奥氏体转变为铁素体的开始线，加热时铁素体转变为奥氏体的终止温度线，记做 A_3。

2. 铁—碳合金状态图的应用

利用状态图可以对铁碳合金在温度变化时其状态的变化进行分析。状态图是编制铸造、锻造、热处理等工艺的重要依据和分析合金组织、组织转变以及合金性能的有力工具。根据铁碳状态图可分析铁碳合金的结晶过程和加热时的组织转变。需要注意的是，状态图中的组织转变是在温度变化极其缓慢的情况下发生的。温度变化较快时的组织转变与状态图有差别。

(1) 分析铁碳合金的结晶过程

以亚共析钢为例分析铁碳合金的结晶过程。亚共析钢是指含碳量为 0.02%～0.77%的铁碳合金。其结晶过程见图 3.2 中的合金Ⅱ(图 3.2 是亚共析钢结晶过程示意图)。合金冷却到 1 点开始从液相中结晶出奥氏体。冷却到 2 点之后合金为奥氏体。奥氏体冷却到 3 点以下，开始转变为铁素体。冷却到 4 点时仍有部分奥氏体未发生转变，此时开始发生共析转变，剩余奥氏体转变为珠光体。到 4′点共析转变完成，得到铁素体＋珠光体组织。

其他合金的结晶过程也可用同样的方法进行分析。碳钢的典型金相组织见图 3.3。

(2) 分析加热时的组织转变

以钢为例，当钢被缓慢地加热到 A_1 线以上时，珠光体就要转变为奥氏体。其中亚共析钢加热到 A_1 线以上后的组织为奥氏体和铁素体。若温度继续升高，铁素体也逐渐转变为奥氏体；在温度超过 A_3 线时，铁素体完全消失，全部转变为均匀细小的单一奥氏体。过共析钢的加热转变与上述情况相似，只是在 A_1 至 A_{cm} 的升温过程中，二次渗碳体逐渐溶入奥氏体中。超过 A_{cm} 时，组织全部为奥氏体。当温度升高到固相线时金属开始熔化，当温度升高到液相线时金属全部熔化。其他合金加热时的组织转变，也可用同样的方法进行分析。

(3) 分析铁碳合金组织

根据状态图可以判断，在温度缓慢变化条件下，任一成分的合金在某个温度时的组织是由哪些相组成的。图 3.4 为铁碳合金在室温下各组织组成物与含碳量关系的示意图。

含碳量小于 0.02%时组织为单相铁素体。随含碳量增加组织中开始出现珠光体，其所占比例便逐渐增大，到含碳量为 0.77%时组织全部为珠光体。含碳量大于 0.77%后，开始出现 $Fe_3C_{Ⅱ}$，并逐渐形成网状。含碳量大于 2.1%后，组织中出现莱氏体，珠光体和 $Fe_3C_{Ⅱ}$ 逐渐减

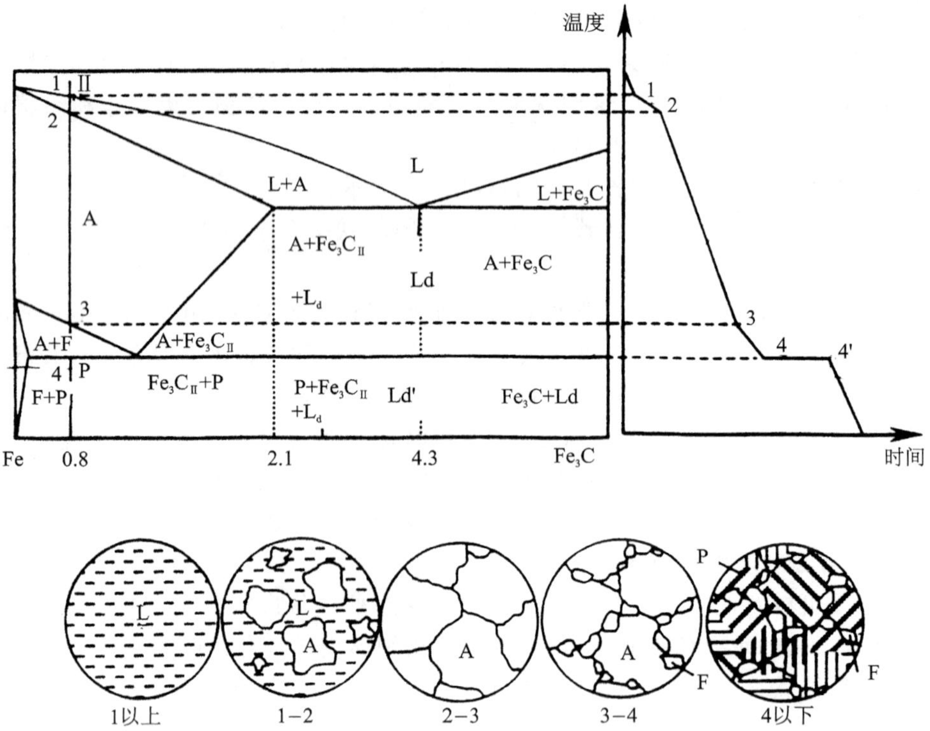

图 3.2　亚共析钢结晶过程示意图

图 3.3　是碳钢典型组织示意图

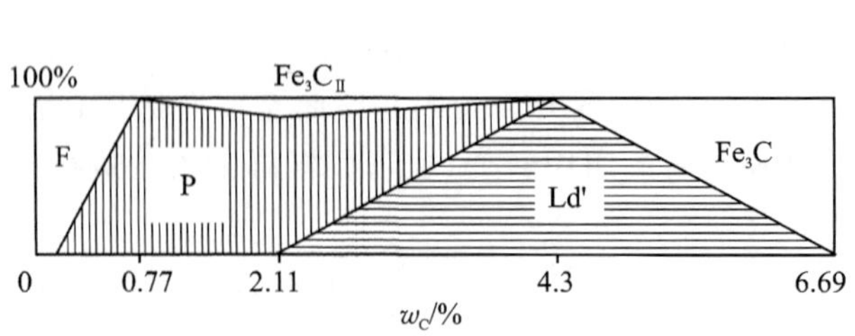

图 3.4　为铁碳合金组织组成物与含碳量关系

少，莱氏体增加；含碳量到4.3%时组织为单一莱氏体。随后组织中出现初生渗碳体，莱氏体逐渐减少，渗碳体逐渐增加。到含碳量达6.69%时组织为单相渗碳体。

(4) 判断铁碳合金的力学性能

合金的力学性能取决于合金的组织，而组织能由状态图做出判断。因此可以根据状态图分析合金的力学性能。

当合金为两相混合物时(如P、P+F等)，合金的性能大致为两相的体积加权平均值。可由下式计算：

$$\sigma = \sigma_1 \cdot \varphi_1 + \sigma_2 \cdot \varphi_2$$

$$HB = HB_1 \cdot \varphi_1 + HB_2 \cdot \varphi_2$$

式中：σ为合金强度；HB为合金硬度；σ_1，σ_2为两组成相的强度；HB_1，HB_2为两组成相的硬度；φ_1，φ_2为两组成相的体积分数。

必须指出，双相合金，特别是含共析体和共晶体的合金的力学性能与其组织的细密程度有关：组织细密，其强度、硬度升高。

碳钢的力学性能取决于其组织，组织取决于含碳量。图3.5所示为碳钢的力学性能与含碳量的关系。由状态图可知，含碳量很低时，钢的组织中主要是铁素体和少量珠光体，因此钢的强度、硬度低，塑性、韧性好。随含碳量增加，钢中铁素体减少，珠光体增加，钢的强度、硬度上升，塑性、韧性下降。当含碳量超过0.9%时，因形成网状Fe_3C，钢的强度下降。

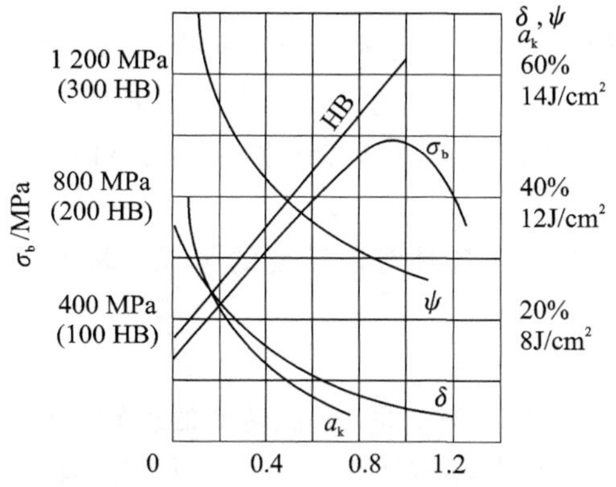

图3.5 碳钢力学性能与含碳量的关系

为保证钢具有足够的强度，并具有一定的塑性和韧性，碳钢的含碳量一般不超过1.3%～1.4%。

(5) 判断铁碳合金热加工工艺性

① 铸造工艺性

铸造工艺要求材料有较好的工艺性能，即有较好的流动性，产生分散缩孔(疏松)的倾向小。

合金的铸造性主要取决于其结晶时的温度间隔，即液相线与固相线的温度差。结晶间隔小的合金流动性好，不易产生疏松。纯金属和共晶合金铸造性好。由于纯金属强度低，因此常用的铸造合金为共晶或近共晶合金。

② 锻压工艺性

锻压要求材料有较好的塑性和较小的变形抗力(强度)。单相固溶体或以固溶体为主的合金具有良好的可锻性，强度低、塑性好，是锻压加工的常选材料。如低碳钢、奥氏体不锈钢、合金元素含量低的铝合金等。钢在锻造时加热，也是为了得到单相奥氏体，提高锻造性能。

(6) 确定工艺参数

状态图是确定热加工及热处理工艺参数的重要依据。铸造时的加热温度要在合金熔点以上一定的温度，要根据状态图上的液相线来确定加热温度。钢的锻造一般在奥氏体单相区进行。加热时温度不能过高，否则进入两相区会使部分金属熔化。锻造时当温度下降到一定温度就要停锻，重新加热，否则金属塑性下降，易锻裂。锻造温度也要由状态图来确定。热处理的工艺参数的确定就更需要状态图。

3.1.2 热处理原理

1. C 曲线

C 曲线是对碳钢加热得到奥氏体后，在冷却过程中组织转变进行分析的工具。碳钢在室温下的组织基本是由铁素体与渗碳体构成的，加热后可得到均匀的奥氏体。当奥氏体被冷至 A_1 线以下时，就要发生组织转变。在不同温度下发生组织转变时，其转变后的产物是不同的，因而其性能也有很大的差别。因此，控制奥氏体的冷却方式和冷却速度，便能获得所需要的各种组织和性能。

钢的热处理工艺有两种冷却方式：等温冷却和连续冷却。

(1) 等温冷却

就是使加热到奥氏体的钢，先以较快的冷却速度冷到 A_1 线以下一定的温度，然后进行保温，使奥氏体在等温下发生组织转变，转变完后再冷却到室温。

由于冷却时的速度较快，不能依据铁碳状态图来判定和分析其组织转变，而要用 C 曲线对冷却过程中的组织转变进行分析。

如图 3.6 所示为共析钢过冷奥氏体等温转变的情况。按照转变温度不同，转变可分为三个类型：

① 高温转变

共析钢奥氏体过冷到 A_1～550 ℃之间，等温转变的产物属于珠光体型组织。奥氏体转变成珠光体的过程也是一个铁素体与渗碳体交替生核长大的过程，如图 3.7 所示。

当奥氏体过冷到 A_1线以下的温度时，首先在奥氏体的晶界上产生渗碳体晶核，渗碳体的含碳量高于奥氏体，所以要将周围奥氏体中的碳原子吸收过来；与此同时，使附近的奥氏体含碳量降低，为铁素体的形成创造了有利条件，使这部分奥氏体转变为铁素体。由于铁素体的溶碳能力很低，在其长大过程中必须将过剩的碳转移到相邻的奥氏体中，从而使相邻奥氏体区域中的含碳量升高，又为产生新的渗碳体创造了条件。如此反复进行，奥氏体最终完全转变为铁素体和渗碳体层片相间的珠光体组织。

在珠光体的形成过程中需要碳原子的移动。温度高时碳原子移动距离大，所形成的珠光体片层较宽；温度较低时碳原子移动困难，所形成的珠光体片层较密。在 727～650 ℃之间转变得到的组织为珠光体；在 650～600 ℃之间转变而得到的组织为索氏体，又叫细珠光体；在 600～550 ℃之间转变而得到的为屈氏体，又叫极细珠光体。这种组织即使在很高倍率的金相显微镜下也无法分辨，只有在电子显微镜下才能观察清楚。这三种珠光体类组织只有层片间距大小之分，并无本质区别。

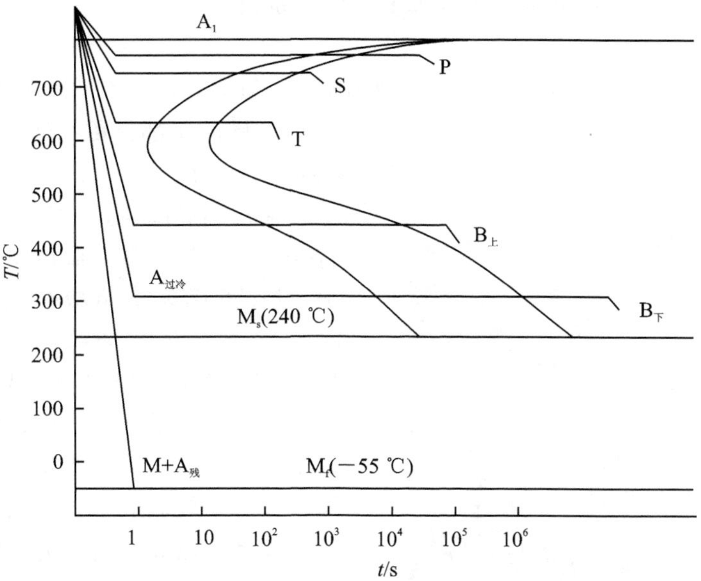

图 3.6　共析钢等温冷却转变曲线

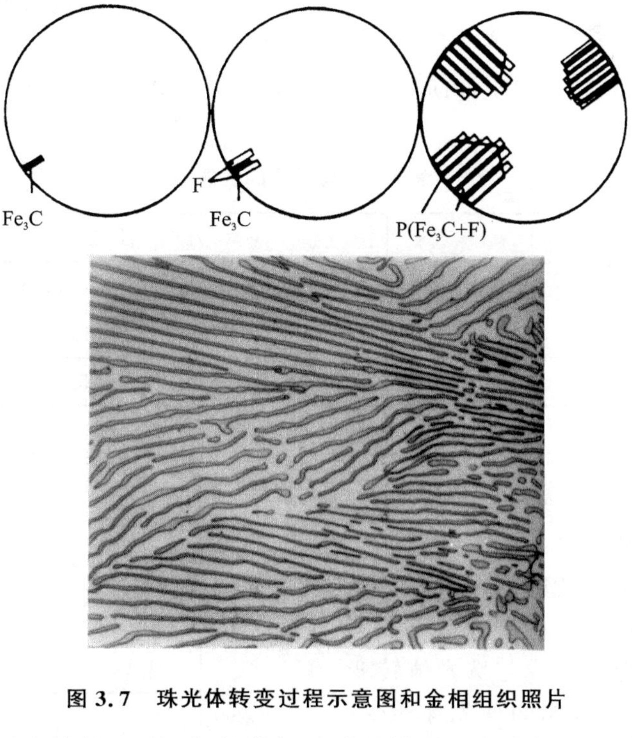

图 3.7　珠光体转变过程示意图和金相组织照片

珠光体的强度、硬度较低，塑性、韧性较好。随着转变温度降低，珠光体片层变细，强度、硬度提高。

② 中温转变

共析钢奥氏体过冷到 550～240 ℃之间时，等温转变的产物属于贝氏体型的组织。在这一温区上部转变形成上贝氏体；在这一温区下部转变得到下贝氏体。下贝氏体有较高的硬度和强度，塑性和韧性也较好；而上贝氏体基本上无实用价值。

③ 低温转变

奥氏体在 240 ℃以下时，碳原子移动极为困难。奥氏体只发生同素异构转变，由面心立方的 γ-铁，转变为体心立方的 α-铁。原奥氏体中所有的碳原子都保留在体心立方晶格内，形成过饱和的 α-铁。这种碳在 α-铁中的过饱和固溶体叫马氏体。

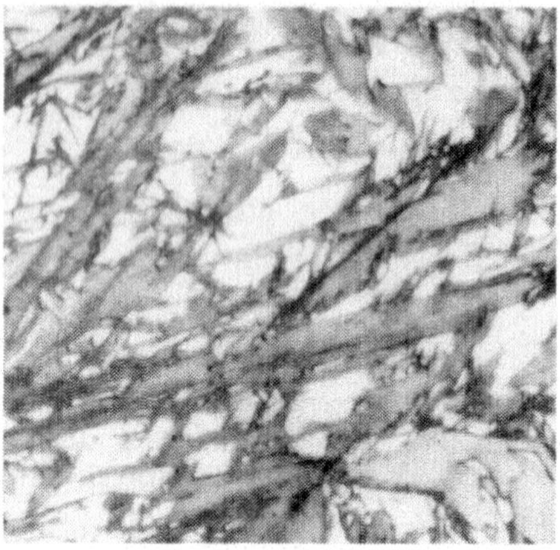

图 3.8　针叶马氏体

共析钢奥氏体过冷到 240 ℃(M_s)时，开始转变为马氏体。随着温度下降，马氏体逐渐增加，过冷奥氏体不断减少，直至 −50 ℃(M_f)时，过冷奥氏体才全部转变为马氏体。所以，M_s 与 M_f 之间的组织为马氏体和残余奥氏体。

由于含碳量不同，马氏体有两种形态。含碳量较高的马氏体组织呈针叶状，叫针叶马氏体。含碳量较低的马氏体组织为板条状，叫板条马氏体。图 3.8 所示为针叶马氏体。

高碳马氏体由于含有大量过饱和的碳，其晶格发生严重畸变，内应力高，位错移动困难。因此，高碳马氏体的硬度很高，而塑性韧性极差。

低碳马氏体的晶格畸变较小，内应力较小，所以硬度比高碳马氏体低；但其强度、塑性和韧性都较好，见表 3.1。

表 3.1　马氏体的性能

组织	w_C/%	力学性能			
		HRC	σ_b/MPa	a_k/(J/cm^2)	ψ/%
低碳马氏体	0.2	40～45	1 500	60	20～30
高碳马氏体	1.2	60～65	500	5	2～4

(2) 连续冷却

所谓连续冷却是指在冷却过程中，随着时间的延长温度连续下降。在实际生产中大多数的冷却过程是连续冷却。图 3.9 所示为几种连续冷却过程。

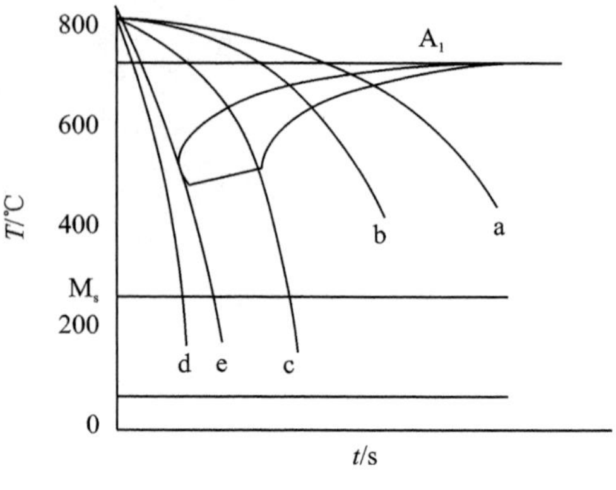

图 3.9　共析钢连续冷却转变曲线

a 为随炉冷却，冷却曲线与珠光体转变开始线相交时，奥氏体开始向珠光体转变；冷却曲线与转变终了线相交后转变完成。由于转变是在珠光体区进行的，所以得到珠光体组织。

b 为在空气中冷却，由于冷速较快，转变在索氏体区进行，所以转变产物为索氏体。

c 为油冷，冷却曲线只与珠光体转变开始线相交（在屈氏体转变区），未与转变终了线相交。所以只有一部分奥氏体发生了转变，转变产物为屈氏体；而另一部分奥氏体则在冷却到 Ms 线后转变为马氏体。最后得到的是马氏体和屈氏体的混合组织，即为油中冷却的产物。

d 为水冷，由于冷速快，冷却曲线未与珠光体转变开始线相交，待冷到马氏体转变开始线以下时，奥氏体转变为马氏体。

e 冷却曲线与珠光体转变开始线相切，此时，奥氏体刚好不发生珠光体转变。这个冷速称为临界冷却速度，或称临界淬火速度。用 $v_{临}$ 表示。实际冷速大于 $v_{临}$ 时，冷却后得到马氏体。

由于奥氏体连续冷却转变曲线的测定比较困难，而当前等温转变曲线的资料又比较多，故常以等温转变曲线（C 曲线）作为依据，去分析连续冷却的转变过程。应该指出，奥氏体的等温转变曲线与连续冷却曲线是有区别的。两者的区别在于奥氏体连续冷却转变稍微滞后一些，而且没有 C 曲线的下部，即共析碳钢连续冷却时得不到贝氏体组织。

2. 钢的淬透性

（1）淬透性的概念

钢的淬透性是指钢在淬火时能获得淬硬层的深度的能力，它是钢材本身固有的属性。

淬火时，工件截面上各处冷却速度是不同的。若以圆棒试样为例，淬火冷却时，其表面冷却速度最大，愈到中心冷却速度愈小，如图 3.10(a)所示。表层部分冷却速度大于该钢的马氏体临界冷却速度 v_c，淬火后获得马氏体组织；在距表面某一深处 a_0 的冷却速度开始小于该钢的马氏体临界冷却速度，则淬火后将有非马氏体组织出现，如图 3.10(b)所示。因此，这时工件未被淬透。

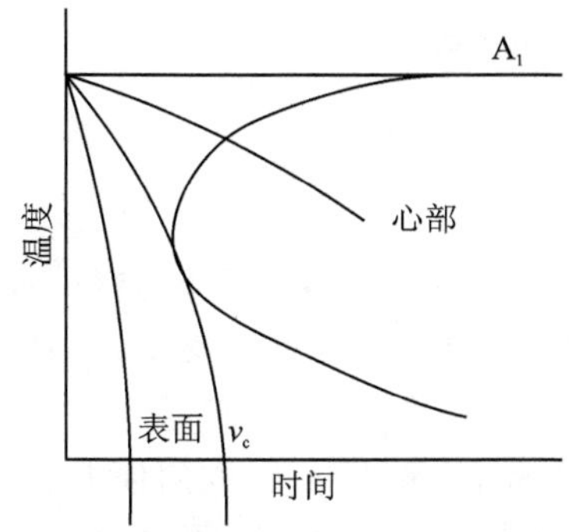

(a) 工件截面上不同冷却速度

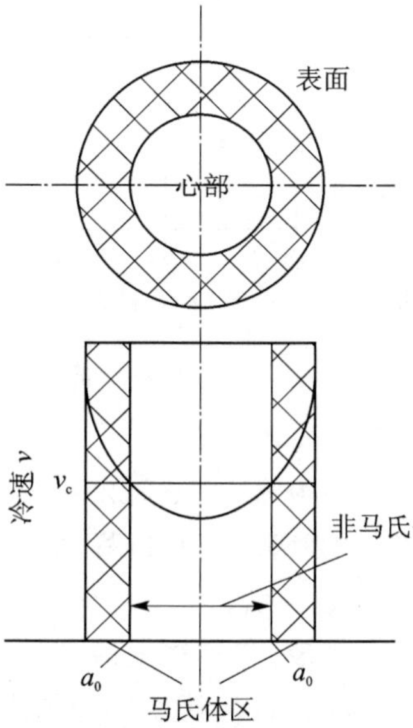

(b) 淬硬区与未淬硬区示意图

图 3.10　冷却速度与淬硬深度的关系

用不同钢种制成的相同形状和尺寸的工件，在同样条件下淬火，淬透性好的钢，其淬硬深度较深；淬透性差的钢，其淬硬深度较浅。

从理论上讲，淬硬深度应该是全淬成马氏体的深度，但实际上马氏体中混入少量非马氏体组织时，无论从显微组织或硬度测量上都难以辨别出来。因此，为了测试方便，通常是把由工件表面测量至半马氏体区（50％马氏体和50％非马氏体）的垂直距离作为淬硬深度（也称有效淬硬深度）。

必须注意，钢的淬透性和钢的淬硬性是两个完全不同的概念，切勿混淆。钢的淬硬性也叫可硬性，是指钢在淬火后能达到最高硬度的能力，它主要取决于马氏体的含碳量。淬透性好的钢，它的淬硬性不一定高。如低碳合金钢的淬透性相当好，但它的淬硬性却不高；再如高碳工具钢的淬透性较差，但它的淬硬性很高。

（2）淬透性对钢热处理后力学性能的影响

淬透性对钢的力学性能影响很大。例如，用淬透性不同的两种钢材制成直径相同的轴，进行淬火加高温回火（调质处理），其中一种钢材的淬透性好，使轴的整个截面都能淬透；另一种钢材的淬透性较差，轴未能淬透。这两根轴经调质处理后，其力学性能比较如图3.11所示。由图可见，二者硬度虽然相同，但力学性能却有明显差别。淬透性好的钢，其力学性能沿截面是基本相同的；而淬透性差的钢，其力学性能沿截面是不同的，愈靠近心部的力学性能愈低，特别是韧性值更为明显。但在选材时，不能因此而都选用淬透性好的钢材，而是应该根据具体工件的受力情况、工作条件及其失效原因，来确定其对钢材淬透性的要求，然后再进行合理选材。这将在第五章中进一步研究。

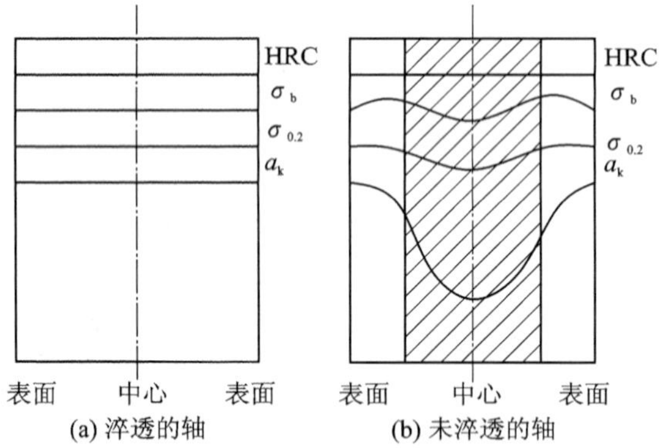

图3.11　调质处理后不同截面上的性能

（3）淬透性的测定与表示方法

淬透性的测定方法很多，按GB225—88规定，结构钢末端淬透性试验（端淬试验）法是最常用的方法。如图3.12所示。将试样加热至规定淬火温度后，置于支架上，然后从试样末端喷水冷却，如图3.12(a)所示。

由于试样末端冷却最快，越往上冷却得越慢，因此，沿试样长度方向便能测出各种冷却速度下的不同组织与硬度。若从喷水冷却的末端起，每隔一定距离测一硬度点，则最后可绘成如图3.12(b)所示的被测试钢种的淬透性曲线。由此图可见，45钢比40Cr钢硬度下降得快，说明40Cr钢比45钢的淬透性好。

根据GB225—88的规定，钢的淬透性值用J_d^{HRC}表示，其中J表示端淬试验，d表示距淬火末端的距离，HRC为该处测得的硬度值。例如，J_5^{42}表示距淬火末端5 mm处试样的硬度值为HRC42。

临界直径是一种直观衡量淬透性的方法。临界直径是钢在某种淬火冷却介质中冷却后，

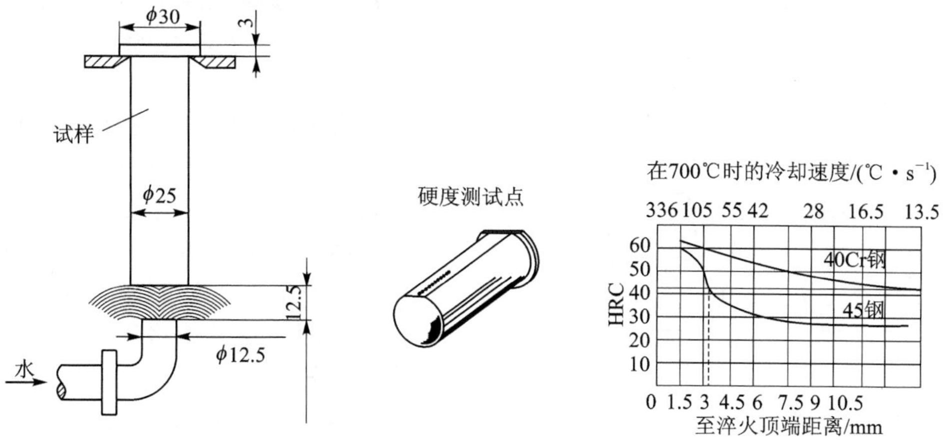

(a) 端淬试验装置示意图　　(b) 淬透性曲线

图 3.12　端淬试验

心部能得到半马氏体组织的最大直径，用 D_0 表示。显然，同一钢种在冷却能力大的介质中比在冷却能力小的介质中所得的临界直径要大。但在同一冷却介质中钢的临界直径(D_0)越大，则其淬透性越好。表 3.2 为几种常用钢的临界直径。

表 3.2　常用钢的临界直径

牌号	D_0/mm		牌号	D_0/mm	
	淬水	淬油		淬水	淬油
45	13～16.5	5～9.5	35CrMo	36～42	20～28
60	11～17	6～12	60Si2Mn	55～62	32～46
T10	10～15	<8	50CrVA	55～62	32～40
65Mn	25～30	17～25	38CrMoAlA	100	80
20Cr	12～19	6～12	20CrMoTi	22～35	15～24
40Cr	30～38	19～28	30CrMnSi	40～50	32～40
35SiMn	40～46	25～34	40MnB	50～55	28～40

3.1.3　热处理工艺

一般地说，热处理工艺的基本过程包括加热、保温和冷却三个阶段。由于热处理时起作用的主要因素是温度和时间，所以各种热处理都可以用温度—时间曲线来表示，叫做热处理工艺曲线。图 3.13 即为热处理工艺曲线示意图。

常用热处理工艺可分为普通热处理和表面热处理两大类。

普通热处理包括退火、正火、淬火和回火。

表面热处理包括表面淬火、渗碳、渗氮和碳氮共渗等。渗碳、渗氮和碳氮共渗又叫化学热处理。

1. 退　火

退火是将钢件加热到高于或低于钢的临界温度，保温一定时间，随后以极缓慢的速度冷却

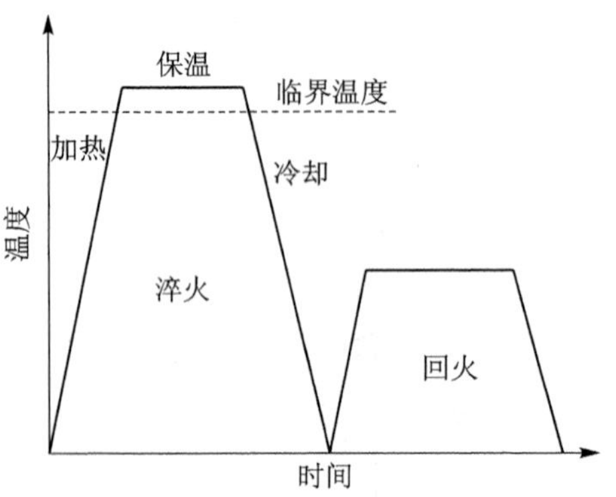

图 3.13 热处理工艺曲线示意图

(一般是切断热源随炉冷却到室温),以获得接近 Fe—Fe_3C 状态图上组织的一种热处理工艺。

退火可以达到的目的主要有下列几项:降低硬度,以利于切削加工;细化晶粒,改善组织,提高力学性能;消除内应力,为下一道淬火工序作好准备;提高钢的塑性和韧性,便于进行冷冲压或冷拉拔加工。由于退火的目的不同,退火工艺也有多种。

(1) 完全退火

将钢件加热到 Ac_3 以上 30～50 ℃,保温后随炉缓慢冷却。此方法只适用于亚共析钢和共析钢。所谓“完全”,是指退火钢件被加热后完全获得奥氏体组织,也就是钢的组织全部进行了重结晶。

完全退火的目的是通过完全重结晶,使铸造、锻造或焊接所造成的粗大晶粒细化,并可改善组织以降低硬度,便于切削加工。由于退火冷却速度缓慢,还可以消除内应力。

完全退火不适用于过共析钢,因为过共析钢加热到 Ac_{cm} 线以上后得到单一奥氏体组织,缓慢冷却时溶解在奥氏体内的渗碳体又重新沿奥氏体晶界析出,形成沿其晶界分布的网状渗碳体组织,降低钢件的力学性能。

完全退火主要用于亚共析钢的铸件、锻件、热轧型材和焊接结构,也可作为一些不重要钢件的最终热处理。

(2) 球化退火(不完全退火)

将钢件加热到 Ac_1 以上 20～30 ℃,保温后缓冷,或在 Ar_1 以下 20 ℃等温,使渗碳体成为颗粒状的热处理工艺叫球化退火。由于这种退火只使珠光体发生转变,组织中的另一部分铁素体(亚共析钢)和渗碳体(过共析钢)并不发生转变,故又称为不完全退火。

不完全退火主要用于过共析钢,其目的是把过共析钢的片状珠光体和网状渗碳体组织转变为球状或粒状渗碳体,从而改善钢件的切削加工性能,并减少最终热处理时工件变形和开裂的倾向。

(3) 等温退火

将钢件加热,保温后即较快地冷却到稍低于 Ar_1 的温度,再进行等温,当奥氏体转变结束后,取出在空气中冷却。

等温退火主要用于那些奥氏体比较稳定的合金工具钢和高合金钢等。与完全退火相比,该工艺,可以大大缩短整个退火时间。此外,由于奥氏体分解是在恒温下进行的,所以工件截面上的组织和性能也较均匀一致。

(4) 去应力退火

将钢加热到 Ar_1 以下的某一温度(约 500～600 ℃),保温后缓慢冷却。经过这样的退火后,钢件中的内应力大部分被消除,可防止变形和开裂。由于加热温度很低,一般称之为“低温退火”。低温退火一般用于消除铸件、锻件和焊接件等的残余内应力。在低温退火过程中无组织变化。

(5) 再结晶退火

它也是一种低温退火，用于处理冷拉、冷轧、冷压等发生加工硬化的钢材。其过程是把这类钢材加热到再结晶温度以上(650～750 ℃)，保温后空冷。通过再结晶可使钢材的塑性恢复到冷变形以前的状况。

(6) 扩散退火

将钢加热到高于 Ac_3 以上，保温很长时间(约 6～12 h)，然后随炉缓慢冷却。扩散退火主要用来消除钢件的化学成分不均匀现象。

2. 正 火

正火是将钢件加热到 Ac_3(对于亚共析钢)或 Ac_{cm}(对于过共析钢)以上 30～50 ℃，保温后在空气中冷却的热处理工艺。

正火的作用与完全退火相似，两者的主要差别是冷却速度。退火冷却速度慢，获得珠光体组织；正火冷却速度较快，得到的是索氏体组织。因此，同样钢件在正火后强度和硬度比退火后高，而且钢的含碳量愈高，用这两种方法处理后的强度和硬度的差别愈大。

低碳钢经过正火处理后的强度和硬度，虽与退火处理后的差不多，但正火是在炉外空冷的，不占用设备，生产率也高，所以低碳钢多采用正火来代替退火。中、高碳钢正火后的硬度可能过高，不利于切削加工，为了降低硬度，便于加工，则应采用退火处理。

正火的主要目的是：

(1) 改善组织：由于正火冷却速度较快，所以铸件的粗大组织和锻件的粗细不均匀的组织，都可以通过正火得到细化。正火还可以抑制先共析相的析出，从而消除网状渗碳体和亚共析钢中的针状铁素体。

(2) 提高性能：正火得到的索氏体具有一定的强度，又有较高的韧性。一般对性能要求不高的结构零件，可正火后使用，不必淬火、回火。正火处理还可改善切削加工性能：低硬钢退火后塑性、韧性太高，切削时不易断屑，加工表观质量差；正火后的硬度提高，切削加工性能得到改善。

碳钢的各种退火及正火工艺温度范围如图 3.14 所示。

3. 淬火与回火

(1) 淬 火

将钢加热至 Ac_3 线或 Ac_1 线以上的某一温度，保温一定时间使之奥氏体化后，迅速冷却至室温，从而获得马氏体组织的工艺叫淬火。将淬火后的钢加热到 Ac_1 以下的某一温度，保温一定时间，然后取出空冷或油冷的热处理工艺称为回火。

淬火的主要目的在于提高钢的硬度，或得到马氏体，以便通过回火调整组织、性能。

不同含碳量的碳钢淬火加热温度范围如图 3.15 所示。对于亚共析钢，加热温度在 Ac_3 以上 30～50 ℃，共析钢和过共析钢在 Ac_1 以上 30～50 ℃。

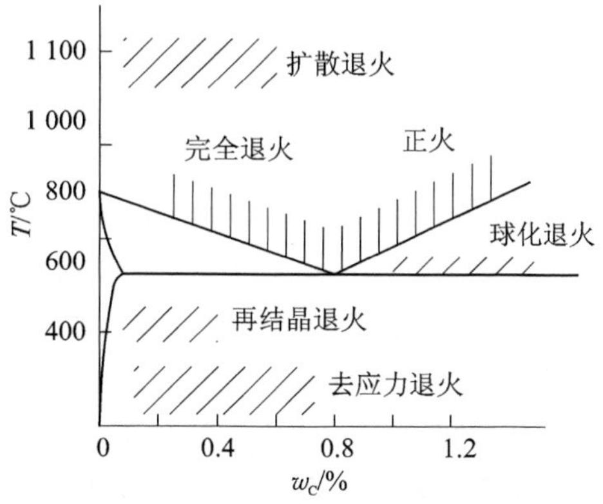

图 3.14 碳钢退火及正火工艺温度范围

对于亚共析钢，采用适宜的淬火加热温度后，淬火所得到的组织为均匀而细小的马氏体。

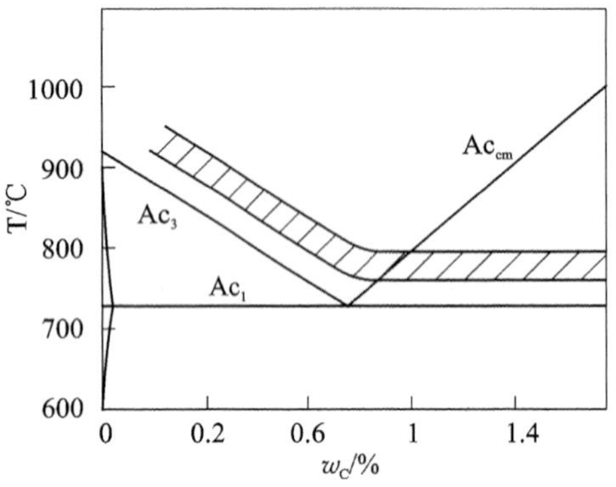

图 3.15 碳钢淬火加热温度

如果加热温度低于 Ac_3 以下，淬火组织中仍保留一部分原始组织的铁素体，造成淬火硬度不足。

对于过共析钢，采用适宜的淬火加热温度后，淬火后的组织为马氏体和二次渗碳体（分布在马氏体基体内呈颗粒状）。有二次渗碳体的颗粒存在，会明显增高钢的耐磨性。淬火加热温度低于 Ac_{cm}，还可以保证马氏体针叶较细，从而降低脆性。若把淬火加热温度提高到 Ac_{cm} 以上，由于奥氏体的含碳量较高，使奥氏体向马氏体的转变更加困难；淬火后的组织中有大量残余奥氏体，使钢的硬度下降；同时由于温度高，奥氏体晶粒长大，淬火得到的马氏体也较粗大，使韧性下降。

(2) 回　火

回火是钢材淬火后的必经工序。如前所述，钢淬火后的组织是由马氏体和残余奥氏体所组成的。马氏体转变伴随着较大的内应力。刚淬过火的钢硬度虽然很高，但脆性过大，组织不稳定，不宜直接使用。回火后硬度虽然下降，但韧性大大提高，消除了淬火产生的内应力，降低了淬火钢的脆性。回火还可使淬火得到的不稳定组织变为较稳定的组织，从而稳定了零件的尺寸和性能。因此，淬火与回火必须结合起来才能发挥良好的作用。

根据加热温度的不同，回火可分为低温回火、中温回火和高温回火。

① 低温回火

加热温度在 150～250 ℃之间，回火组织为回火马氏体。这种回火主要是为了降低钢中的残余应力和脆性，而保持淬火后得到的高硬度（硬度一般为 HRC 58～64。）和耐磨性。它主要用于各种工具、滚珠轴承及渗碳件等。

② 中温回火

加热温度在 350～500 ℃之间，回火组织为回火屈氏体。中温回火后钢的内应力大大降低，同时具有较高的弹性极限和屈服极限，硬度为 HRC 35～45。它主要用于弹簧元件、锻模等。

③ 高温回火

加热温度在 500～600 ℃之间，回火组织为回火索氏体。淬火加高温回火又称为“调质处理”。它可以消除钢的内应力，获得较高的韧性，使钢具有良好的综合性能。因此，调质被广泛用于要求具有一定强度和较高塑性、韧性的各类机械零件，特别是承受交变载荷和冲击载荷的重要零件。齿轮、连杆、轴等受力复杂的结构件，常采用调质处理。硬度一般为 HRC 25～35。在硬度相同的情况下，调质钢的各项力学性能明显高于正火处理后的性能。

4. 钢的表面热处理及化学热处理

机械制造业中，很多机器零件要求表面耐磨损，不易产生疲劳破坏，而心部则要求有足够的韧性，如齿轮、轴、凸轮等。进行表面热处理是满足这类性能要求的最有效的方法。表面热处理可以归纳为两类：一类是表面淬火法；另一类是化学热处理法。

(1) 表面淬火

表面淬火是将钢件表面进行快速加热，使其表面组织转变为奥氏体，然后快速冷却使表面层转变为马氏体的一种局部淬火的方法。

表面淬火的目的在于获得高硬度的表面层和有利的残余应力分布，以提高工件的耐磨性或疲劳强度。表面淬火的加热有电感应、火焰、电接触、浴炉、激光等方法。

① 感应加热法

将欲淬火的零件放入一个通有高频交流电的感应线圈内，如图 3.16 所示。接入高频电流时，感应线圈便产生交变的磁场，于是零件中便产生高频感应电流。这种感应电流在零件中分布是不均匀的，主要集中在表面层；越靠近导体的表面，电流密度越大；而且频率越高，这种现象越严重。在频率很高的情况下，电流全部集中在导体的最表层，而中心的电流密度几乎为零。这种现象叫集肤效应。通过改变交流电的频率，可以调整加热层厚度。频率越高，加热层越薄。感应加热效率高，工件变形小、质量好，所以应用广泛。目前主要用于中碳钢和中碳合金钢要求淬火硬层较薄的中小型零件，如齿轮、轴类等。淬硬层厚度一般为 0.5～2 mm。

② 火焰加热法

用氧—乙炔火焰喷向工件表面，使工件表面迅速加热到淬火温度，然后进行喷冷或浸冷。这种方法用于处理大型、异型或特大型工件，淬透层厚度一般为 3～6 mm，所用设备简单，但加热温度不易控制，容易过热，淬火效果不稳定。

表面淬火只改变工件的表面组织和性能，不改变工件内部的组织和性能。因此，在表面淬火前都要先进行调质或正火，以保证工件内部的力学性能。表面淬火后还要进行低温回火，以降低表面的残余应力，提高韧性。

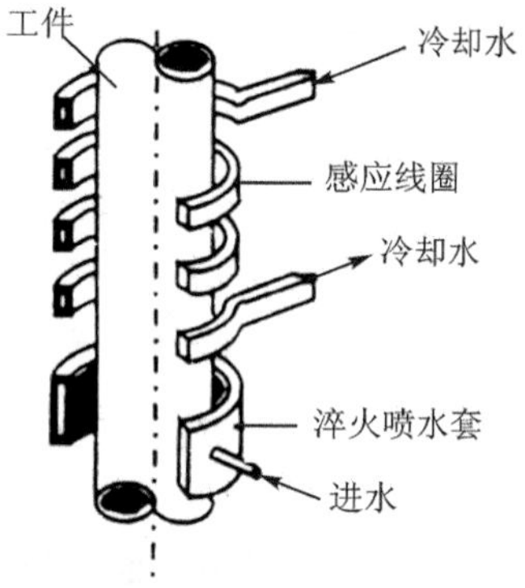

图 3.16　感应加热淬火示意图

(2) 化学热处理

对于表面和心部的力学性能要求不同的零件，除了进行表面淬火外，还可以进行化学热处理。

化学热处理是将钢件放入一定的化学介质中加热和保温，使介质中的活性原子渗入工件表层，使表面化学成分发生变化，从而改变金属的表面组织和性能的工艺过程。

化学热处理的目的是使工件心部有足够的强度和韧性，而表面具有高的硬度和耐磨性；增高工件的疲劳强度；提高工件表面抗蚀性、耐热性等性能。

根据渗入的元素不同，化学热处理分为渗碳、渗氮和碳氮共渗等。

① 渗　碳

渗碳是向钢的表面渗入碳原子，使其表面达到高碳钢的含碳量。渗碳主要有固体渗碳和气体渗碳两种方法，应用广泛的是气体渗碳法。

气体渗碳法是将工件放入密封的加热炉中（如图 3.17 所示），加热到 900～950 ℃，然后滴入煤油、苯等碳氢化合物，它们在炉膛内分解出活性碳原子，被工件表面吸收，并逐渐溶入奥氏体，向内扩散形成渗碳层。渗碳层的厚度取决于渗碳时间。气体渗碳速度可按 0.2 mm/h 计，一般渗碳层的厚度为 0.5～2 mm。渗碳以后零件表面含碳量约为 0.8%～1.0%，由表面至内部，含碳量逐渐降低。渗碳时，工件上不允许渗碳的部分（如装配孔或螺纹），应采用镀铜保护。

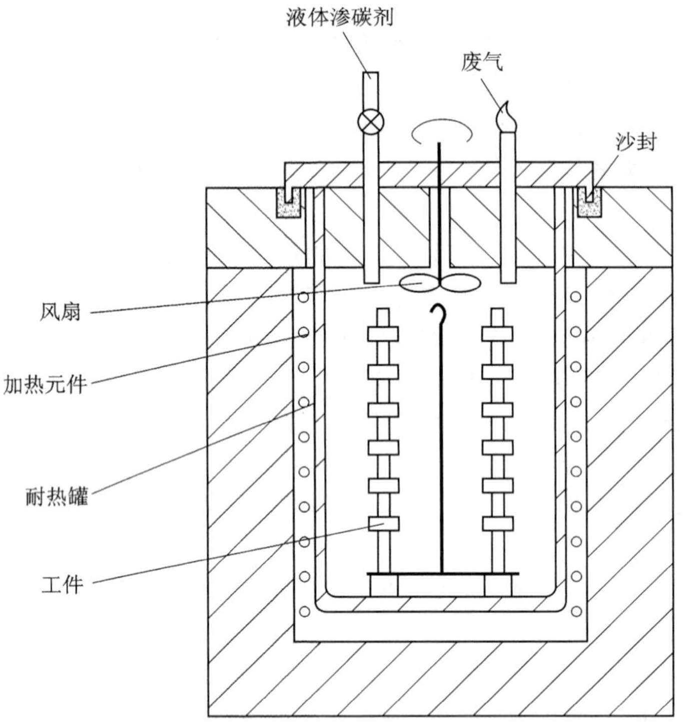

图 3.17 气体渗碳示意图

渗碳后，为了获得外硬内韧的性能要求，必须进行淬火与低温回火，表面硬度达 HRC 60～65。

渗碳工艺主要用于低碳钢或低碳合金钢制成的齿轮、活塞销、轴类等重要零件，能够满足表面硬而耐磨，心部强而韧，具有较高的疲劳极限的性能要求。

② 渗氮(氮化)

渗氮是将氮原子渗入钢件表面，形成以氮化物为主的渗氮层，以提高渗层的硬度、耐磨性、抗蚀性、疲劳强度等多种性能。渗氮方法很多，有气体渗氮法、盐浴氮化法、软氮化、离子氮化等。

气体渗氮法应用较广泛。这种方法是利用氨在 500～560 ℃加热时分解出活性氮原子，被零件表面吸收并向内部扩散形成氮化层。氮化层的化学稳定性高，与渗碳层相比其硬度、耐磨性较高，抗蚀性也较高。氮化层的高硬度可以维持到 500 ℃，而渗碳层硬度在 200 ℃以上就明显下降。由于氮化的加热温度较低，零件心部不发生相变，所以氮化引起的变形很小。零件渗氮以后不再进行热处理，只进行磨削和抛光。因此，为保证零件内部的力学性能，在氮化前要进行调质处理。氮化的主要缺点是时间太长，一般要经过几十小时，有的要经过上百小时。要得到 0.2～0.4 mm 的氮化层，氮化时间约需 30～50 h。另外，氮化层较脆、较薄，所以不能承受太大的接触压力。所用的钢材也受到限制，需使用含 Al、Cr、Mo、Ti、V 等元素的合金钢。有些钢种是专门为氮化设计的，如 38CrMoAl。

氮化常用于在交变载荷下工作的各种结构零件，尤其是要求耐磨性及在高温下工作的零件，如内燃机的曲轴、齿轮、量规、铸模、阀门等。

③ 碳氮共渗

钢件表面同时渗入碳和氮原子，形成碳氮共渗层，以提高工件的硬度、耐磨性和疲劳强度的处理方法叫碳氮共渗，又称为氰化。

高温碳氮共渗（820～920 ℃）以渗碳为主，渗后直接淬火，加低温回火。气氛中含有一定氮时，碳的渗入速度比相同的温度下单独渗碳的速度高，而且在处理温度和时间相同时，碳氮共渗层要厚于渗碳层。

低温碳氮共渗（软氮化，520～580 ℃）以渗氮为主，主要用于硬化层要求薄、载荷小但变形要求严的各种耐磨件以及刃具、量具、模具等。

5. 其他热处理工艺

（1）等温淬火

等温淬火是将钢加热保温后，快速冷却到下贝氏体转变温区保温，使奥氏体转变为下贝氏体的热处理工艺。

等温淬火能大大减小工件淬火变形，并可提高工件的力学性能。工具钢等温淬火可提高其塑性和韧性。具有回火脆性的钢可用等温淬火代替淬火与回火，在得到相同硬度的同时大大提高其冲击韧性。但等温淬火生产作业面积大，占用设备多，时间较长，而且要求钢有较高的淬透性，所以应用受到限制。

（2）无氧化热处理

通常热处理时钢往往是在空气中加热的，空气中的氧在高温下使钢表面氧化，并与钢表层的碳发生反应，使钢表层含碳量降低（脱碳），从而影响零件的外观，降低表层力学性能。为了防止氧化脱碳，可将工件置于中性介质（氮气、氩气）或还原性介质（氢气、一氧化碳等）中加热，还可将工件置于真空中进行热处理。

（3）强韧化处理

同时提高强度和韧性的工艺叫强韧化处理。

① 获得板条马氏体

板条马氏体具有很高的强度，同时也具有很高的韧性。因此，设法获得板条马氏体可以提高钢的强韧性。

中碳钢正常淬火时由于温度低，碳原子不能充分扩散，奥氏体的含碳量不均匀。由渗碳体转变的奥氏体含碳量高，淬火后得到针状马氏体。若提高加热温度，使奥氏体成分均匀，淬火后可得到单一板条马氏体组织。高碳钢则用快速短时加热的方法，使渗碳体来不及溶入奥氏体，淬火后也可得到板条马氏体。

② 超细化处理

超细化处理是把钢件快速加热到临界温度以上，再迅速冷却，反复数次可使钢获得超细晶粒（平均直径小于 3 μm），从而提高钢的强度和韧性。

③ 获得复合组织

在钢的淬火组织中若存在一定量的细小铁素体或残余奥氏体晶粒，可在不降低强度的情况下显著提高钢的韧性。例如亚共析钢加热到奥氏体—铁素体两相区上部，保温后淬火，可得到马氏体和铁素体的复合组织。但铁素体的量和晶粒的大小要控制。

④ 形变热处理

形变热处理是把淬火和变形强化相结合，以提高钢的强韧性的工艺。

形变热处理可分为高温变形热处理和低温形变热处理。高温形变热处理是使钢先在奥氏体稳定区内进行变形,然后立即淬火。高温形变热处理可以大大提高钢的韧性,同时钢的强度和疲劳强度也有明显提高。利用锻造余热进行淬火就是一种高温形变热处理。低温形变热处理是使钢在过冷奥氏体区进行变形,然后立即淬火。低温形变热处理可大大提高钢的强度和耐磨性,但要求钢具有较好的奥氏体稳定性。

(4) 冷处理

将钢淬火后继续冷却到摄氏零度以下的低温进行处理的工艺,叫做冷处理。

高碳钢和合金工具钢的淬火组织中往往含有残余奥氏体,使淬火钢的硬度下降。残余奥氏体在使用过程中会发生转变,从而会改变零件的尺寸。这会对要求高硬度、高精度的零件产生有害影响。为防止这些影响,把淬火后的钢置于低温环境(如液氮、干冰)中,使残余奥氏体转变为马氏体。冷处理使过冷奥氏体转变完全,适用于工具钢、渗碳零件及具有特殊性能的高合金钢。

3.1.4 热处理工序安排

根据热处理在整个零件加工过程当中的工序位置不同,可将热处理分为预先热处理和最终热处理两大类。

1. 预先热处理

其作用主要是消除内应力,细化晶粒,改善组织,改善切削加工性能,并为最终热处理作组织准备。

预先热处理包括退火、正火、调质等。其工序位置一般在毛坯生产(铸、锻、焊)之后,或机械粗加工之后,精加工之前。

(1) 退火、正火

退火、正火一般安排在毛坯生产之后。铸、锻、焊等毛坯生产的加工温度很高,生产出的毛坯晶粒粗大,而且往往有很高的残余应力。因此,它们一般都需退火或正火,以消除内应力,细化晶粒,改善组织,改善切削加工性能,并为最终热处理作组织准备。对精密零件或加工硬化严重的材料,可以在切削加工之间安排退火工艺,以消除应力或降低硬度。

退火、正火零件的加工路线一般为:

毛坯生产(铸、锻、焊、冲压等)→退火或正火→切削加工

毛坯生产→退火或正火→切削加工→中间退火→切削加工

(2) 调　质

作为预备热处理,调质主要是为了保证表面淬火或化学热处理(如氮化)零件心部的力学性能,以及为易变形零件的最终热处理作组织准备。其一般安排位置为:

锻造→正火或退火→粗加工→调质→精加工→表面热处理或淬火+回火

调质过程中零件有变形、氧化、脱碳等缺陷,可在精加工时去除,但粗加工时要留有足够的余量。必要时可在调质后增加校直工序,以纠正过大的变形。

2. 最终热处理

最终热处理是决定零件最终组织和性能的热处理。包括各种淬火、回火及化学热处理等。最终热处理后的零件一般硬度较高,除磨削外,不宜进行其他切削加工,所以一般安排在半精加工之后,磨削加工之前。

（1）淬　火

整体淬火和表面淬火的工序位置相同。但表面淬火件为了保证心部力学性能，获得细马氏体表层组织，在淬火前先调质或正火。

整体淬火件：

锻造→退火或正火→粗加工、半精加工→淬火、回火→精加工（磨削）

表面淬火件：

粗加工→调质→半精加工→表面淬火、低温回火→精加工（磨削）

或者

正火→粗加工、半精加工→表面淬火、低温回火→精加工（磨削）

（2）渗　碳

渗碳分整体渗碳和局部渗碳两种。局部渗碳时，非渗碳部位可采用镀铜防渗或多留加工余量，渗碳后再去除该处的渗碳层。

渗碳后还要进行淬火、回火。渗碳后钢件表面组织为珠光体和渗碳体，硬度不高。淬火回火后成为马氏体和渗碳体，硬度大大提高。渗碳后的钢心部为铁素体和珠光体，淬火后得到的板条马氏体具有高强度、高韧性，所以渗碳后必须淬火及低温回火。

整体渗碳：

粗加工→渗碳→半精加工→淬火、低温回火→精加工

局部渗碳：

粗加工→渗碳→去除局部渗层→淬火、低温回火→精加工

或者

粗加工→镀铜→渗碳→半精加工→淬火、回火→退铜→精加工

（3）氮　化

氮化前先要调质处理，以保证心部的力学性能。因氮化温度低，产生的变形小，而且氮化层很硬、很薄，所以氮化前零件一般应精加工到粗磨工序，氮化后只进行精磨或研磨。为了防止因切削加工产生的残余应力引起氮化件变形，在氮化前常进行去应力退火。对局部氮化零件，可采用镀锡防渗或留加工余量，氮化后再磨去该余量。氮化件的一般加工路线为：

粗加工→调质→粗加工→去应力退火→粗磨→氮化→精磨或研磨

实际生产中，可根据实际情况对热处理工序进行调整。几种零件热处理的安排举例见表 3.3。

表 3.3　热处理工序的安排

		热处理技术条件	工艺路线
连杆螺栓	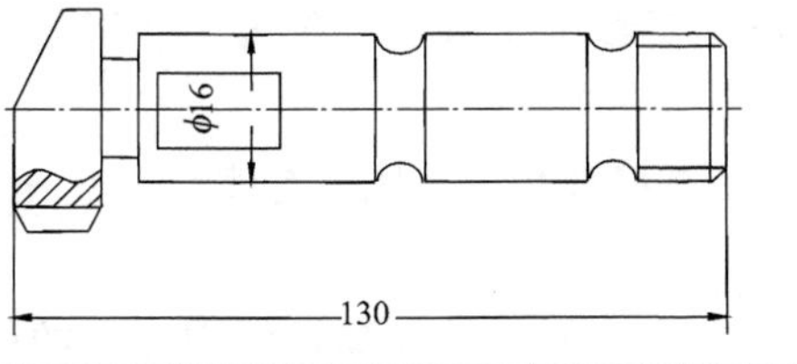	调质处理，硬度 263～322 HBS，组织为回火索氏体，不允许有块状铁素体	锻造→退火或正火→粗加工→调质→精加工

续表 3.3

		热处理技术条件	工艺路线
尾锥套	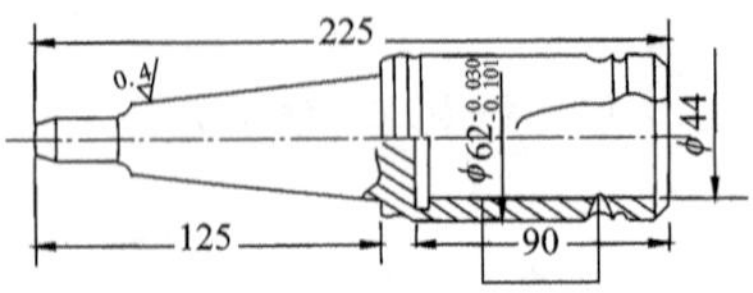	硬度:42HRC	锻造→正火→粗、半精加工→淬火、回火→精磨
汽轴	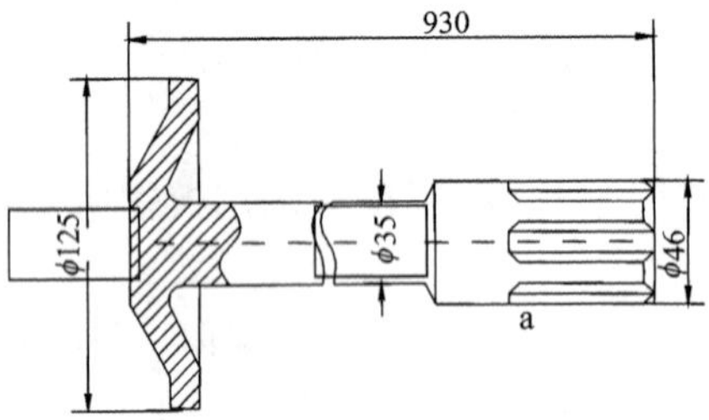	调质(或正火)处理,硬度 187～241HBS a处中频表面淬火,硬度＞52HRC,淬硬层深 4～6 mm	锻造→调质(或正火)→校直→粗、半精加工→中频表面淬火低温回火→校直→磨削
混轮	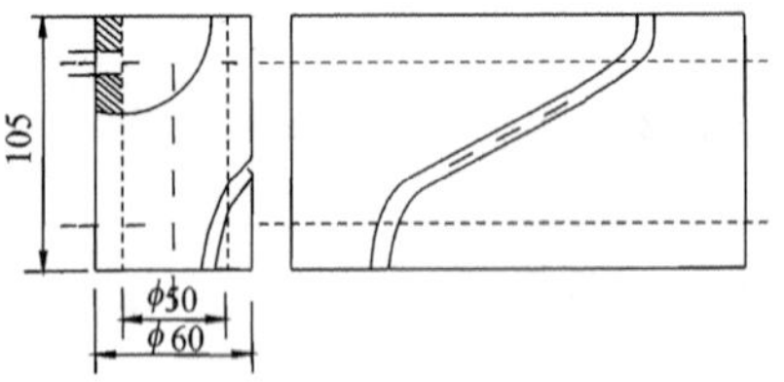	渗碳,渗碳层深度 0.9 mm,表面硬度＞56HRC	车削(外圆留磨量,端面留防渗余量)→铣→渗碳→车削(两端去渗碳层)→精加工内孔→淬火、回火→精加工(内孔及小孔)→磨(外圆及槽)
磨床轴目	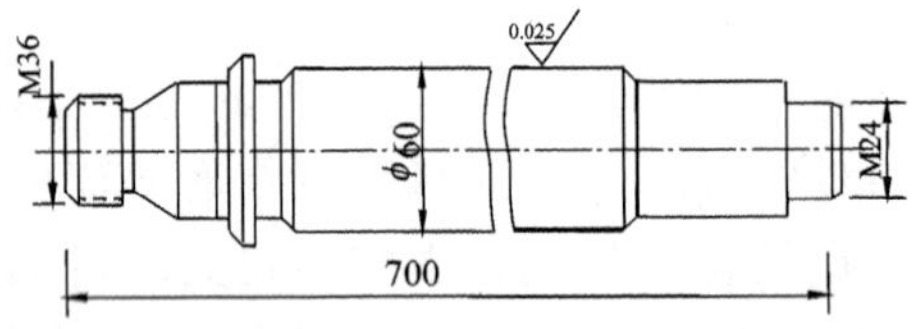	氮化,渗层深度 0.9 mm,硬度900HV,心部硬度 28～33 HRC	锻造→退火→粗车→调质→精车→去应力退火→粗磨外圆(留精磨余量)→氮化→精磨

3.1.5 淬火变形及零件的结构工艺性

由于淬火时的温度变化剧烈,工件各部冷却速度不同,淬火后工件不可避免地会产生变形,工件内部也会有残余内应力。特别是当淬火零件结构不对称、壁厚不均匀或操作不当时,工件会产生很大的内应力、变形甚至开裂。

较小的变形影响不大,精度要求高的零件可用后续加工解决。较大的变形需先矫正,然后再进行后续加工。

残余内应力会在后续加工或以后的使用过程中释放出来,引起工件变形甚至开裂。可通过淬火后的回火或时效消除应力。

在设计零件时,也应考虑到零件结构对淬火应力的影响。在满足使用要求的前提下,零件的结构形状应尽量对称,壁厚均匀,必要时可增加工艺孔或采用组合结构;避免出现尖角、盲孔;在截面变化时应有过渡;孔与边缘和尖角的距离不能太近;对某些易变形的零件,还可在淬火前留筋，淬火后切除(见图 3.18)。

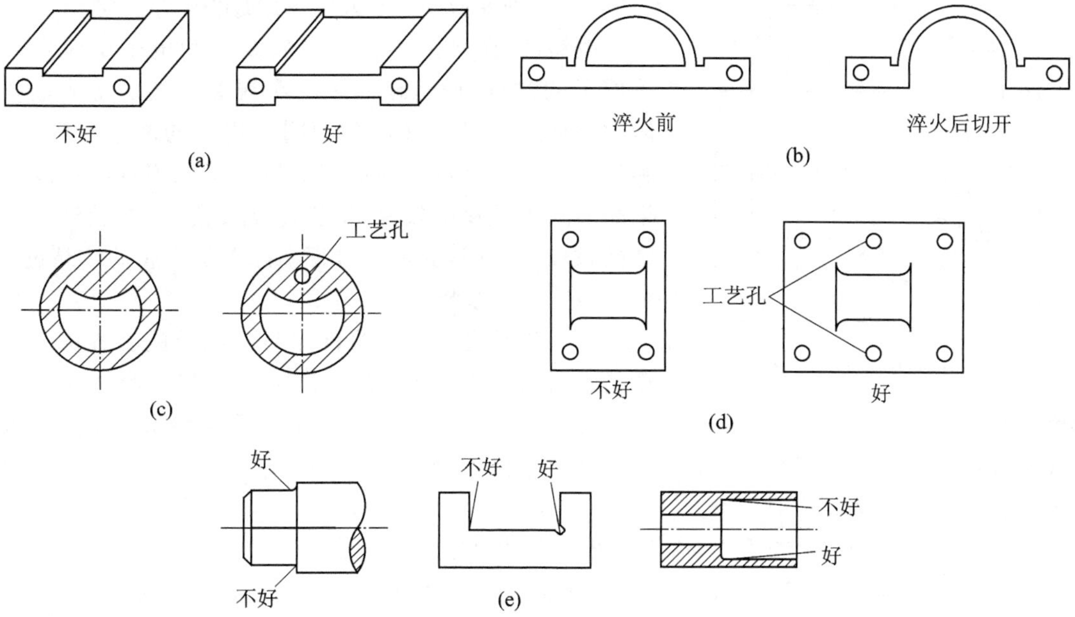

图 3.18　淬火零件的结构工艺性

3.2　金属的表面处理

3.2.1　表面防护

为防止金属腐蚀而采用各种防护方法叫金属表面防护。常用的金属表面防护方法有表面涂层和表面转化膜工艺。

1. 表面涂层

表面涂层是在材料表面施以涂层的表面防护方法。常用的有电镀、化学镀、喷镀、热镀、喷漆、电泳涂装、喷塑等。

(1) 电　镀

金属涂层是与被保护金属不同的材料，其作用是把介质与金属隔开，或靠自身的腐蚀以保护基体金属，达到防腐的目的。形成金属涂层的工艺主要有电镀、化学镀、喷镀、热镀等。其中电镀是目前我国应用最广的一种价廉而有效的防护方法。

电镀是一种电化学过程，即是在电流作用下的氧化还原过程。电镀的原理如图 3.19 所示。

将被保护零件(如铁)作为阴极放入金属的盐溶液(如图中的 $ZnSO_4$ 溶液)中，并与金属阳极(如锌板)组成电解池。接通直流外电源后，就会在零件表面沉积出金属防护层(如锌镀层)。其反应式为：

阴极：主反应　　$Zn^{2+} + 2e \rightarrow Zn$

　　　副反应　　$2H^{+} + 2e \rightarrow H_2$

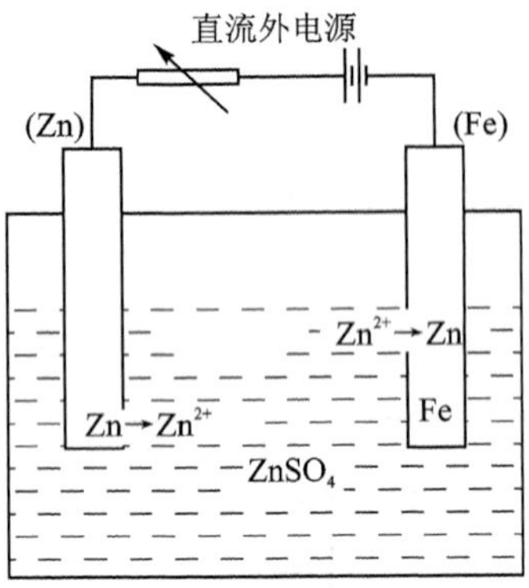

图 3.19 镀锌过程示意图

阳极：主反应　　$Zn \to Zn^{2+}+2e$

副反应　　$4OH^{-} \to 2H_2O+O_2+4e$

电镀时，阴极上不仅有金属离子和电子反应生成金属原子的过程，而且还有一个金属原子结晶生成金属晶体的过程。该过程又可分为同时进行的两个过程：生核和长大。这两个过程的速度决定着结晶粗细的程度。如果晶核的生成速度较快，生长速度较慢，晶粒较细；反之，则晶粒较粗。因此，电镀过程实际上是金属的结晶过程。

(2) 电泳涂装

电泳涂装是一种水溶性涂料的涂装施工方法。其原理是在外加电场的作用下，漆液中的带电胶体粒子在水溶性分散介质中作定向移动，沉积到作为阳极(或阴极)的工件表面上，形成涂层。常用的水溶性涂料，有环氧树脂、丙烯酸、聚胺酯、聚酯和醇酸等水溶性漆品种。

这种施工方法的特点是：

① 涂层均匀一致，附着力强，适用于几何形状复杂的工件。

② 水溶性涂料以水代替溶剂，成本低，而且消除了发生火灾和有机溶剂中毒的隐患。

③ 涂料利用率高(可达 95%左右)。

④ 易于实现流水线连续机械化操作，提高劳动生产率。

不足之处是：涂不厚；复色漆颜色不易控制；涂层需要烘烤；储漆槽内涂料储存日久后稳定性不易控制，同时也存在清洗后的污水处理问题。此法只适用于涂装一层底漆或一层面漆的零部件。

(3) 静电喷涂

此法是使已雾化的油漆微粒在直流高压电场中带电，而在静电场的作用下，带电油漆微粒迅速地向异极性的工件表面结集成膜。

静电喷涂使用的涂料，体积电阻系数一般为 $5\times10^{6}\sim5\times10^{8}\,\Omega\cdot cm$。如电阻过高时，可用适当的极性溶剂调节。所用溶剂，一般须沸点高、导电性能好，同时在高压场内带电雾化遇到火花时不易引起燃烧。高极性溶剂能够有效地调整涂料电阻，以酮类与醇类导电性最好，酯类次之，烃类和芳香烃类最差，其体积电阻系数高达 $10^{12}\,\Omega\cdot cm$。

静电喷涂的优点是：

① 很少有漆雾飞到空中，从而改善了劳动环境。

② 可使喷漆自动化。生产效率比空气喷涂法提高 10～30 倍，并可节约涂料 50%～70%。

③ 提高漆膜质量，附着力、光洁度、均匀性均较手喷涂法好。

④ 可用于不同油漆品种。

其缺点是：某些凹陷部位不易上漆，边界处有时出现积漆；涂层有时流平性差，有橘皮；不易喷到工件内部。

2. 转化膜

转化膜是用化学和电化学的方法使金属表面层发生反应，形成有自身参与的氧化物或金属盐类防护膜层，也可起到防护作用。最常见的工艺有黑色金属的氧化和磷化以及铝合金的阳极化。

(1) 钢的氧化处理

钢经氧化处理后零件表面上能生成保护性的氧化膜。膜的组成物主要是磁性氧化铁(Fe_3O_4),膜的颜色一般呈黑色和蓝黑色,故又称发蓝或发黑。膜层的厚度约为 0.6～1.5 μm,因此氧化处理不影响零件的精度。发蓝后的零件再进行浸油和其他填充处理,能进一步提高膜层的耐蚀性和润滑能力。

钢的氧化处理一般采用碱性氧化法。在一定温度的条件下,在含有氧化剂(硝酸钠或亚硝酸钠)的氢氧化钠溶液中进行。氧化剂和氢氧化钠与金属铁作用,生成亚铁酸钠(Na_2FeO_2)和铁酸钠($Na_2Fe_2O_4$),再互相反应,生成磁性氧化铁。

反应式如下:

$$3Fe+NaNO_2+5NaOH=3Na_2FeO_2+H_2O+NH_3$$

$$Fe+NaNO_3+2NaOH=Na2FeO_2+NaNO_2+NH_3$$

$$6Na_2FeO_2+NaNO_2+5H_2O=3Na_2Fe_2O_4+7NaOH+NH_3$$

$$8Na_2FeO_2+NaNO_3+6H_2O=4Na_2Fe_2O_4+9NaOH+NH_3$$

$$Na_2FeO_2+Na_2Fe_2O_4+2H_2O=Fe3O_4+4NaOH$$

钢的氧化处理常用于机械、精密仪器、仪表、武器和日用品零件的防护和装饰。

(2) 钢的磷化处理

钢铁零件在含有锰、铁、锌的磷酸盐溶液中,进行化学处理,使其表面生成一层难溶于水的磷酸盐保护膜的方法,叫做磷化处理。磷化膜的外观,依基体材料及磷化工艺的不同可由暗灰到黑灰色。磷化膜主要由磷酸盐 $Me_3(PO_4)_2$ 或磷酸氢盐($MeHPO_4$)的晶体组成。

反应式如下:

首先是金属在酸溶液中的溶解:

$$Me+2H_3PO_4\rightarrow Me(H_2PO_4)_2+H_2\uparrow$$

由于析氢使金属/溶液界面处的液层 pH 值升高,有利于二氢盐的水解反应:

$$Me(H_2PO_4)_2\rightarrow MeHPO_4\downarrow+H_3PO_4$$

$$3Me(H_2PO_4)_2\rightarrow M_3(PO_4)_2\downarrow+4H_3PO_4$$

磷化膜的厚度一般为 5～20 μm,因为磷化膜在形成过程中相应地伴随有铁的溶解,所以对零件尺寸改变较小。

磷化膜的耐蚀性较好,与钢的氧化处理相比,在大气条件下,其耐蚀性约高 2～10 倍。磷化后进行重铬酸盐填充、浸油或涂漆处理,能进一步提高其耐蚀性。

磷化膜具有显微孔隙结构,因此对油类、漆类有良好的吸附能力,被广泛用作油漆的底层。

磷化膜对熔融金属无附着力,可用来防止零件粘附低熔点的熔融金属。

磷化膜有较高的电绝缘性能,一般变压器与电机的转子、定子及其他电磁装置的硅钢片均采用磷化处理,而原金属的力学性能、强度、磁性等基本保持不变。

钢铁的磷化处理所需设备简单,操作方便,成本低,生产效率高,因此在汽车、船舶、机器制造以及航空工业中都得到广泛的应用。

(3) 阳极化

所谓阳极化是指用电化学的方法在铝及铝合金表面获得一层氧化膜的方法,由于在处理时零件为阳极,所以称为阳极氧化处理(阳极化)。阳极化是在特定的工作条件和相应的电解液中,在阳极上通过一定外加电流作用而形成氧化膜的工艺。

氧化膜的性质如下：

① 多孔：具有较高的吸附能力，对石蜡、干性油、树脂等都能吸附，经过阳极化处理的零件，可以染成各种颜色，作为装饰及区别不同用途的标记。氧化膜用润滑剂填充时可增加其耐磨能力和降低摩擦系数。用石蜡、干性油和树脂填充，可提高其防锈能力和绝缘性能。

② 硬度高：经阳极氧化所得的氧化膜层，具有较高的硬度。其硬度的大小，与铝合金的成分、氧化方法、工艺条件等有关。例如纯铝在硫酸中通以直流电所获得的氧化膜，硬度比其他铝合金的硬度都高。若用交流电在草酸中进行阳极化，则不论铝合金的成分如何，硬度都很低。阳极氧化所获得的氧化膜，接近于天然的石英和刚玉的硬度。当松孔吸附润滑剂后，能进一步提高其耐磨性。

③ 化学稳定性好：阳极氧化膜有较高的化学稳定性。用普通阳极化法所获得的氧化膜层，主要用于铝及铝合金制件表面防护。氧化膜的防护能力取决于膜层厚薄、松孔程度及基体金属的合金成分。所以，纯铝或包有纯铝材料的氧化膜，其抗蚀能力较铝合金高。

④ 绝缘性好：氧化膜不导电，是一种良好的绝缘层，氧化膜的电阻随着温度增高而增高，在 15～25 ℃时，纯铝氧化膜的电阻系数为 $10^9\ \Omega/cm^2$；在 250 ℃时，电阻系数则为 $10^{13}\ \Omega/cm^2$。高温时氧化膜的电阻提高，主要是由于高温下膜中的水分被排除。

⑤ 结合能力好：氧化膜是由基体金属直接生成，与基体的结合能力好，但膜层的塑性小、脆性大。因此，经氧化过的零件，不允许重复进行压力加工和承受较大的形变。

⑥ 耐高温氧化膜是一种很好的绝热和抗热的保护层。试验证明，由于氧化膜的传热系数低，特别是厚的氧化膜更为明显，故可耐 1 500 ℃温高，所以某些发动机零件常进行阳极化处理。

按其溶液性质及膜层性质不同，阳极化可分为硫酸、铬酸、草酸、硬质和瓷质阳极化等五类。其中最常用的为硫酸阳极化工艺。

在 18%～20%的硫酸电解液中，通以直流或交流电来进行铝合金的阳极氧化，称为硫酸阳极氧化处理(简称硫酸阳极化)。用这种方法获得氧化膜的厚度一般为 5～20 μm，膜层硬度高，吸附能力强，易于封闭染色。氧化膜经过热水和重铬酸钾溶液封闭处理之后，有较高的防锈能力。这种阳极化法主要用于防护和装饰膜层，还可以用来检查锻造毛坯的表面缺陷。所用的电解液成分单纯，溶液稳定，允许杂质含量范围较高。该阳极化工艺过程简单，时间短，生产操作易掌握，因而制取氧化膜的成本低。几乎所有的铝合金零件。如机械加工、钣金、部分铸造和焊接的铝制零件都能使用该工艺。因此，它在航空工业、电气工业、机械制造业、日用品工业中都获得了广泛的应用。

但是硫酸阳极化不适合氧化松孔度大的铸件、点焊件或铆接的组合件，这是因为零件缝隙内的藏酸很难排除，会引起零件的腐蚀。在阳极氧化过程中，由于产生大量的热，使电解液的温度很快升高，有损于氧化膜的成长，影响氧化膜的质量，所以在生产过程中必须采取强制冷却措施。

3. 热喷涂

材料经热源加热至熔化或半熔化状态，用高压气流使其雾化并喷射于工件上，从而形成涂层的一种表面加工方法，称之为热喷涂。

热喷涂材料可以是金属，也可以是非金属；可以是粉状，也可以是线状或棒状。一般金属喷涂层与工件(基体)之间以及喷涂层微粒之间的结合，是机械结合或微冶金结合。通过重熔，或采用喷熔方法，可以得到冶金结合的涂层。

(1) 热喷涂的分类

根据热喷涂热源及热喷涂材料的不同，可将热喷涂技术分为火焰加热法及电加热法两种。根据具体情况，可细分为下述几种。

① 火焰线材(或棒材)及粉末喷涂

以氧—乙炔为热源，用氧、空气或其他气体作为喷射气流。这种喷涂方法设备简单，操作容易，机动灵活。一般有气焊设备的地方，只要添加喷枪即可。这种喷涂方法在机械、化工、交通等许多部门已得到广泛应用。

② 火焰爆炸喷涂

由氧和乙炔以一定比例在喷枪中混合，并周期地点燃，以便加热由氮气流送入的浮游状粉末，形成超音速压力波式的气流来喷涂。该方法在航空、航天部门已得到较多应用。

③ 火焰超音速喷涂

由氧和可燃气(如氢、甲烷等)混合，在较高压力下于燃烧室中燃烧。喷涂粉末由氮气流从燃烧室中心送入。此高温气体加粉末经拉阀尔喷管，或混合气体点燃后产生爆震，均可在喷嘴处以超音速(2～4 倍音速)喷出。这种喷涂方法在国内外已成功应用于航空航天、石油化工、冶金等多个部门。

④ 火焰粉末喷涂

热喷涂粉末(一般为自熔性合金粉末)经氧—乙炔火焰加热后喷涂于工件上。在工件不熔化的情况下，加热涂层并令其与工件表面熔合，从而形成冶金结合涂层。其实质是固态金属被液态金属熔解而互相结合的过程。这种工艺在油田、造纸、模具、轴类等方面得到广泛应用。

⑤ 电弧喷涂

以电弧为热源，用空气或其他气体为喷射气流的喷涂。即以两根金属线，用电机驱动到喷嘴口相交，产生短路电弧，端部熔化；再用喷射气流使其雾化吹出并沉积于工件表面。这种方法在国外已广泛用于大型钢结构防腐及轴类修复。在国内近几年已开始应用于工程。

⑥ 线爆喷涂

当储存在电容器上的电能通过待喷金属材料瞬间放电时，线材(待喷材料)一部分立即被气化爆炸，其余部分则熔化并被放电爆炸波吹出，沉积于工件表面。这种喷涂方法在内燃机气缸、某些纺织机械零件，尤其是内孔喷涂中得到成功应用。

⑦ 等离子喷涂

以电弧放电(非转移型等离子弧)产生的等离子(热离子化的气体)作为热源，使喷涂粉末熔化，并在等离子焰流加速下吹向工件形成涂层。这种方法可喷金属、非金属，尤其是高熔点材料(如金属陶瓷、碳化物等)。在零件耐磨损、抗腐蚀及特殊功能层(如远红外涂层)涂覆等方面用途很广。

⑧ 等离子弧粉末堆焊

用转移型等离子弧加热工件表面并形成熔池。喷涂粉末经喷枪进入电弧区并经弧柱加热喷射进熔池，从而形成合金喷熔层。这种工艺在防腐耐磨层(如某些耐酸密封面、耐磨密封面)，磨粒磨损件等制备及修复中得到成功应用。

(2) 热喷涂特点

热喷涂技术具有下述特点：

① 工艺灵活，适应范围广。热喷涂施工对象，可小可大。小的可到 10 mm 内孔（线爆喷涂），大的可到桥梁、铁塔（火焰线材喷涂、电弧喷涂）。可在实验室、车间内进行真空气氛中喷涂，也可在野外现场作业。可整体喷涂，也可局部喷涂。

② 基体及喷涂材料广泛。基体可是金属、非金属（包括陶瓷、塑料、石膏、水泥、木材，甚至纸张）。喷涂材料可是金属及其合金、塑料、陶瓷等。可以说，几乎是无所不能喷。这样，就有可能通过热喷涂方法制备金属/非金属复合涂层，从而获得用其他方法难以得到的综合性能。

③ 除去火焰喷涂及等离子弧粉末堆焊外，用热喷涂工艺加工的工件受热较少，工件产生的应力变形很小。

④ 生产效率高。热喷涂工艺生产效率，从几 kg（每小时喷涂材料的质量）到数十 kg，沉积效率也很高。

3.2.2　金属的表面改性

金属的表面改性也称表面优化，就是借助于离子束、激光、等离子体等新技术手段，改变材料表面及近表面的组分、结构与性质，从而获得用传统的冶金和表面处理技术无法得到的新薄层材料，或者使传统材料具有更好的性能。

现代先进的材料表面改性技术主要有物理气相沉积（简称 PVD）、化学气相沉积（简称 CVD）、等离子体化学气相沉积（简称 PCVD）、离子注入和离子束沉积。

1. 物理气相沉积(PVD)

物理气相沉积是蒸发镀膜、溅射沉积和离子镀等物理方法的总称。是用物理的方法将源物质转移到气相中，在基材上形成覆盖层的方法。

(1) 蒸发镀膜

蒸发镀膜通常是在真空中进行，图 3.20 为真空蒸镀示意图。将零件和涂层材料同时放在钟罩形的真空室内，涂层材料受热蒸发，蒸发出的分子或原子在自由行程内与受镀零件表面相遇，不断凝结成膜。

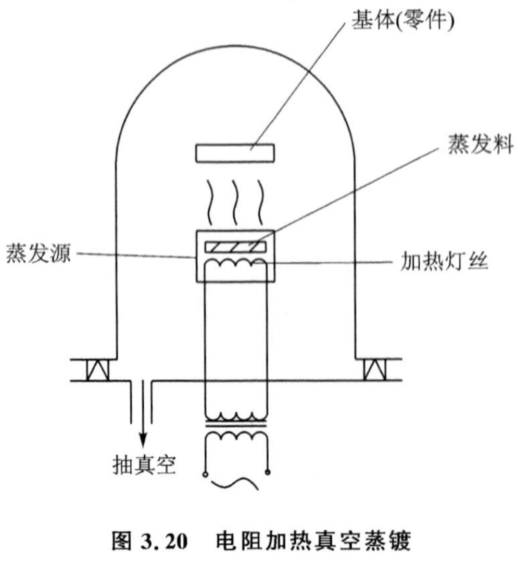

图 3.20　电阻加热真空蒸镀

真空室内的真空度一般高于 $1.333\times(10^{-5}\sim10^{-6})$ MPa，高的真空度便于材料快速蒸发：因为材料的蒸气压在一定温度下是一定的，且随温度上升而增加，同时只有在材料的蒸气压大于环境的压力时才会快速蒸发，因此降低环境压力，即造成高真空，可以使材料在比大气压下的蒸发温度更低的温度下蒸发。设置在真空室内的蒸发源由涂覆料和加热器组成。目前多采用钨丝电阻加热的方式，通电后，材料受热蒸发，可在基体上镀覆膜层。与电镀相比，蒸镀的沉积速度快，孔隙度较低，镀层的耐蚀性可提高两倍。

蒸镀目前主要用于制作各种薄膜电子

元件，沉积各种光学薄膜，国外也用于连续镀覆厚度为 3×10^{-3} mm 的钢箔。

(2) 溅射沉射

这种方法是以离子轰击靶材料，使其溅射并沉积在基体材料上。图 3.21 所示为阴极溅射镀。在真空度不太高的环境中，在强电场的作用下，充入的惰性气体(通常是氩气)产生辉光放电，并部分电离，在阴极负高压的吸引下，Ar^+ 离子被加速，以极高的速度轰击材料靶，靶表面的原子获得能量后逸出，溅射出来的原子(或分子)以足够高的速度飞向放在周围的基体(被镀零件)上，形成镀覆层。

溅射镀层机械强度大，针孔极少，即使镀层厚度仅为电镀层的 1/10，也有相同的性能。总的说来，溅射镀的速度不如真空蒸镀快。

溅射镀用于镀覆耐磨损层、超硬合金层、耐蚀层和抗高温腐蚀合金层等，厚度可达几十 μm。例如在切削刀具的刃部镀覆 TiN、WC、TiC 超硬镀层，在火箭喷嘴内壁上镀覆 WC 层以提高高温下的使用寿命等。

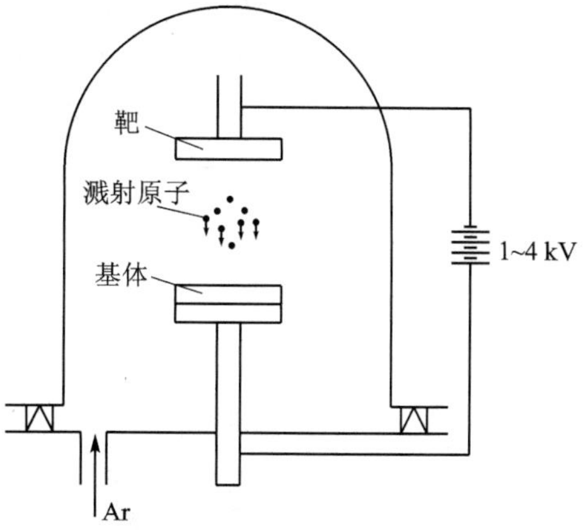

图 3.21　阴极溅射镀示意图

(3) 离子镀

离子镀是在真空蒸镀和溅射镀的基础上发展起来的一种新技术。离子镀的原理见图 3.22，也是在真空室中进行。真空度一般为 $1.333\times(10^{-4}\sim10^{-3})$ MPa。阳极为镀覆材料，阴极为基体(被镀零件)。在合适的电压下(一般为 3～5 kV)，基体和蒸发源之间产生辉光放电，一部分电离生成的氩正离子受负高压基体的吸引轰击基体，使基体受到离子的刻蚀清洗而除去上面的污染层。当清洗完毕后再使蒸发源中的涂覆料蒸发，蒸发出的粒子进入辉光放电区，其中一部分电离为正离子，受负高压作用沉积在基体上。

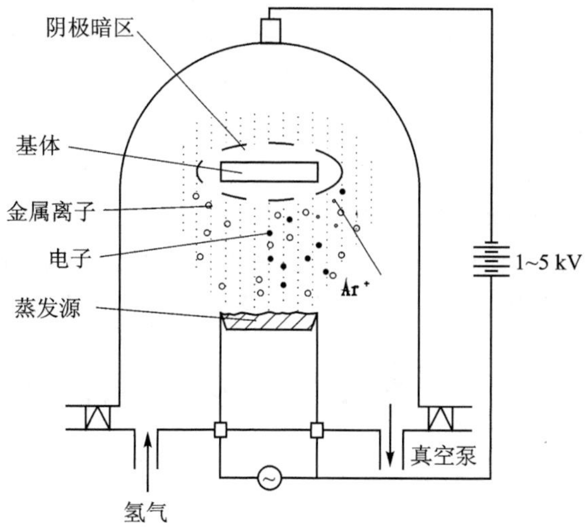

图 3.22　离子镀原理示意图

离子镀的膜层有较高的附着力。与真空镀膜相比,其生核密度高,所以镀层在较薄时就是连续的,膜层组织致密,针孔、气泡少。离子镀与真空镀的沉积速度一样高,约 50 μm/s,因此也是制备厚膜的一种手段。

2. 化学气相沉积(CVD)

化学气相沉积是近一二十年发展起来的薄膜沉积新技术。这种技术是利用气态物质在一固体材料表面上进行化学反应,生成固态沉积物的过程。利用化学气相沉积法,可以在中等温度下利用高气压反应剂气体源来沉积高熔点的相。如 TiB_2 的熔点为 3 225 ℃,可以由 $TiCl_4$,BCl_3 和 H_2 在 900 ℃下以化学气相沉积方法获得。

化学气相沉积装置见图 3.23,装置的主要部分是进行沉积的反应器,其中包括试样的加热系统(图中未画出),另一部分是反应物的储存、气化、净化和向反应器输入的装置以及通入惰性气体的系统。这一部分都设置在反应器前,在反应器后的部分则设有反应后气体的收集器、真空系统以及处理副产品的设备。

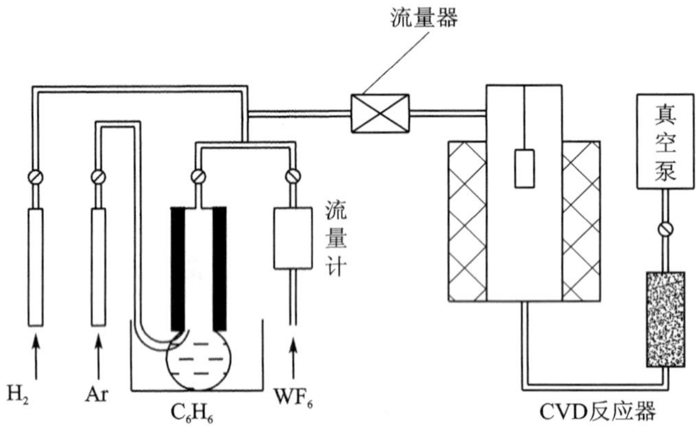

图 3.23 化学气相沉积碳化钨装置示意图

以沉积碳化钨为例,可以说明一般化学气相沉积的进行过程。开始时,首先应彻底排除反应室中的空气,充入惰性气体,以保证分解反应在惰性环境下进行。然后将试样加热到所需要的温度,并以适当的压力和流量通入反应物气体。其反应式为:

$2WF_6$(气)$+1/6C_6H_6$(气)$+11\ 1/2H_2$(气)$=W_2C$(固)$+12HF$(气)

反应的副产品为 HF。

化学气相沉积装置简单,操作方便,工艺上具有重现性,适于批量生产,成本低廉。

以化学气相沉积方法获得的 TiC、TiN 涂层硬质合金刀具已进入国际市场,钢铁 TiC 涂层复合材料已广泛应用于钣金压力加工、粉末冶金、陶瓷等各种工业部门。

3.3 塑料及陶瓷的强化

3.3.1 塑料的强化

高分子材料具有很多优异的性能,使用范围也十分广泛,已经成为许多行业不可缺少的一类工程材料。但是,随着科学技术的发展,对高分子材料提出的要求越来越高,例如期望高分子材料既耐高温又易加工成型，既有卓越的韧性又有较高的硬度，不仅性能良好而且价格低廉；从要求单项性能优良向多项性能、综合性能良好发展，致使某些单项性能良好而另外一些性能较差的单一高分子材料难以满足工程设计和市场的需求，应用受到限制。而通过对高分子材料的改性，便可达到上述的目的，于是扩大了高分子材料的应用。

高分子材料的改性，就是设法改变原有的高分子材料的化学组成与结构，改善或提高其性能，使现有的高分子材料之间取长补短。

1. 改性目的

高分子材料改性的目的主要有以下几个方面：

① 提高或改善使用性能

例如聚丙烯材料，虽然有密度小，透明性好，拉伸强度、压缩强度、硬度及耐热性均优于聚乙烯的优点，但其冲击强度、耐应力开裂及柔韧性不如聚乙烯。由聚乙烯和聚丙烯共混改性制成的共混物，同时保持了两种高分子材料的优点，具有较高的拉伸强度、压缩强度和冲击强度，且耐应力开裂性比聚丙烯好，耐热性则优于聚乙烯。又如在聚氯乙烯、聚苯乙烯等硬质树脂中掺入10%～20%的橡胶类物质，可大大提高其冲击强度。

聚四氟乙烯塑料，经填充、共混改性后其性能有了明显的改善。例如：聚四氟乙烯填充四氟乙烯—六氟乙烯的共聚物(FEP)后，可以明显地提高聚四氟乙烯的抗张强度；聚四氟乙烯和聚苯的共聚物其耐磨性大大高于未改性的聚四氟乙烯；用聚酰亚胺填充聚四氟乙烯后具有较小的摩擦系数和优良的耐磨性；用聚酯填充聚四氟乙烯则可很大程度上提高它的抗压强度、抗弯强度和耐磨耗性，但摩擦系数基本不变；用聚苯硫醚填充聚四氟乙烯，具有优良的耐蠕变性和尺寸稳定性；用液晶高分子对聚四氟乙烯改性，其耐磨性提高近100倍。

② 改善加工性能

许多耐高温的高分子材料，因其熔点高、熔体的粘度大、流动性能差而难以加工成型，但通过共混改性便能取得满意的效果。例如难熔难溶的聚酰亚胺与流动性能良好的聚苯硫醚共混后可以方便地进行注射成型，而且由于两种高分子材料均有卓越的耐热性能，经改性后的共混物仍是极好的耐高温材料。超高相对分子质量的聚乙烯用液晶高分子改性可以大大降低熔体粘度，可用常规挤出法加工。

③ 降低成本

对于某些性能卓越但价格昂贵的工程塑料，在不影响其使用要求的条件下，可以通过共混改性降低原材料成本。

④ 制备具有崭新性能的新型高分子材料

例如要制备耐燃高分子材料，可与含卤素等耐燃高分子材料共混改性；利用硅树脂的润滑性，与其他高分子材料共混可以生产具有良好自润滑作用的高分子材料等。

2. 改性方法

高分子材料的改性，一般分为化学改性和物理改性。

(1) 化学改性

化学改性又分为接枝共聚改性、嵌段共聚改性和辐射交联改性等。化学改性通常在一定条件下通过化学反应来实现，不同的聚合物分子链或链段之间存在化学键。

(2) 物理改性

物理改性分为填充改性、增强改性和共混改性等。

物理改性中的不同聚合物之间则无化学键存在。其中的填充改性是指在加工成型过程中,将一定量的无机或有机填料加入到高分子材料中,从而改善材料的力学性能、耐摩擦性能、热学性能和耐老化性能,又大大降低成品的价格。这些填料有碳酸钙、滑石粉、高岭土、煤灰、云母、玻璃纤维、碳纤维、天然有机物、炭黑等等。填料既有增量的作用,又有改性的作用。在填充改性中,采用玻璃纤维、碳纤维等填充改性塑料,由于增强效果极为明显,如玻璃纤维填充聚酯,弯曲模量约提高四倍,故这种填充改性的方法又称为增强改性,经纤维填充改性的塑料称为增强塑料。共混改性是指在原来的某一聚合物基体中,通过混合的方法,混进另外一种或几种聚合物,达到改变原来材料性能的目的。

聚合物共混物有许多类型,一般是指塑料与塑料的共混物以及在塑料中掺入橡胶。在塑料中掺混少量橡胶的共混体系中,由于其冲击性能可获得很大的改善和提高,故常称为橡胶增韧塑料。由于填充、共混等物理改性方法简单,适应性强,其应用相当广泛。

3.3.2 陶瓷的增韧强化

陶瓷特别是工程陶瓷材料实用化的主要障碍是陶瓷的脆性。晶须和纤维增韧是解决陶瓷脆性的主要办法之一,因此陶瓷基复合材料越来越受到人们的重视。专家们预测,在高温2 200 ℃条件下使用的材料,惟有陶瓷基复合材料最有希望。材料工作者们向陶瓷基内添加各种陶瓷颗粒、纤维和晶须,制备出各种强化陶瓷复合材料。目前认为强化陶瓷的方法大致有三种,即弥散韧化、相变韧化和纤维(晶须)韧化。

1. 陶瓷的增韧机理

陶瓷的增韧机理虽然很多,但大致可分为5种:

(1) 微裂纹增韧:残余应变场与裂纹在分散相周围发生反应,使主裂纹尖端产生微裂纹。

(2) 相变增韧:由分散相的相变产生应力场来阻止裂纹的扩展。

(3) 裂纹扩展受阻:裂纹尖端的韧性分散相发生塑性变形,使裂纹进一步的扩展受阻或裂尖钝化。

(4) 裂纹偏转:由于分散相和基体之间产生应力场,从而使裂纹沿分散相发生偏转。

(5) 纤维(晶须)拔出:基体/纤维界面脱胶或纤维拔出。

2. 基体材料的选择

要求基体材料有较高的耐高温性能,与纤维(或晶须)增强体有良好的界面相容性,同时应考虑到复合材料制造的工艺性能。可选择的基体材料有玻璃、氧化物陶瓷和非氧化物陶瓷材料。

玻璃基复合材料的优点是易于制作(燃烧过程中通过基体低熔点的粘性流动形成致密化),增韧效果好;缺点是玻璃相容易产生高温蠕变,同时玻璃相还易向晶态转化而发生析晶,使性能下降,使用温度也受到限制。

氧化物类陶瓷主要有 MgO、Al_2O_3、SiO_2、ZrO_2 和莫来石等,但它们均不宜用于高应力和高湿环境。

非氧化物陶瓷如 Si_3N_4、SiC 等具有较高的强度、模量和抗热震性及优异的高温力学性能,与金属材料相比,这类陶瓷材料还有密度较低等特点。

3. 增强增韧纤维的选择

陶瓷基复合材料中早期使用的纤维是金属纤维如 W、Mo、Ta 等,增韧 Si_3N_4、莫来石和

Al_2O_3等。这种陶瓷基复合材料虽然有较高的室温强度，但缺点是在高温下容易发生氧化。所以开发了 SiC 涂层 W 芯纤维，这种纤维增韧的 Si_3N_4 复合材料，断裂功可提高到 3 900 J/m^2，但强度却仅有 55 MPa，纤维的氧化性问题仍然存在，且当温度为 800 ℃时，强度严重下降。碳纤维由于有较高的强度、弹性模量和低的成本而被广泛应用于复合材料领域中。但应用中发现，高温下碳纤维与许多陶瓷基体会发生化学反应。聚碳硅烷作为前驱体经熔融纺丝后，再热解而成的 SiC 纤维，其中含有过量的氧和碳，有利于 CMC 制造过程中在纤维/基体材料界面上形成富碳层，有利于增韧，但在 1 000 ℃以上会严重氧化，使纤维性能下降。高温下这种纤维增强复合材料还会产生脆化，主要是因为纤维在高温下性能受损，纤维/基体材料界面结合加强。氧化物陶瓷纤维应用很少，主要是因为它们与许多陶瓷基体界面结合过于牢固，同时纤维本身还很容易发生晶粒长大，如果其中含有玻璃相时，则会发生高温蠕变，起不到良好的增韧效果。但纤维涂层技术的研究和应用，改善了这类纤维的应用前景，还需要开发高性能的陶瓷基复合材料的增韧纤维。

纤维增强陶瓷基复合材料能显著提高冲击韧性和抗热震性，降低陶瓷的脆性，同时陶瓷又保护纤维，使之在高温下不被氧化，因此具有很高的高温强度和弹性模量。

例如，碳纤维增强氮化硅复合材料可在 1 400 ℃温度下长期使用，用于制作涡轮叶片。

增韧技术从单一的晶须增韧又发展到多重增韧，如 SiC 晶须和 ZrO_2 增韧，因为 SiC 晶须和 ZrO_2 的晶粒细化和韧化具有可加性，能够产生多重韧化效果，进一步提高了陶瓷材料的断裂韧性，Si_3N_4 和莫来石陶瓷材料的断裂韧性分别提高了 4.7 倍和 7 倍。

又如，从陶瓷表层到内部分布不同类型或者不同数量的纤维，可以使同一个零部件呈现从高强度到高韧性的梯度变化，这种材料称为功能梯度材料。

习题与思考题

1. 在同一共晶合金系中，凡含有共晶体的合金，其终止凝固点为什么均在同一温度？

2. 填表说出含碳 0.2%、0.5%、0.8%、1.2%的铁碳合金，在 1 000 ℃、800 ℃、600 ℃时的组织组成。

3. 分别说出含碳 0.2%、0.5%、0.8%、1.2%的铁碳合金，当温度由 20 ℃升至 1 000 ℃时的组织变化。

4. 说出当含碳量由 0.02%增加到 2.0%时，铁碳合金室温下的组织和性能所发生的变化，并做解释。

5. 应用 Fe—Fe_3C 相图解释：

(1) 室温下含碳 0.8%的钢比含碳 1.2%的钢强度高而硬度低。

(2) 在 1 000 ℃时含碳 0.4%的钢能锻造而含碳 4%的生铸铁不能锻造。

(3) 钢的锻造性能好而铸铁铸造性能好。

6. 说明热处理工艺的特点及其在机械制造中的地位及作用。

7. C 曲线与铁碳合金状态图分别是哪两个因素的图解？在制定热处理工艺时各有何用？为什么缺一不可？

8. 将直径 5 mm 的 T8 钢棒加热至 760 ℃并保温足够时间，采用何种冷却方式可得到如下组织：珠光体、索氏体、下贝氏体、屈氏体＋马氏体、马氏体，并在 C 曲线上描出冷却曲线示意图。

9. 加热的目的何在？加热不当对钢的质量有何影响？

10. 退火与正火有何相似点与不同点？对不同含碳量与合金元素含量的钢种应当怎样选择退火与正火才合理？

11. 甲乙两厂生产同一批零件，硬度要求 220～250 HBS。甲厂采用正火，乙厂采用调质都可能达到该硬度的要求。试分析该两厂产品在组织与性能上之差别。在何种情况下正火可以代替调质？为什么？

12. 为保证淬火质量，能否说"冷却速度越大，质量越高"。生产中常采用先水冷后油冷的淬火方法，是何原因？如先油冷后水冷有何不可？

13. 将一根 45 钢棒，一端快速加热到 840 ℃（此时另一端仍为室温），立即在水中淬火，问冷却后各段分别获得什么组织？

14. 为保证钢的综合性能，能否说"回火温度越高越好"。这会造成怎样的后果？回火钢的性能主要与加热温度有关，但能否说与回火后的冷却速度无关？

15. 用 T12 钢制成一把钢板尺，淬火后与淬火再经 200 ℃回火后的硬度值相差无几，问这种回火可否取消？

16. 分别说明生产锯条、弹簧、轴这三种零件所采用的热处理工艺，并分析原因。

17. 某机器的凸轮轴，要求凸轮表面具有高硬度（HRC＞50），心部具有韧性，原采用 45 钢，热处理工艺采用调质＋高频淬火＋低温回火。现因库存 45 钢已用完，拟用 15 钢代替，试说明：

（1）原 45 钢各热处理工序的作用。

（2）改用 15 钢后，仍按原热处理工序进行，能否满足性能要求？为什么？

（3）为达到所要求的性能，改用 15 钢后，应采用何种热处理工艺？

18. 表面处理有哪几类？作用各是什么？

19. 发蓝膜和磷酸盐膜各有哪些性质和用途？

20. 简述化学气相沉积的工作原理，与电镀相比，它的优点是什么？

21. 物理气相沉积主要有几种方法？用途有何区别？

第四章　常用工程材料

4.1　碳钢和铸铁

4.1.1　碳钢的分类

碳钢常用的分类方法有三种。

1. 按碳含量进行分类

碳钢的主要合金元素为碳，其含量在0.1%～1.3%之间。可分为低碳钢(w_C<0.25%)、中碳钢(w_C为0.25%～0.55%)、高碳钢(w_C>0.55%)。

2. 按其用途进行分类

可分为结构钢和工具钢两大类。前者用来制造各种金属构件和机械零件，后者用来制造各种刀具、模具和量具。

3. 按其质量等级分类

碳钢含有少量硅、锰、硫、磷元素，以及微量的气体元素氧、氮、氢等。这些元素被视为杂质。按照杂质的含量多少，碳钢可分为普通碳素钢、优质碳素钢和高级优质碳素钢。它们的区别主要是硫、磷等有害杂质的含量不同。普通碳素钢中硫、磷的含量分别不大于0.055%和0.045%，优质碳素钢中硫、磷的含量分别不大于0.045%和0.040%，高级优质碳素钢中硫、磷的含量分别不大于0.03%和0.035%。

4.1.2　碳素结构钢

1. 普通碳素结构钢

普通碳素结构钢的牌号由代表屈服点的字母、屈服点数值、质量等级符号、脱氧方法符号等四个部分组成。

表4.1所列是普通碳素结构钢的牌号和化学成分，表4.2所列是普通碳素结构钢的力学性能。

表4.1　普通碳素结构钢的牌号和化学成分

<table>
<tr><th rowspan="3">牌号</th><th rowspan="3">等级</th><th colspan="5">化学成分</th><th rowspan="3">脱氧方法</th></tr>
<tr><th rowspan="2">w_C/%</th><th rowspan="2">w_{Mn}/%</th><th>w_{Si}/%</th><th>w_S/%</th><th>w_P/%</th></tr>
<tr><th colspan="3">不大于</th></tr>
<tr><td>Q195</td><td></td><td>0.06～0.12</td><td>0.25～0.50</td><td>0.30</td><td>0.050</td><td>0.045</td><td>F,b,Z</td></tr>
<tr><td rowspan="2">Q215</td><td>A</td><td rowspan="2">0.09～0.15</td><td rowspan="2">0.25～0.55</td><td rowspan="2">0.30</td><td>0.050</td><td rowspan="2">0.045</td><td rowspan="2">F,b,Z</td></tr>
<tr><td>B</td><td>0.045</td></tr>
</table>

续表 4.1

牌号	等级	化学成分					脱氧方法
		w_C/%	w_{Mn}/%	w_{Si}/%	w_S/%	w_P/%	
				不大于			
Q235	A	0.14～0.22	0.30～0.65	0.30	0.050	0.045	F,b,Z
	B	0.12～0.20	0.30～0.70		0.045		
	C	＜0.18	0.35～0.80		0.040	0.040	Z
	D	＜0.17			0.035	0.035	TZ
Q255	A	0.18～0.28	0.40～0.70	0.30	0.050	0.045	Z
	B				0.045		
Q275		0.28～0.38	0.50～0.80	0.35	0.050	0.045	Z

说明：F 表示沸腾钢，b 表示半镇静钢，Z 表示镇静钢，TZ 表示特殊镇静钢。

表 4.2 碳素结构钢的力学性能

		σ_s/MPa						σ_b/MPa	δ/%				冲击功/J
		钢材厚度(直径)/mm							钢材厚度(直径)/mm				
		≤16	＞16～40	＞60～100	＞100～150	＞150	＞150		≤16	＞16～40	＞40～60	＞60～100	
		不小于							不小于				不小于
Q195		195	185					315～390	33	32			
Q215	A	215	205	195	185	175	165	335～410	31	30	29	28	27
	B												
Q235	A	235	225 215	205	195	185	375～460	26	25	24	24	23	27
	B												
	C												
	D												
Q255	A	255	245	235	225	215	205	410～510	24	23	22	21	27
	B												
Q275		275	265	255	245	235	225	490～610	20	19	18	17	

例如：Q235 A·F。其中 Q 表示屈服点“屈”字汉语拼音第一个字母；235 表示钢材厚度≤16 mm 时的屈服强度不小于 235 MPa(钢的强度与钢材厚度有关，一般厚度越大，强度越低)；A 表示质量等级 A、B、C、D 四级中的 A 级；F 表示沸腾钢。

碳素结构钢的用途：Q195、Q215、Q235A、Q235B 等钢塑性较好，有一定的强度，通常轧制成钢筋、钢板、钢管等，可用作桥梁、建筑物等构件，也可用作普通螺钉、螺帽、铆钉等；Q235C、

Q235D 可用作重要的焊接件；Q235、Q275 强度较高，可轧制成型钢、钢板作构件用。

这类钢主要是保证力学性能。一般情况下，在热轧状态使用，不再进行热处理。但对某些零件，也可以进行正火、调质、渗碳等处理，以提高其使用性能。

2. 优质碳素结构钢

优质碳素结构钢的牌号以平均碳含量的万分之几表示。例如平均碳含量为 0.45%的钢，其牌号表示为 45。高级优质钢则在其后加一个“A”字。当钢中含锰量在 0.7～1.2%时，在钢号数字后需加“Mn”字，例如 45Mn。铸钢则在钢号前加“ZG”二字，例如 ZG25 是表示含碳量为 0.25%的铸钢。常用优质碳素结构钢性能、用途见表 4.3。

表 4.3　优质碳素结构钢

牌号	成分		状态	σ_b/MPa	σ_s/MPa	δ/%	典型用途
	w_C/%	w_{Mn}/%					
20	0.20	0.45	轧制 退火	488 393	331 297	36 36	厚板和型材、轴、齿轮
40	0.40	0.45	轧制 退火 淬火＋回火	621 517 800	414 352 593	25 30 20	轴、螺栓、高强度管材、齿轮
60	0.60	0.65	轧制 退火 淬火＋回火	814 628 1 100	483 483 780	17 22 13	弹簧丝、锻模、火车轮
80 或 T8	0.80	0.80	轧制 退火 淬火＋回火	967 614 1 304	586 373 980	12 25 12	钢琴弦、螺旋弹簧、冷冲头、锻模块

这类钢一般都要经过热处理，以提高其力学性能。

中碳钢属于调质钢，经过淬火和高温回火（又称调质处理）后具有良好的综合力学性能。主要用来制造轴、杆、齿轮等零件，含碳量更高的 60 钢等主要用来制造弹簧。含碳量很低的低碳钢，强度很低，但塑性很好，因此具有良好的冲压性能和焊接性能，如 10、15、20 碳钢常用于制造冲压件和焊接件。

4.1.3　碳素工具钢

碳素工具钢的牌号是以其平均含碳量的千分之几来表示，并在数字之前冠以“T”字。例如：T10 钢表示平均含碳量为 1.0%，如为高级优质钢，则在数字之后再加一个“A”字，如 T10A。碳素工具钢要经热处理后使用。随着含碳量的增加，碳素工具钢在热处理（通常为淬火及低温回火）后的硬度和耐磨性提高，而韧性下降。因此 T7、T8 钢用于制造要求具有较高韧性的工具，如冲头、锻模、锤、凿子等；T10、T12 用于制造高硬度、耐磨的工具，如丝锥、板牙、锉、卡规等。

4.1.4 铸 铁

铸铁是含碳量在2.11%以上,并含有硅、锰、硫、磷等杂质元素的铁碳合金。

常见铸铁有白口铸铁、灰口铸铁、可锻铸铁和球墨铸铁。此外还有合金元素含量较多的合金铸铁。

1. 白口铸铁

白口铸铁主要是由其断口较白而得名,其组织是珠光体和粗大碳化物。由于白口铸铁中的渗碳体又硬又脆,在生产中很少直接用其制作机器零件,主要用于制造要求耐磨损的铸造零件,如球磨机中的磨球,还可作为炼钢原料。

2. 灰口铸铁

灰口铸铁是以其断口呈暗灰色而得名。在灰口铸铁中,碳大部分或全部以片状石墨状态存在。按照灰口铸铁基体的不同,可分为铁素体灰口铸铁、珠光体灰口铸铁、铁素体—珠光体灰口铸铁三种。灰口铸铁的显微组织如图4.1所示。

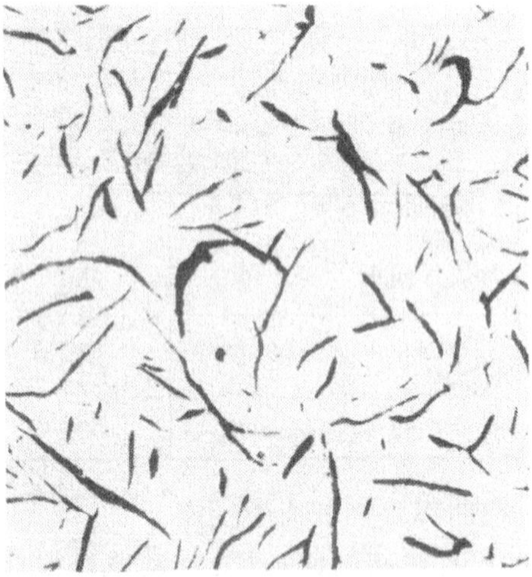

图4.1 灰口铸铁的显微组织

灰口铸铁组织上的差异,实质上是碳元素在铸铁中的存在形式上的不同。如果采用非常缓慢的冷却速度并加入促进石墨化的元素硅,那么 Fe_3C 就要分解,$Fe_3C \rightarrow Fe + C$(石墨),形成铁素体和石墨。如果转变不完全,得到的组织中可能出现以铁素体和珠光体为基体或基体全部是珠光体其上分布着片状石墨的灰口铸铁。

灰口铸铁的基体组织与共析钢或亚共析钢的组织相同,但其上分布着片状石墨。由于石墨的强度和塑性都极低,因此可以把灰口铸铁看成是含有大量裂纹的钢,故灰口铸铁的抗拉强度比钢低得多;但是裂纹对抗压强度影响不大,所以灰口铸铁的抗压强度接近钢。铸铁中石墨的存在能有效地吸收震动能量,故灰口铸铁是制造机床床身和各种机座的良好材料。因石墨有润滑作用,使铸铁有良好的耐磨性和减摩性。石墨使基体不连续,切削加工时切屑容易脱落,从而改善了切削加工性能。

表4.4给出了灰口铸铁牌号表示法及其力学性能,其中"HT"为"灰铁"二字汉语拼音第一字母,后面数字表示直径为30 mm单铸试棒的抗拉强度下限。

表 4.4 常用普通灰口铸铁

分类	牌号	铁件主要壁厚/mm	σ_b/MPa	$\sigma_{0.2}$/MPa	硬度/HB	显微组织		应用举例
						基体	石墨	
普通灰口铸铁	HT150	4～8 >8～15 >15～30 >50	280 200 150	500	143～229 170～241 163～229 143～229	F+P	较粗片	汽轮泵体、轴承座、阀壳、管子及管路附件、手轮；一般机床底座、床身及其他复杂零件、滑座、工作台等
	HT200	6～8 >8～15 >15～20 >30～50	200 180		187～255 170～241 170～241 162～229		中等片	汽缸、齿轮、底架、飞轮、齿条、衬筒；一般机床床身及中等压力液压筒、液压泵和阀的壳体等
孕育铸铁	HT250	>8～15 >15～30	290 250 220		187～255 163～229	细珠光体	较细片	阀壳、油缸、汽缸、联轴器、机体、齿轮、齿轮箱外壳、飞轮、衬筒、凸轮、轴承座
	HT300	>30～50 >50			187～255 170～241 170～241	索氏体、屈氏体	小片	齿轮、凸轮、车床卡盘、剪床、压力机的机身；导板、自动车床及其他重载荷机床的床身；高压液压筒、液压泵和滑阀的体壳等
	HT350	>30～50	310	1 200	197～269 187～255			
	HT400	>20～30 >30～50 >50	380 370		207～269 187～269 197～269			

灰口铸铁的抗拉强度与铸件壁厚有关，由表 4.4 可看到，不同壁厚的铸件抗拉强度值不同，选择材料时应该注意。如某铸件壁厚 40 mm，要求抗拉强度 200 MPa，此时应选用 HT250，而不是 HT200。

孕育铸铁是抗拉强度大于 250 MPa 的灰口铸铁。它是在铁水中加入一定量的硅铁作孕育剂，得到均匀分布着细小片状石墨的灰口铸铁。

3. 球墨铸铁

球墨铸铁就是石墨呈球状的铸铁。球状石墨是在浇铸前在铁水中加入特殊的变质剂（镁或镁加稀土等）而得到的。基体可以是铁素体、珠光体或珠光体加铁素体等。图 4.2 所示是球墨铸铁的显微组织。

球墨铸铁的力学性能是铸铁中最高的，再加上良好的铸造性、优异的切削加工性和耐磨性，使球墨铸铁兼有灰口铸铁和钢的优点，因此应用极为广泛，如用于制造曲轴、连杆、凸轮等。

球墨铸铁的牌号以“QT”即“球铁”的汉语拼音第一字母表示，后面的数字分别表示抗拉强度和延伸率的值。附表 4.1 所列是球墨铸铁的牌号和力学性能。

4. 可锻铸铁

可锻铸铁是将白口铸铁经过长时间的高温退火,使其中的渗碳体分解,得到团絮状的石墨分布在铁素体或铁素体加珠光体基体上的铸铁。可锻铸铁虽不可以锻造,但与白口铸铁相比,塑性和韧性大为提高,却可以进行弯曲变形。可锻铸铁的显微组织如图 4.3 所示。

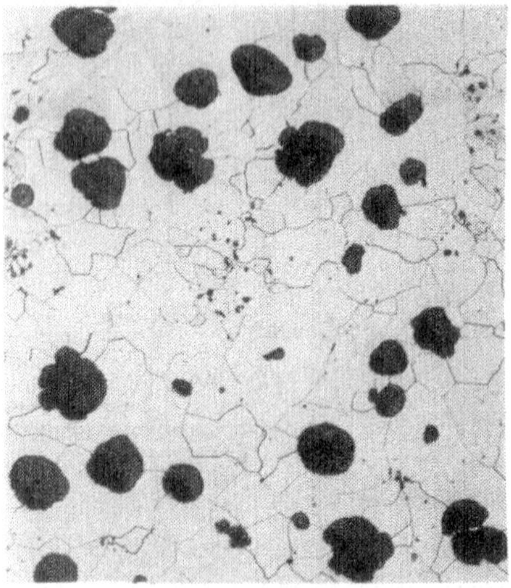

图 4.2 球墨铸铁

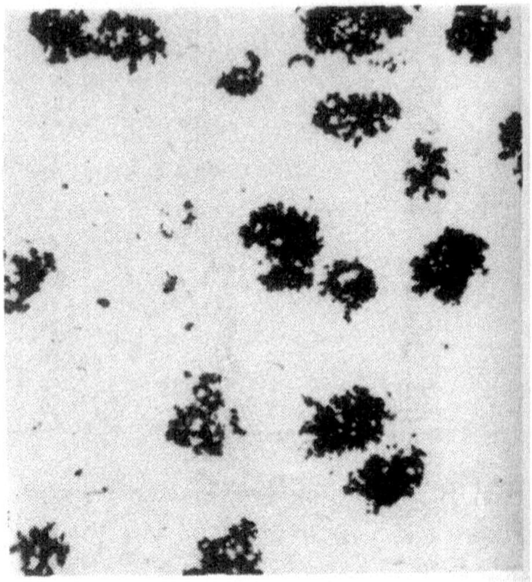

图 4.3 可锻铸铁的显微组织

可锻铸铁的牌号以"KT"即"可铁"二字的汉语拼音第一个字母表示。若是黑心可锻铸铁,则在后面加"H";白口可锻铸铁后面加"B"表示。字母后的数字分别表示抗拉强度及延伸率。附表 4.2 给出了可锻铸铁的牌号和力学性能。

可锻铸铁中的石墨呈团絮状,对金属的割裂作用比较小,故其强度比灰口铸铁高,并有一定塑性。可锻铸铁主要用于制造要求有一定强度、韧性及耐磨性的铸件,如各种农机、纺织机械、汽车、拖拉机零件(轮毂、阀门、轴瓦)及自来水管的弯头等。

5. 合金铸铁

随着工业的发展,对铸铁不仅要求其具有更高的力学性能,同时要求它具有耐磨、耐热、耐腐蚀等特殊性能,因此需要加入合金元素,获得合金铸铁。例如,常用的合金耐磨铸铁有:

(1) 高磷合金铸铁

铸铁中的含磷量提高到 0.4%~0.7%,即为高磷铸铁,其中磷以 Fe_3P 化合物存在,并与铁素体或珠光体形成共晶体,以断续网状分布在珠光体基体上,形成坚硬的骨架,显著提高了铸铁的耐磨性。而加入 Cr、Mn、V、Ti、W 等可强化和细化基体,使其强度和韧性进一步提高。

高磷合金铸铁多用作机床导轨,汽车发动机的缸套、活塞环等零件。

(2) 铬钼铜合金铸铁

这种铸铁是目前机床制造业中广泛应用的一种耐磨铸铁。其中铬、钼可形成稳定的碳化物,铜能促进珠光体灰口铸铁形成,获得一种强度和耐磨性比 HT200 灰口铸铁高出一倍以上的铬钼铜合金铸铁。

附表 4.3 给出了耐磨合金铸铁的力学性能和用途。

4.2　合金钢

由于碳钢成本低，通常作为制造各种构件的基本材料。但是，碳钢有以下局限性：

(1) 碳钢的强度很难超过 690 MPa，除非塑性和韧性有明显的下降。

(2) 厚截面碳钢零件淬火时无法全部得到马氏体组织，即不能淬透。

(3) 碳钢的抗腐蚀性和抗氧化性较差。

合金钢克服了碳钢的上述缺点，虽然其成本高于碳钢，但是在许多应用中，合金钢是能够满足工程要求的重要材料。

4.2.1　合金钢的分类与牌号

1. 合金钢的分类

(1) 按合金元素的含量分类

① 低合金钢：合金元素总含量<5%。

② 中合金钢：合金元素总含量 5%～10%。

③ 高合金钢：合金元素总含量>10%。

(2) 按主要用途分类

① 普通低合金钢。

② 合金结构钢：包括渗碳钢、调质钢、弹簧钢、轴承钢。

③ 合金工具钢：包括刃具钢、模具钢、量具钢。

④ 特殊性能钢：包括不锈钢、耐热钢、耐磨钢、磁钢等。

2. 合金钢的牌号

我国使用的合金钢牌号规律是：

① 用汉字或化学元素符号代表合金元素。

② 碳含量与合金元素含量用数字表示：对于结构钢，碳含量以万分之一为单位；对于工具钢和不锈钢，碳含量以千分之一为单位；合金元素以百分之一为单位，当含量小于 1.5%时，一般不标出含量。

③ 碳含量写在编号的最前面，合金元素含量写在代表该元素的元素符号的后面。

④ 高级优质钢在编号的尾部加“A”字。

例如：牌号为 30CrMnSiA 表示含碳 0.30%、含铬 0.95%、含 Mn 1.05%、含硅 1%的高级优质钢。

4.2.2　合金结构钢

1. 普通低合金钢

普通低合金钢是一种含碳量较低(<0.2%)，合金元素总含量一般在 3%以下，以锰为主要元素的低碳合金钢。主要用于制造桥梁、船舶、车辆、容器、管道和建筑结构件。通常是在热轧成型材经正火状态下使用，不热处理。这类钢的强度显著高于相同含碳量的碳素钢，并有较好的塑性、韧性、焊接性及耐蚀性。常用低合金钢的牌号、成分、性能和用途见附表 4.4。

2. 合金渗碳钢

航空发动机中许多重要零件,如齿轮、活塞销和凸轮等,往往要求表面具有高的硬度和耐磨性,而心部则要求具有足够的强度和韧性,使零件既有耐磨的表面又能承受大的交变和冲击载荷。这些零件常用含碳量较低的合金渗碳钢制作。

(1) 合金渗碳钢的成分和热处理特点

为了使零件心部具有足够的韧性,含碳量一般在 0.12%~0.25%范围内。为了提高心部的强度,加入 Cr、Ni、Mn、B 等元素来增加淬透性,以使渗碳零件在淬火时心部获得马氏体组织。有的渗碳钢为了细化晶粒,进一步提高其强度和韧性,还加有 W、Mo、V、Ti 等元素。

合金渗碳钢的热处理特点是渗碳以后淬火和低温回火,以便在零件表面层得到高碳回火马氏体(含合金渗碳体、合金碳化物),保证高的硬度和耐磨性;心部获得低碳回火马氏体,具有足够的强度和良好的韧性。同时渗碳、淬火、低温回火还可提高零件疲劳强度。

(2) 常用渗碳钢

航空零件渗碳用钢常用的牌号、成分、热处理和性能见附表 4.5 所列。

(3) 合金渗碳零件的工艺流程举例

发动机上某齿轮(见图 4.4),材料为 12Cr2Ni4A,要求:齿部渗碳深度 0.84~1.1 mm(磨后为 0.7~0.9 mm);表面硬度 HRC≥60,心部硬度 HRC31~41。

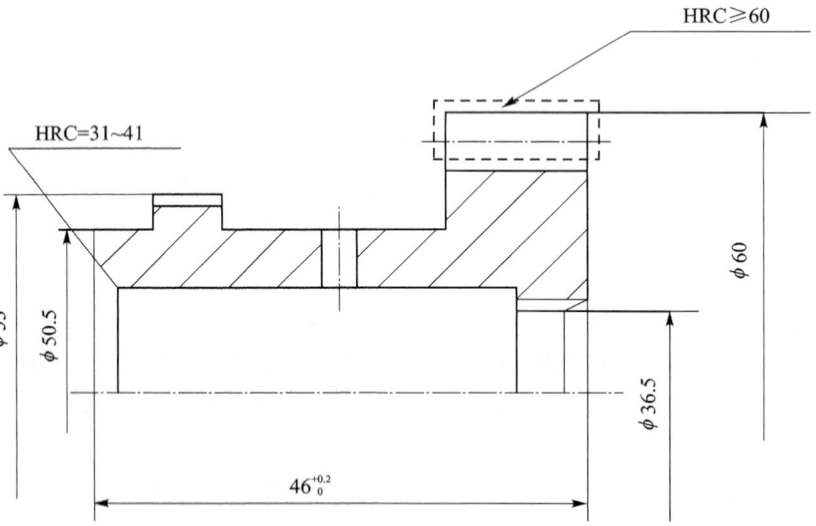

图 4.4 发动机齿轮

工艺流程如下:

模锻→正火+高温回火→机械加工→渗碳→高温回火→机械加工→淬火+低温回火→精加工→检验

经模锻的坯料硬度较高,晶粒粗大。机械加工前,为了改善工件的组织和切削加工性,采用预先热处理的正火+高温回火。而渗碳后采用高温回火是为了将非渗碳面的渗碳层加工掉,使其硬度降到 HRC35 以下,以使零件经渗碳淬火+低温回火最终热处理后,表层组织为高碳回火马氏体和少量均匀分布的细小合金碳化物质点,若完全淬透,则其心部组织为低碳回火马氏体,从而达到了工件性能要求。

3. 合金调质钢

(1) 合金调质钢的性能特点

飞机、发动机及其附件上的一些重要结构件，如起落架、涡轮轴和油泵的转动轴等，工作时受到很大的应力，往往受有强烈振动等交变载荷；而零件形状又很复杂，容易造成应力集中。因此钢材必须在具有高强度的同时，还要具有良好的韧性和塑性，使零件能经受外载荷的作用。

(2) 合金调质钢的成分及热处理特点

为满足零件的性能要求，合金调质钢的含碳量一般在 0.25%～0.5%之间，经调质处理获得回火索氏体组织。合金调质钢中常用的主要合金元素有 Mn、Si、Cr、Ni 等，主要是为了提高淬透性和综合力学性能。

热处理特点：和渗碳零件一样，合金调质钢的预先热处理也有毛坯的退火，或正火加高温回火，以及加工过程中的去应力退火等。但与渗碳零件不同的是，最终热处理是调质处理。而航空常用调质钢，有时还要进行氮化处理。

(3) 常用调质钢和超高强度钢

表 4.5 所列为常用调质钢和超高强度钢。超高强度钢是指抗拉强度大于 1 500 MPa 的钢。主要用于飞机大梁、起落架、火箭发动机外壳等零件。超高强度钢常采用淬火、低温回火或等温淬火做最终热处理。

表 4.5 常用调质钢和超高强度钢

牌号	淬火温度/℃	回火℃	可淬透直径/mm	σ_b/MPa	σ_s/MPa	δ/%	a_k/(J·cm^{-2})	主要用途
40Cr	850 油	500 油水	25	1 000	800	9	60	机床主轴、连杆、螺柱、齿轮
40MnB	850 油		25	1 000	800	10	60	代 40Cr
20CrMnSiA	880～900 油	520 油 250	30	1 100 1 700	850 1 300	10 8	50 40	起落架、发动机架、重要螺栓
38CrMoAlA	940 油	640 油	30	1 000	850	15	90	氮化件，如气缸套
40CrNiMoA	850 油 850 油	640 油 250 油	75	1 000 1 700	850	12 9	100 40	涡轮轴、曲轴、连杆
30CrMnSiNi2A	900 油	230	50	1 700	1 400	9	60	机翼大梁等受力大的主要结构件
40CrMnSiMnVA	940 油	260 空		1 900		11	75	代 30CrMnSiNi2A
30CrMnSiA	880 油	520 油 250 空	30	1 100 1 700	900 1 300	10 8	45 40	起落架、机翼梁、机翼接头

4. 合金弹簧钢

弹簧是一般机器和仪器中的重要而又常用的零件。由于弹簧是在冲击、震动或长期均匀的交变应力的动载荷下工作，所以常见的失效方式是疲劳破坏和永久变形。为保证弹簧可靠地工作，要求合金弹簧钢必须具有高的弹性极限、屈服极限和高的疲劳极限。

合金弹簧钢一般含碳量为0.5%～0.85%，加入Mn、Si、Cr、V合金元素以进一步提高强度和淬透性。这类钢在加工成型后应进行淬火和中温回火。

常用弹簧钢的牌号、热处理、力学性能和用途见附表4.6。

5. 滚珠轴承钢

滚珠轴承钢用于制造滚动轴承内外圈、滚珠、滚柱、滚针和其他要求耐磨的零件。在工作时，滚柱、滚针或滚珠在内、外圈之间滚动，受力时是点、线接触。承受交变应力，也有滑动摩擦，并有冲击载荷，润滑剂对材料又有腐蚀作用。所以制造滚动轴承的材料，必须具有较高而均匀的硬度，疲劳强度高，尺寸精确稳定，并有一定的韧性和耐蚀性。这类钢的含碳量通常为1%。

G代表滚动轴承钢，如GCr15。注意Cr后数字表示的含量与一般合金钢不同，其含Cr量不是15%，而是1.5%。GSiMnVR中R代表稀土元素。

为获得高硬度，滚珠轴承钢采用淬火、低温回火处理。常用轴承钢的成分、性能和热处理工艺列于附表4.7。

4.2.3 合金工具钢

用于制造各种刀具、模具、量具等工具的合金钢称为合金工具钢。

合金工具钢含碳量高，一般在0.6%～1.3%之间，加入合金元素如Cr、W、Mo、V等元素，是使其形成合金碳化物，提高钢的硬度和耐磨性；加入Si、Mn可以增加钢的淬透性，提高钢的强度和回火稳定性。

为保证高硬度、高耐磨性和稳定性，各种刀具、量具和冷变形模具的最终热处理采用淬火与低温回火。铸模、热锻模等的工作温度较高，为防止工作过程中模具发生组织、性能变化，最终热处理采用淬火、高温回火。

1. 低合金工具钢

低合金工具钢是在碳素工具钢的基础上加入了少量Cr、W、Mn等合金元素，使工件在油中能够淬硬，而且变形较小。常用低合金工具钢的热处理、性能和主要用途见附表4.8。

2. 高合金工具钢

高合金工具钢含有大量的Cr、W等碳化物形成元素，具有很高的淬透性和回火抗力。常用高合金工具钢见附表4.9，主要用途是制造冷、热变形模具和压铸模具。Cr12钢是制造大型复杂冷冲模具的主要材料，其含碳量高达2.3%，可形成足够的铬的碳化物以保证所需的硬度和耐磨性。铬还可显著提高钢的淬透性，使厚度达200～300 mm的大型模具在空气中冷却便可淬透。

3Cr2W8是制造压铸模的热作模具材料，需要能够承受急冷急热的温度变化。如果含碳量过多，容易引起开裂，因此含碳量为0.3%～0.4%，以保证模具的韧性。含铬2.2%～2.7%以提高钢的强度和淬透性，使厚度为100 mm的模具在油中能淬透；含钨7.5%～9.0%，是为了提高钢的红硬性，即高温下材料抗软化的能力，使模具在500 ℃下工作仍保持足够的硬度。

为了获得最佳的综合力学性能和工作时的组织稳定，最终热处理多为淬火和高温回火。

3. 高速钢

对于在 600 ℃左右的工作温度下仍能保持其切削性能的高速切削刀具，不但要求有高硬度、高耐磨性，而且还要求高的红硬性，这就必须选用合金含量很高的高速钢刀具。

常用高速钢以 W、Mo、Co 作为主要强化元素。

W18Cr4V 是工艺成熟、应用时间最长的钢种，适用于制造各种工具，如车刀、铣刀、齿轮刀具、铰刀、拉刀等。

由于钨的价格昂贵，我国研制并推广使用含钨元素较少的 W8Mo2Cr4V2Al 和 W6Mo5Cr4V2 高速钢替代 W1Cr4V。我国还生产了以 W3Mo2Cr4VSi 为代表的低合金高速钢。该类钢价格便宜，适于制备切削速度小、切削负荷轻的刀具，如直柄麻花钻、机用丝锥和机用锯条等。

4.2.4 不锈钢

能在一定介质下不受腐蚀或者抗蚀性很高的钢称为不锈钢。不锈钢是一种重要的工程材料，大量应用于航空制造业中。

不锈钢是通过冶金方法改变钢的组织结构，从而提高钢的抗蚀性的。加入适当的合金元素后可以从以下几个方面提高钢的抗蚀性：

(1) 提高钢基体的电极电位，以减小不同相之间的电位差，减小电化学腐蚀。

(2) 获得单相组织，使钢没有形成微电池的条件，从而显著地提高了抗蚀性。

(3) 加入合金元素，在钢表面形成一层稳定、致密、牢固的钝化薄膜。提高钢的抗腐蚀能力。

不锈钢按其正火组织分为铁素体不锈钢、马氏体不锈钢、奥氏体不锈钢和沉淀硬化不锈钢四类。航空工业中常用的是马氏体不锈钢和奥氏体不锈钢。下面分别介绍其牌号、性能和应用。

1. 马氏体不锈钢

航空工业中应用最多的是 Cr13、Cr17、1Cr11Ni2W2MoVA 型不锈钢，其热处理、性能及用途如表 4.6 所列。

表 4.6 不锈钢的牌号、成分、热处理、性能及用途

钢号	热处理温度/ ℃	力学性能					特性及用途
		σ_b/ MPa	σ_s/ MPa	δ/%	ψ/%	HRC	
1Cr13	1 000～1 050 淬火 700～790 回火	≥600	≥420	≥20	≥50		弱腐蚀性介质中承受冲击载荷的零件，如汽轮机叶片、水压机阀、结构架、螺栓、螺帽等
2Cr13	1 000～1 050 淬火 700～790 回火	≥660	≥400	≥36	≥55		
3Cr13	1 000～1 050 油淬 200～300 回火					48	制作具有较高硬度和耐磨性的医疗工具、量具、滚珠轴承等

续表 4.6

钢号	热处理温度/ ℃	力学性能					特性及用途
		σ_b/ MPa	σ_s/ MPa	δ/%	ψ/%	HRC	
4Cr13	1 000～1 050 油淬 200～300 回火					50	同上 3Cr13
9Cr18	950～1 050 油淬 200～300 回火					55	不锈切片机械刃具、剪切刃具、手术刀片、高耐磨耐蚀件
1Cr17	750～800 空冷	≥400	≥250	≥20	≥50		硝酸厂设备，如吸收塔、热交换器、输送管道以及食品厂设备等

Cr13 型不锈钢中 Cr 含量为 13%，C 含量为 0.1%～0.4%。加入 13%Cr 的目的是提高钢中基体组织的电极电位，从而提高其抗蚀性。实验证明当钢中含有 11.7%Cr 时，则其基体电极电位发生跳跃式上升（见图 4.5），出现抗蚀性的突变。加入 0.1%～0.4%C 是为了使钢能热处理强化，从而提高其强度和硬度。然而随着含碳量的增加，钢的抗蚀性下降。

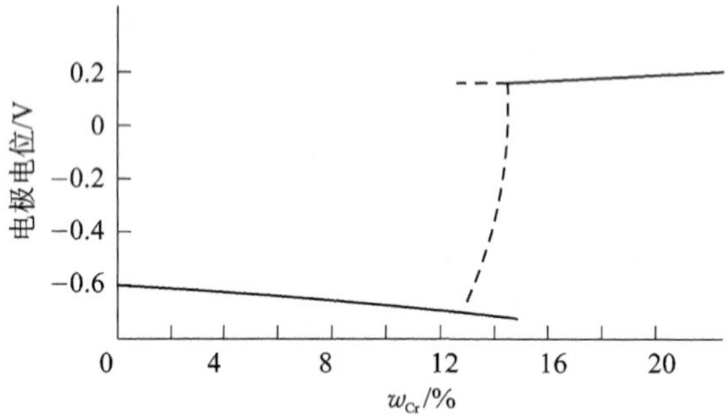

图 4.5 铁铬合金电极电位和铬含量的关系

1Cr13、2Cr13 含碳量较低，淬火后常采用高温回火，具有较高的强度和韧性。多用于制作要求耐腐蚀的齿轮、螺栓等零件。

3Cr13、4Cr13 含碳量较高，淬火后一般采用低温回火，得到回火马氏体组织。3Cr13 用于 350 ℃以下工作的不锈钢弹簧与耐磨零件。4Cr13 一般用于制作载荷较高、耐磨损的零件，如耐腐蚀的轴承等。

为了进一步提高 Cr13 型钢的抗蚀性，将 Cr 增到 17%，同时为了改善其力学性能，尤其是冲击韧性，再加少量的 Ni，则得到 1Cr17Ni2 不锈钢。1Cr17Ni2 不锈钢主要用于制造喷气发动机的压气机叶片等零件。

2. 奥氏体不锈钢

奥氏体不锈钢其主要合金元素为 Cr 和 Ni。当 Ni 的含量为 8%、Cr 含量为 18%时，可在常温下获得单相奥氏体组织，形成所谓“18—8”型铬镍奥氏体不锈钢。常用奥氏体不锈钢的成分、热处理状态与性能、用途见附表 4.10。

为了使钢中的碳化物溶解于基体中，获得单相奥氏体组织，采取固溶处理方法。即将钢加热到固溶线以上温度(1 050 ℃),保温后在水中快冷,使碳化物来不及析出,以便将奥氏体组织保留到室温。

固溶处理不能使奥氏体不锈钢强化,但因这类钢的加工硬化倾向较大,故为了提高强度,可对奥氏体不锈钢进行冷变形,剧烈的冷变形可使钢的强度大大提高。

18—8 型不锈钢经固溶处理后所获得的奥氏体组织是不稳定的,若在 500～750 ℃条件下工作,碳化物 $Cr_{23}C_6$ 会沿奥氏体晶粒边界析出,从而使周围形成贫 Cr(<12%)的阳极区,发生晶间腐蚀,晶间腐蚀会大大削弱晶粒间结合力,从而使强度大为降低,严重时,略加力即可使其碎成粉末。

为了防止晶间腐蚀通常采用的办法有二个。一个是降低含碳量,如 0Cr18Ni9;另一个办法是加入 Ti 或 Nb 这类强烈形成稳定碳化物的合金元素,以便比铬优先与碳形成碳化物,如 1Cr18Ni9Ti。

奥氏体不锈钢无磁性。它在 500～600 ℃以下具有一定的强度,是耐热钢的一种。此外,它还具备良好的可焊性,但切削加工性较差,常用于制造喷气发动机的燃烧室外套、尾喷管等。

4.2.5　高温合金

高温合金一般是指以铁、钴或镍等为基体,可在高温下使用的合金。

在高温下使用的零件主要要求热稳定性和热强度二个指标。高温下金属材料抵抗氧化或气体腐蚀的能力称为热稳定性。高温下金属材料抵抗塑性变形和断裂的能力称为热强度。热强度包括蠕变强度、持久强度和高温疲劳强度。

1. 高温合金的分类与牌号

高温合金的分类方法有下列两种。

(1) 按合金基体成分分类

可分为铁基、镍基、钴基、钼基、钽基、铌基等。它们的大致工作温度范围如表 4.7 所列。

表 4.7　耐热合金工作温度范围

工作温度范围/℃	适用的合金	应用举例
350～600	α－Fe 为基的耐热钢	锅炉及柴油机气阀
600～800	奥氏体耐热钢	航空发动机的排气阀,喷气发动机尾喷管排气管,涡轮盘
650～1 100	镍基、钴基合金	发动机的涡轮叶片及导向叶片,燃烧室、尾锥体等零件
>900	铌基、钼基陶瓷合金	超音速飞机的机翼前缘,燃烧室前部,火箭发动机推力室,火箭喷嘴

(2) 按合金的高温性能、成型特点及用途分类

① 热强度变形高温合金:其特点是热强度较高,主要用于高温下承受大载荷及复杂应力条件下工作的零件,例如涡轮叶片、涡轮盘等锻造件。如铁基 GH36,镍基 GH37、GH49 等,通常在时效状态下使用。

② 热稳定变形高温合金:其特点是热稳定性很高,强度虽不高,但塑性很好。主要用于受

力不大而工作温度很高的零件,如燃烧室的火焰筒及加力燃烧室等。如铁基 GH140,镍基 GH30 和 GH39 等,通常在固溶状态下使用。

③ 热强铸造高温合金:其特点是热强度很高、塑性低、焊接性能差。通常是用精密铸造的方法直接铸成零件,如涡轮导向叶片。这类合金以 K1、K3 等表示。

变形高温合金以汉语拼音字母的“高合”字头“GH”+序号数字表示。如 GH36,表示 36 号高温合金。铸造高温合金用 K+序号数字表示,如 K17 即 17 号铸造高温合金。

2. 常用高温合金简介

(1) 铁基高温合金

铁基高温合金广义地讲是指那些用于 600~850 ℃甚至 950 ℃的,以铁为基的奥氏体型耐热合金钢和高温合金。

这类材料是在 Cr—Ni 不锈钢的基础上发展起来的,分别为固溶强化、时效强化和铸造奥氏体耐热钢。附表 4.11 给出了常用奥氏体耐热钢的牌号、性能和用途。

值得注意的是,节镍型合金 GH36 是用部分锰取代镍来获得奥氏体基体,而以铁基代镍基能在 800 ℃左右工作的 GH140 合金应用最为广泛。

(2) 镍基高温合金

镍基高温合金在整个高温合金领域内占有特殊重要的地位。它广泛用于制造航空喷气发动机的最热端部件,如涡轮盘、燃烧室等。若以 150 MPa、100 h 持久强度为标准,目前镍基高温合金所承受的最高温度为 1 100 ℃。

与铁基合金比较,镍基合金的优点为工作温度高、组织稳定、有害相少及抗氧化、抗热腐蚀能力强。

根据生产工艺的不同,镍基高温合金可以分为变形高温合金和铸造高温合金。变形镍基高温合金根据强化特点不同,可分为固溶强化和时效强化二种高温合金。

固溶强化型含有大量的钨和钼强化固溶体,此外还添加硼、铈、锆来强化晶界。通过固溶处理后得到单相固溶体。它不能热处理强化,但可固溶和变形强化,具有良好的可焊性。

时效强化型是通过淬火和时效处理使合金析出细小弥散的强化相用来提高合金的热强度和强度。

附表 4.12 所列是常用变形镍基高温合金的牌号、性能、用途。

铸造高温合金的优点是可以大幅度加入合金元素,不存在合金元素多,使工艺性能变坏的问题。另外铸造高温合金的组织稳定性高,一般使用温度比变形镍基高温合金要高 50~100 ℃。附表 4.13 是部分常用铸造高温合金的牌号、性能及用途。

(3) 钴基高温合金

钴基高温合金是以钴为主,含有 10%~20%Ni,20%~30%Cr,4%~15%W。钴基合金含碳量较高,一般为 0.1%~0.85%。碳与钛、锆、铌、钽等元素形成碳化物,强化合金。

钴基合金具有良好的抗热腐蚀性能和抗热疲劳性能,因此它被广泛用来制造导向叶片和其他热端部件。

4.3　有色金属

铝及铝合金是应用非常广泛的一类金属结构材料。它在航空工业中主要用于飞机的蒙皮、隔框、长梁、桁条和锻、铸件等。一架波音 747 客机，需要消耗约 18.6T 铝，航天技术上主要用于气动加热温度在 150 ℃以下的运载火箭和宇宙飞行器，也用在卫星、航天飞机等其他航天器结构上。

纯铝熔点为 660 ℃，面心立方晶格，无同素异构转变。它具有高导电性、导热性，密度为 2.7 g/cm^3。由于铝的化学活泼性极高，在大气中易氧化，生成一层牢固细密的氧化膜，故在空气环境下具有良好的抗蚀性。

纯铝是极其柔软的金属，塑性好，但强度不高，不宜做承力结构材料使用。

工业纯铝的牌号以 L 即“铝”的汉语拼音字头命名，其后数字为顺序号。数字越大，杂质越多。L1～L7 为工业纯铝，一般用来制造铝箔、蜂窝结构、电线、电缆和生活用品等。

4.3.1　铝合金的分类

铝合金按其加工方法可分为变形铝合金和铸造铝合金两大类。变形铝合金又可分为不可热处理强化合金和可热处理强化合金。图 4.6 是铝合金分类示意图。

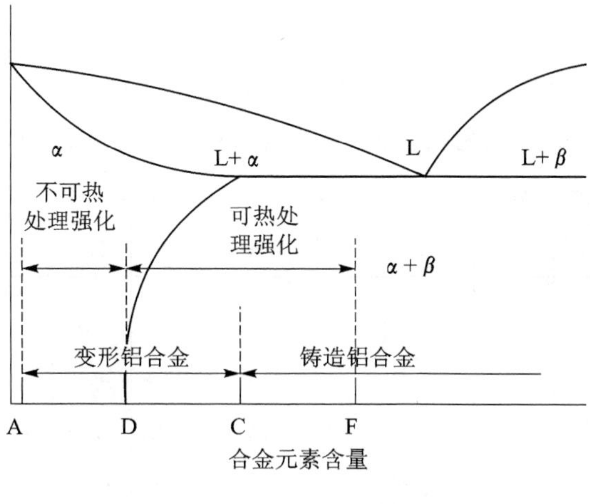

图 4.6　铝合金分类示意图

C 点以左的合金加热后均可形成单相固溶体，具有良好的塑性，适合进行变形加工。当合金元素含量超过 C 点时，由于其组织中含有低熔点的共晶体，流动性好，适于铸造，故称为铸造铝合金。

铝合金的热处理强化依赖于由于溶解度变化而引起的合金元素析出。从图中可见，当合金元素含量少于 D 点含量时，在固态只形成单相固溶体，没有溶质元素析出，属热处理不可强化合金。当合金元素含量在 DF 点之间时，可以通过淬火时效处理使合金产生沉淀硬化，因而为可热处理强化合金。

4.3.2 变形铝合金

变形铝合金通常经不同的变形加工方式生产成各种半成品提供使用，如板、棒、管、线、型材及锻件等。根据合金的特性，变形铝合金可分为以下几类。

1. 防锈铝合金

防锈铝的特点是抗蚀性好、易于加工成型和焊接。但它不能热处理强化，强度较低。适于制作要求抗腐蚀及受力不大的零部件，如油管、油箱等。这类合金主要有 Al—Mn 系和 Al—Mg 系。

2. 硬铝合金

硬铝是目前航空工业中应用最广泛的一类变形铝合金。其特点是具有极强的时效硬化能力，强度高，抗蚀性和焊接性能较差。它一般用于制造飞行器的各种承力构件，如蒙皮、壁板、桨叶、活塞及火箭上的液体燃料箱等。硬铝合金主要有 A1—Cu—Mg 和 A1—Cu—Mn 系。

3. 超硬铝合金

超硬铝是在硬铝的基础上再加锌而成，强度高于硬铝，故称超硬铝合金。它应用于飞机结构件，如翼梁、螺旋桨叶、起落架等。

4. 锻造铝合金

锻铝具有良好的热塑性并具有良好的焊接、抗蚀、冷加工等性能。以 Al—Mg—Si 系为主。

为了适应生产需要，变形铝合金常以不同状态和质量供应，表 4.8 所列为部分变形铝合金的性能与用途。表 4.9 所列为变形铝合金的加工和热处理状态代号。

表 4.8 变形铝合金的牌号、主要成分、力学性能及用途

类别	牌号	主要化学成分 w/%				热处理状态	力学性能			用途
		Cu	Mg	Mn	Zn		σ/MPa	δ/%	HB	
防锈铝合金	LF5		4.5～5.5	0.3～0.6		退火	270	23	70	中载荷零件、铆钉、焊接油箱、油管
	LF11		4.8～5.5	0.3～0.6			270	230	70	同 LF5
	LF21			1.0～1.6			130	23	30	管道、容器、铆钉与轻载荷零件及制品
硬铝合金	LY1	2.2～3.0	0.2～0.5			固溶处理+自然时效	300	24	70	中等强度、工作温度不超过 100 ℃的铆钉
	LY11	3.8～4.8	0.4～0.8	0.4～0.8			420	18	100	中等强度构件和零件，如骨架、螺旋桨叶片、铆钉
	LY12	3.8～4.9	1.2、1.8	0.3～0.9			480	11	131	高强度构件及 150 ℃以下工作的零件，如骨架、梁、铆钉

续表 4.8

类别	牌号	主要化学成分 w/%				热处理状态	力学性能			用途
		Cu	Mg	Mn	Zn		σ/MPa	δ/%	HB	
超硬铝合金	LC4	1.4～20	1.8～2.8	0.2～0.6	5.0～7.0	固溶处理+人工时效	600	12	150	主要受力构件及高载荷零件，如飞机大梁、加强框、起落架
	LC6	2.2～2.8	2.5～3.2	0.2～0.5	7.6～8.6		680	7	190	同 LC4
锻铝合金	LD5	1.8～2.6	0.4～0.8	0.4～0.8		固溶处理+人工时效	420	13	105	形状复杂和中等强度的锻件及模锻件
	LD7	1.9～2.5	1.4～1.8				440	12	120	高温下工作的复杂锻件和结构件、内燃机活塞
	LD10	3.9～4.8	0.4～0.8	0.4～10			480	10	135	高载荷锻件和模锻件

表 4.9　变形铝合金的加工及热处理状态代号

名称	代号	举例与说明
退火	M	LF21M 为 21 号的锈铝退火状态
淬火	C	
淬火+自然时效	CZ	LY12CZ 为 12 号硬铝淬火、自然时效状态
淬火+人工时效	CS	LC4CS 为 4 号超硬铝淬火、人工时效状态
冷作硬化	Y	LY12CZY 为 12 号硬铝淬火、自然时效后冷作硬化
特硬	T	
热轧热挤	R	
优质表面	O	
加厚包铝	J	
不包铝	B	

4.3.3　铸造铝合金

铸造铝合金的优点是密度小，比强度较高，并具有良好的抗蚀性和铸造工艺性。铸造铝合金按成分不同可分为以下 5 类。

1. Al—Si 系合金

铝硅合金又称为硅铝明。这类合金具有优良的铸造性能。加入 Cu、Mg、Mn 等元素使合金强化，并通过热处理进一步提高其力学性能。如 ZL105 抗拉强度可达 230 MPa。铝硅合金广泛应用于各种形状复杂的铝铸件等，如内燃机活塞、汽缸体、汽缸头、汽缸套以及轮缘、刹车毂、电机壳、仪表壳体等。铝硅合金占铸铝总产量的 50%以上。

2. Al—Cu 系合金

铝铜合金的特点是有较高的强度,适合在较高温度下工作。如 ZL201 热处理后的抗拉强度为 330 MPa。其强度值相当于较好的灰口铸铁,比强度超过铸铜。含镍、锰的铝铜合金有较好的耐热性,工作温度可达 300 ℃。铝铜合金用于强度要求较高、在较高温度下工作的零件,如工作温度较高的发动机活塞。

3. Al—Mg 系合金

铝镁合金属于高强度和高耐蚀性合金,化工部门、造船工业应用较多。其缺点是耐热性和铸造工艺性较差。

4. Al—Zn 系合金

这类合金的特点是具有自淬火效应,铸造成型后即可进行人工时效。由于省去了淬火工序,铸件的内应力大为减小,适于制造要求尺寸稳定性高的铸件,如仪表零件、医疗器械等。

5. Al—Re 系合金

Re 表示稀土元素。这类合金由于是以 A1—Si 系为基础,所以具有良好的铸造工艺性和耐热性。目前用它制作柴油机、拖拉机发动机活塞,使用寿命比一般铝合金活塞高 7 倍以上。

铸造铝合金牌号用 ZAl 表示“铸铝”,后标注合金元素及其百分含量。铸铝也常用代号 ZL 表示,在 ZL 后有三位数字:第一位代表合金系,其余为合金顺序号。各种铸造铝合金的牌号、性能,见附表 4.14。

4.3.4 铝合金的热处理

铝合金通常采用的热处理工艺主要有退火、淬火和时效。现分别简述如下。

1. 退　火

不论变形铝合金或铸造铝合金都可以进行退火。变形铝合金的退火主要有再结晶退火、消除应力退火和完全退火。

再结晶退火是为了消除铝合金在冷变形过程中产生的加工硬化现象,提高材料的塑性。退火温度须视合金成分和冷变形条件而定,一般在 350～450 ℃之间,适当保温后空冷。

去应力退火是将零件加热到再结晶温度以下温度(约 200～300 ℃),经适当保温后空冷。

完全退火主要用于使半成品板材、型材软化,一般加热温度高于该合金中化合物溶解的温度,保温后慢冷到一定温度(对硬铝合金为 250～300 ℃)后空冷。

铸铝件也进行去应力退火和完全退火,以消除铸造应力,细化晶粒。

2. 淬火和时效

淬火和时效是铝合金的强化热处理。铝合金淬火的目的是为了将高温下的固溶体固定到室温,得到均匀的过饱和固溶体。铝合金的淬火加热温度一般应高于其饱和溶解度曲线,而低于其熔化温度。铝合金淬火后的性能与钢淬火后得到的马氏体组织大不相同,其塑性显著增加,而强度和硬度提高不多,需经时效处理,才能提高强度、硬度。

时效就是淬火后的铝合金在室温停留或加热保温后其强度、硬度提高的现象。在室温下进行的时效称为自然时效;在加热情况下进行的时效称为人工时效。时效过程是第二相从饱和固溶体中沉淀析出的过程。经淬火的铝合金,在时效初期强度变化很小。这段时间叫做孕育期。孕育期从几十分钟到数小时不等。生产上利用孕育期进行冷变形,或对淬火变形零件进行校正。

合金时效的强化效果与加热温度和保温时间有关，如图 4.7 所示。自然时效时，经 4～5 天达到最大强度。人工时效时，温度越高，强度升高越快，但所能达到的最大值下降。时效温度过高或时间过长，将使合金强度、硬度下降，这种现象称为过时效。当温度很低时，时效过程不能进行。生产上利用这一特性将大批钣料或铆钉淬火后冷冻存放，使用或加工时取出。铆接或成型时材料有很好的塑性，随后自然时效，强度升高。有些铝合金不能自然时效，只能人工时效，如 LC4。

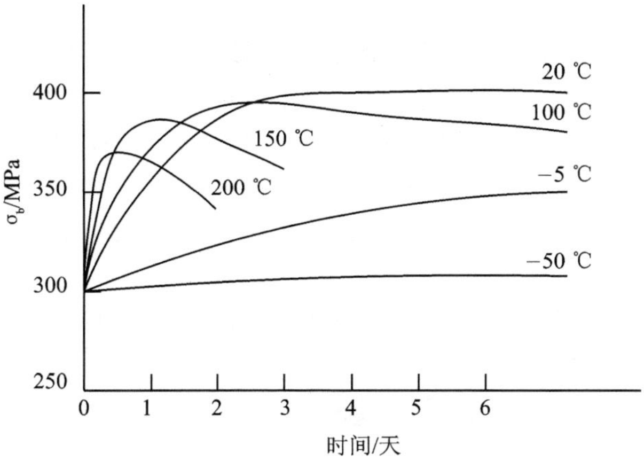

图 4.7　淬火 LY12 的时效曲线

4.3.5　纯钛和钛合金

纯钛的熔点为 1 667 ℃，密度为 4.5 g/cm^3，室温下为密排六方结构，882.5 ℃以上为体心立方结构。

钛合金的主要优点是：

(1) 比强度高：钛合金的抗拉强度可达 1 500 MPa，可与超高强度钢媲美，而其密度只有钢的一半，其比强度是常用工程材料中最高的。

(2) 热强度高：钛合金可在 550 ℃以下工作，可望提高到 800 ℃，其断裂韧性也较高，优于铝合金和一些结构钢。

(3) 低温性能好：钛合金的低温韧性很好，在－253 ℃时仍具有良好的韧性，是惟一能在超低温下使用的工程金属材料。

(4) 抗蚀性好：钛在大气、水、海水、硝酸、稀硫酸等腐蚀介质中的抗蚀性优于不锈钢。例如，某冷凝管在海水中试验 16 年之后，尚未出现腐蚀现象。

钛合金的主要缺点是工艺性差，钛合金导热系数小、摩擦系数大、切削性差；钛合金的弹性模量小，变形时回弹大，$\sigma_{0.2}/\sigma_b$ 比值高，冷变形困难；钛合金硬度低，不耐磨，不能作抗磨结构件。另外，钛合金成本高，应用受到限制。

钛合金按其组织可分成 α 型(TA)、β 型(TB)、$\alpha+\beta$ 型(TC)。部分钛合金的成分和性能见附表 4.15。

现有航空航天用钛合金中，应用最广泛的是多用途的 $\alpha+\beta$ 型 Ti—6A1—4V 合金。用于制造工作温度不超过 400 ℃的各种飞机结构和发动机零部件，如发动机压气机盘、叶片、蒙皮等。液体燃料火箭的储氢罐也是钛合金制造的，其工作温度为－253 ℃。许多民用领域如氯碱工业及海水用泵、阀、管道、换热器、冷凝器等，也广泛采用钛合金，并取得了良好的经济效益。

4.3.6 镁合金

镁合金在常用工程金属材料中密度最小，为 1.8 g/ mm^3，约为铝合金的 2/3，钛合金的 1/3，钢的 1/4。

镁合金比铝合金有较大承受冲击载荷的能力，可以用它制造受猛烈碰撞的零件，例如飞机的轮毂就是用镁合金铸造的。值得注意的是，美国近年为陆军生产的一种“瘪气下行驶”的车轮。该车轮的轮胎和轮毂之间装有 12.2 kg 重的镁合金压铸环形件，万一轮胎被弹片扎破漏气，装这种轮子的军车仍可在 48 km/h 速度下行驶，而不使车辆受损。

镁合金具有优良的切削加工性和可抛光性，并易于铸造和热加工，但应注意防止其在高温下燃烧。

镁合金分为变形镁合金（MB）和铸造镁合金（ZM）二大类，见附表 4.16 和 4.17。

4.4 塑料和橡胶

塑料是以高分子聚合物为基础添加各种助剂而成的混合物体系，在常温下有固定的形状和强度，在高温下具有可塑性的高分子材料。我们只要将塑料加热到熔融温度以上，就可在外力的作用下，使塑料产生形变，加工成任何所需的形状。由于塑料的熔融温度一般仅 200 ℃左右，比钢铁低得多，因此容易加工是塑料区别于其他材料的重要特点。

大多数塑料都能在加热时反复地塑化，称之为热塑性塑料。另外有一些塑料，它们只能在第一次加工时塑化，做成固定的形状，以后再把它加热到熔融温度以上时，其形状不再发生变化，这类塑料称为热固性塑料。热固性塑料由于其内部高分子的交联结构使本身的机械强度和耐热性都较热塑性塑料好。

根据塑料的用途，可以分为通用塑料、工程塑料和特种塑料三大类，它们的特点见表 4.10。

表 4.10 塑料的分类和特点

分 类	特 点	品 种
通用塑料	综合性能优良，生产量大，价格低廉	聚乙烯、聚丙烯、聚苯乙烯、聚氯乙烯、酚醛树脂、氨基塑料等
通用工程塑料	综合性能优良，使用温度在 150 ℃以下	聚酰胺、聚甲醛、热塑性聚酯、聚碳酸酯、聚苯醚、聚砜等
特种工程塑料	使用温度在 150 ℃以上，具有某种特殊性能	有机硅塑料、氟塑料、不熔性聚酰亚胺等

橡胶是一类具有高弹性的高分子化合物，最早是从天然橡胶发展而来的，而性能优越、大量使用的是合成橡胶，按性能和用途可分为通用和特种橡胶两类。

4.4.1　高聚物的力学性能

工程材料中金属材料、非金属材料和复合材料的力学性能的定义和测试原理基本一致，但性能特征和应用特征差别很大。非金属材料按化学特征分无机和有机两大类，陶瓷和高聚物是工程上应用很广的无机和有机非金属材料，了解它们的力学性能对合理选材是有益的。

1. 高聚物的高弹性和粘弹性

高聚物主要指塑料、橡胶等高分子化合物。高聚物力学性能的最大特点是高弹性和粘弹性。高聚物受力时，表现出强烈依赖于温度和时间等因素的影响，所以它们的力学性能变化幅度较大。

（1）高弹性

高聚物的相对分子质量很大，线形高聚物分子长而具有柔性，当高聚物处于玻璃化温度以上时，具有典型的高弹性，即弹性变形大，弹性模量小，弹性变形量是原始尺寸的几倍至几十倍，而且随着温度的升高而增大。图 4.8 是橡胶的拉伸曲线，由图可以看出，在较小的应力范围内，其变形量增加很大。

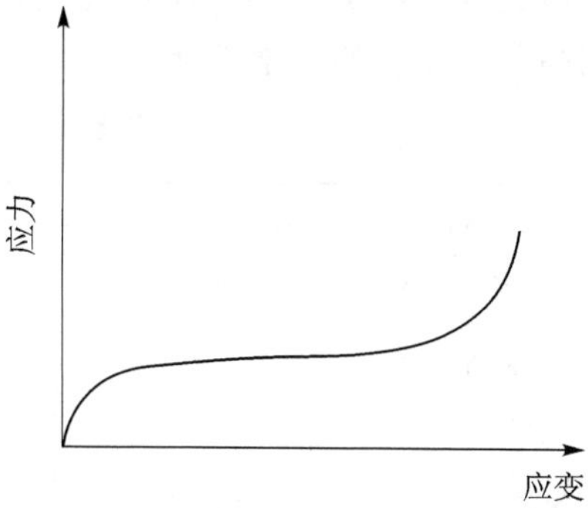

图 4.8　橡胶应力—应变曲线

（2）粘弹性

理想的弹性固体材料受力时产生的弹性变形与时间无关，见图 4.9(b)。即变形与外力是同步的。而粘性液体流变是随时间而发展的。

高聚物材料是典型的粘弹性材料，它的力学行为强烈地依赖于时间和温度，见图 4.9(c)。高聚物的粘弹性根据应力和应变与时间的关系可分为蠕变和应力松弛两种表现形式。

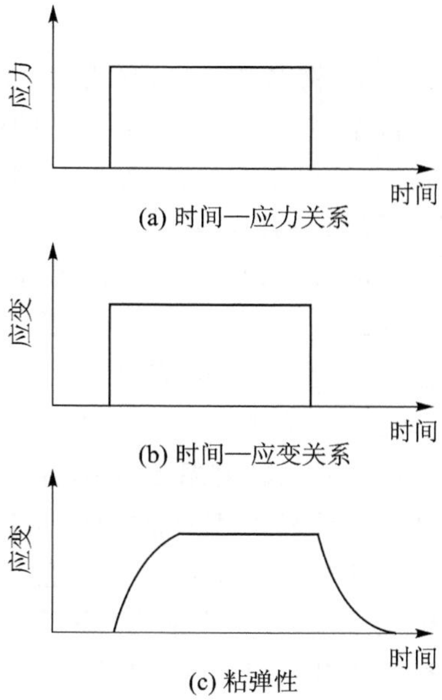

图 4.9　高聚物应力—应变和时间关系示意图

蠕变是在恒定应力作用下变形随时间而增加的现象。例如架空的聚氯乙烯电线套管的缓慢变弯等，即属于蠕变现象。它是受恒定外力作用，经过分子链构象的变化而导致不可逆变形。影响材料蠕变性能的内外因素很多，有分子链结构交联度、结晶度以及温度和外加应力等。温度升高时，蠕变加快。在一定温度下，每种高聚物都有临界应力值 σ_c，当外加应力 $\sigma > \sigma_c$ 时，蠕变急剧加速。对于在恒定静载下工作的材料，外加应力应小于这一临界应力，才不至造成失效。

应力松弛是高聚物产生一定形变后，在保持变形量不变条件下，应力随时间发展而逐渐衰减的现象。例如，连接管道的法兰盘的密封垫片（硬橡胶制品）经一定时间后，由于应力松驰而产生泄漏。对线形分子链经足够长时间后，应力可降为零。经交联后应力松驰速度大大减缓，而且应力只衰减至某一有限值。

2. 高聚物的强度及冲击韧度

(1) 高聚物的强度

与金属材料相比，高聚物的模量和强度要低得多，其最大可能的断裂伸长率又比金属高得多。高聚物的弹性模量范围为 7～35 GPa，金属材料的模量范围为 48～410 GPa；高聚物的最大强度为 240 MPa，而金属材料中某些合金的强度可高达 4 100 MPa；高弹态高聚物的断裂伸长率可达到 1 000%，而金属塑性变形中最大的断裂伸长率不超过 100%。表 4.11 给出几种常用高分子材料的力学性能数据。

表 4.11 几种常用高分子材料的力学性能

材 料	密度/(10^3 kg/m^3)	拉伸模量/GPa	拉伸强度/ MPa	断裂伸长率/%	冲击强度 * /(J/m)
聚乙烯(低密度)	0.917～0.932	1.7～2.8	9.0～14.5	100～650	不断
聚乙烯(高密度)	0.952～0.965	10.6～10.9	22～31	10～1 200	21～214
聚氯乙烯	1.30～1.58	24～41	41～52	40～80	21～107
聚四氟乙烯	2.14～2.20	4.0～5.5	14～34	200～400	160
聚丙烯(等规)	0.90～0.91	11～16	31～41	100～600	21～53
聚苯乙烯	1.04～1.05	23～33	36～52	1.0～2.5	19～24
聚甲基丙烯酸甲酯	1.17～1.20	22～31	48～76	2～10	16～32
酚醛树脂	1.24～1.32	28～48	34～62	1.5～2.0	13～214
尼龙 66	1.13～1.15	—	76～83	60～300	43～112
聚酯(PET)	1.34～1.39	28～41	59～72	50～300	12～35
聚碳酸酯	1.20	24.0	66	110	854

* 试样厚度为 3.2 mm。

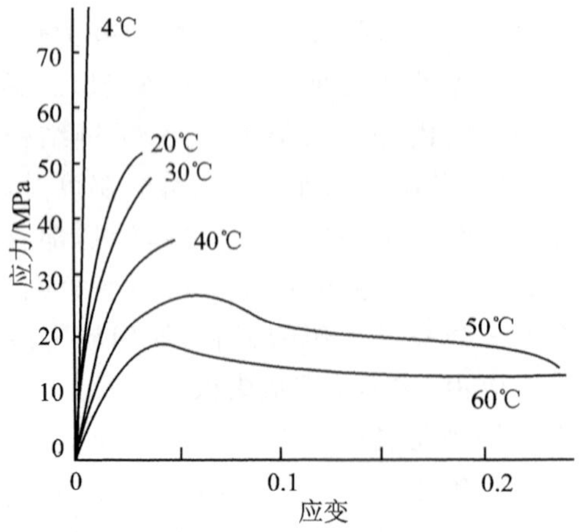

图 4.10

由于高聚物具有突出的粘弹性，其应力—应变行为受温度和应变速率的影响很大。图 4.10 给出了有机玻璃(聚甲基丙烯酸甲酯)在室温附近几十摄氏度范围内的一组应力—应变曲线。由图可见，随着温度的升高，有机玻璃的模量和强度下降，断裂伸长率增加。在 4 ℃时，有机玻璃是典型的刚而脆的材料，而到 66 ℃时，已变成典型的刚而韧的材料。韧—脆的转变温度约在 20～30 ℃。习惯上把韧—脆转变温度称为脆化温度，以 T_b 表示。关于应变速率对高聚物应力—应变行为的影响规律，可以概括为“降低应变速率的效果相当于升高温度的效果”。

理论计算和实际测试表明，高聚物材料的实际强度值只有其理论值的 1%～1‰，这是由于大分子链的无规性导致受力不均及杂质、空穴、裂纹等内部缺陷存在所造成的。对高聚物不断加以物理或化学改性，其强度就有很大增长的潜力。总的看来，和金属相比，高聚物材料的实际强度较低，产品性能和质量呈统计分布，故目前尚不能大量用于制作尺寸很大的工程结构件及高负荷机器零件。

(2) 高聚物的冲击韧度

各类高聚物的冲击韧度相差很大。未改性的聚苯乙烯、有机玻璃等脆性高聚物的冲击韧度值大都小于 0.25 J/cm^2，聚碳酸酯等高聚物的冲击韧度值大于 0.9 J/cm^2。

提高冲击韧度有两条途径：一是将高聚物和增强纤维复合，提高强度；二是将塑料和橡胶共混，增加断裂伸展率。两种方法都可以使材料在受冲击载荷时吸收更多的能量。经过改性的高聚物其冲击韧度值可达 8 J/cm^2。

4.4.2　通用塑料

1. 结构最简单的塑料——聚乙烯(PE)

聚乙烯是发展最为迅速、产量最大的一种塑料。在所有的聚合物中，PE 的分子式最简单，可写作$\left[CH_2-CH_2\right]_n$。大多数烯烃类聚合物都可以看成是聚乙烯的衍生物，是乙烯分子中的一个或二个氢原子被其他基团替代后所得到的产物。

聚乙烯的原料是乙烯，是由石油裂解得到的。聚合反应可以用不同的引发剂在不同的聚合条件下进行，因此得到的产品性质也不相同。按照聚合反应的压力，可将其制备方法分为高压法和低压法。

高压法制成的聚乙烯，由于产品的密度较小，仅 0.910～0.925 g/cm^3，因此被称为低密度聚乙烯(LDPE)。用低压法生产的聚乙烯密度高，达 0.941～0.965 g/cm^3，故称为高密度聚乙烯(HDPE)。HDPE 是不透明的白色粉末，力学性能是所有 PE 产品中最好的，熔点也高于 LDPE。

超高相对分子质量的聚乙烯是相对分子质量达上百万的 PE 产品。这种树脂有很好的综合性能，是制备耐冲击机械零件的原料。不过它熔融时的粘度太高，加工比较困难。

聚乙烯塑料的手感同石蜡相似，燃烧时会一滴滴往下淌，并有燃蜡的气味。

聚乙烯塑料无嗅、无毒，具有非常优良的耐低温性、化学稳定性和加工性。它的最低使用温度可达－70 ℃；能耐大多数的酸、碱腐蚀；常温下不溶于一般溶剂，吸水性小。聚乙烯的电绝缘性也相当优良。但聚乙烯的极性小，表面能非常低，因此染色性和粘接性都很差，这是它不尽人意的地方。另外，它的透明性和手感也不佳。PE 的耐温性不高，LDPE 的使用温度在 80 ℃以下。

聚乙烯塑料的主要用途是制备薄膜，其中 LDPE 的质地柔软，是重要的食品包装薄膜和农用薄膜的原料。HDPE 做成的薄膜强度好，用它制备的薄膜袋在承受相同重量时，厚度可以比 LDPE 减小 20%～25%。这种塑料的自粘性好，抗穿刺的性能也好，是制备缠绕包装薄膜的重要原料。HDPE 是一种乳白色的塑料，质地较硬，强度更优，用它制备的薄膜更加结实、耐用，用它制成的包装袋一般不易损坏。

PE 是制备包装材料的重要原料，可以做成中空容器、食品周转箱，也可以做成各种日用杂品。PE 还能纺成纤维，制作渔网或绳索，将 PE 纤维做成絮片，可以代替棉花作保暖材料。

利用 PE 优良的电绝缘性，经交联处理的 LDPE 已大量用于制作电缆的绝缘层。PE 还是电视、雷达等高频电器的绝缘材料，并能用于海底电缆的绝缘。

2. 全能的塑料——聚氯乙烯树脂(PVC)

PVC是塑料中产量较大的品种之一。其价格低廉、性能优良。分子式为：

$$\left[CH_2-\underset{\underset{Cl}{|}}{CH} \right]_n$$

PVC本身是一种质地很硬的塑料，但是通过加入大量的增塑剂，可以变成比PE还柔软的塑料，用于制备各种不同的用品。增塑剂是一种高沸点的溶剂，它们能使塑料的玻璃化温度降低，使分子链变得柔软，在常温下有一定的弹性。

作为硬塑料，PVC可以用于制造在常温下使用的不耐压的容器、管材或板材，如化工厂的输液管道、管配件、储槽和输液泵的泵体材料。

PVC的板材在建筑上有很多的应用。在PVC中混入大量的碳酸钙做成钙塑料，可以提高塑料的硬度，降低成本，用于代替钢铁或木材，制作塑料门窗、楼梯扶手、地板、天花板和电线套管等。将PVC轻度发泡，可以制成塑料地毯和塑料墙纸等。

PVC树脂非常透明，气密性又好，适于制作包装瓶，用于饮料、药品和化妆品的外包装。PVC薄片是玩具和小商品的重要外包装材料。

PVC软塑料主要用于制作薄膜或日用品。PVC薄膜的透光性、染色性、保温性、耐撕裂性和耐穿刺性都比PE薄膜好，不仅大量用于日用塑料薄膜制品的制备，如雨衣、桌布、窗帘、浴帘等，而且是制备农用薄膜的重要原料。

PVC的染色性非常好，制得的产品鲜艳、美观，深受人们的喜爱，常用来制造玩具、凉鞋和人造革等。

PVC具有优良的电绝缘性能，是制备电线、电缆的绝缘层和保护套管的原料。

PVC塑料也有其不足之处，主要是耐温性差，通常的使用温度为－15 ℃～60 ℃。在60 ℃以上就会变形。另外，在光和热的作用下，PVC很容易老化，使制品颜色变深，质地变脆。

然而，PVC塑料最致命的缺点是在高温或燃烧时会分解，放出能使人窒息的氯化氢气体，不仅污染环境，甚至会对生命造成威胁。因此PVC的使用，特别是在建材中的应用已经受到限制。因为在火灾发生时，许多在火灾现场的居民，常常不是被大火所害，而是被PVC分解时产生的HCl气体所窒息。新的消防条例规定，非阻燃型的PVC不得在建筑中使用。除了建材以外，PVC在其他方面的应用也正在逐步受到限制，原因也是因为PVC废旧塑料的回收有诸多问题，如不尽快解决，很可能会影响PVC的产量。

3. 最轻的塑料——聚丙烯(PP)

丙烯的来源十分丰富，大量存在于石油高温裂解的废气中。PP的化学式如下：

$$\left[CH_2-\underset{\underset{CH_3}{|}}{CH} \right]_n$$

聚丙烯塑料的密度仅0.9～0.91 g/cm^3，是通用塑料中相对密度最小的品种。它无毒、无味、耐热性好，能在110 ℃左右长期使用，是可以进行高温消毒的少数塑料品种之一，常用于制备餐具，如一次性茶杯、饭碗、饭盒及微波炉专用餐具等，也可以制备一次性注射器等医疗用品。近年来在建材市场出现的一种新型聚丙烯复合水管，虽然价格比较高，但有逐步取代家用镀锌水管的趋势。这种水管寿命长、不会锈蚀，特别适用于制备热水输送管道。

聚丙烯的力学性能比聚乙烯好，是制备高强度扁丝的原料，可以用于制备重包装编结袋和塑料包扎绳。

填充大量碳酸钙粉末填料的聚丙烯树脂称之为钙塑料。这种塑料的成本低、刚性好，是制备电气绝缘材料和钙塑料包装箱的原料，也可以用作建筑装潢材料。

聚丙烯树脂的耐曲折性特别好，经定向拉伸的聚丙烯可以耐受 1 000 000 次的曲折而不断裂，常用于制作文具盒和仪器盒的铰链。

聚丙烯树脂通过玻璃纤维增强或弹性体增韧后，其抗冲击强度会大幅度提高，可作为工程塑料使用，如制作汽车保险杠等。

聚丙烯树脂的最大缺点，一是受阳光照射或与铜接触很容易老化，其次是在低温下会变脆，所以在使用上要特别注意，尽量不要在室外及低温下使用。通过在聚丙烯树脂中加入抗氧剂和抗紫外剂可防止或延缓它的老化。通过同乙烯共聚，可大大改善 PP 的低温性能。乙—丙共聚树脂已在家用电器中大量使用。

4. 最鲜艳的塑料——聚苯乙烯(PS)

聚苯乙烯是世界上最早实现工业化的塑料之一。其化学式为：

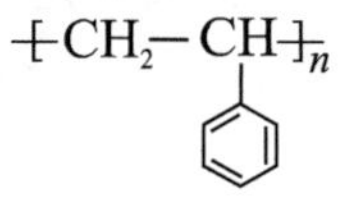

聚苯乙烯塑料是一种无色透明的塑料，极易染成鲜艳的颜色，富于装饰性，因此在日用塑料中应用非常广泛，常用来制备玩具。

聚苯乙烯塑料有良好的绝缘性，可制备电容器、高频线圈骨架等电子元器件。

发泡聚苯乙烯树脂是性能优良的隔热和防震材料，常用作商品包装和新型建筑保温材料。如发泡 PS 夹心的金属墙板，不仅质轻、美观，而且保暖性好，在宾馆和高级住房中已经大量应用。

近年来，发泡用塑料被大量用作一次性餐具，虽然价格十分低廉，但由于使用者缺乏环保意识，随意乱扔不注意回收，人为地造成了所谓的“白色污染”，给生态环境带来了巨大的危害。不少国家，包括中国在内，已经逐步禁止使用一次性泡沫塑料餐具。

聚苯乙烯的不足之处是质地很脆，耐冲击强度差，在使用上受到很大的限制。通过同其他单体共聚可以大大改善它的强度。用 PS 同丙烯酸酯或丙烯腈类单体共聚制成的聚合物既有很好的透明度，又有较好的强度，做成的圆珠笔杆既美观，又结实，深受人们的喜爱。

将苯乙烯同丁二烯共混或共聚，能得到一种冲击强度十分优良的塑料，称之为高抗冲聚苯乙烯(HIPS)。由于聚丁二烯是一种橡胶类的分子，十分柔软，它们在聚合物中能以很小的粒子分散在 PS 中。当受到外力作用时，能量会很快被聚丁二烯形成的橡胶小球吸收而化解，提高了材料的韧性。HIPS 已在家用电器中得到大量应用。

5. 抗冲击强度优良的树脂——ABS 树脂(丙烯腈—丁二烯—苯乙烯共聚树脂)

ABS 的名称是来自丙烯腈(Acrylonitrile)、丁二烯(Butadiene)和苯乙烯(Styrene)三种单体英文名称的第一个字母。是一种以苯乙烯树脂为基料、通过三种单体共聚或共混制备而成的高强度树脂。

这种树脂综合了三种组分的优点，丙烯腈使它具有耐化学腐蚀性，丁二烯使它具有耐冲击性和韧性，苯乙烯使它有良好的加工性、染色性和刚性，因此，ABS 树脂的综合性能非常优异，不仅抗冲击性好，硬度高，而且绝缘性和化学稳定性都好。因此，ABS 树脂在家电和汽车工业中得到广泛的应用，如电视机、洗衣机、电话等家用电器及仪器仪表的外壳，冰箱及其他冷冻设备的内胆，汽车仪表板及其他车用零件，齿轮、泵的叶轮、塑料管道等。

ABS 树脂表面很容易电镀上金属，使外观有金属光泽，提高了表面性能和装饰性。

但 ABS 树脂的耐热性不够高，长期使用温度为 60～70 ℃，耐候性也较差，不能在露天环境中长期使用，否则易老化变质。

6. 不会碎的玻璃——聚甲基丙烯酸甲酯(P mmA)

P mmA 的分子式为：

$$\left[CH_2 - \underset{COOCH_3}{\overset{CH_3}{\underset{|}{\overset{|}{C}}}} \right]_n$$

P mmA 以光学性质优异著称，因此被称为有机玻璃。这种塑料的透明度可与光学玻璃媲美。它对可见光的透光率高达 92%，对紫外光的透过率也高达 75%；而无机玻璃仅能透过 85%的可见光和不到 10%的紫外光。有机玻璃常用于制备各种透明的装饰面板、仪表板、透明容器和包装盒等。有机玻璃的高透明性在信息公路发展的今天，被大量用于制备通讯光缆和光记录器材如光盘等。

有机玻璃的相对密度很小，强度却很高。与无机玻璃相比，它的相对密度只是前者的 1/2，而冲击强度却高出 7～18 倍。如果将有机玻璃在 T_g 温度以上，经过双向拉伸的处理，它的耐冲击强度还会进一步提高：用钉子穿透时不会产生裂纹，被子弹击穿不会破碎，因而可做成航空玻璃和防弹玻璃。

有机玻璃还有很好的染色性，如在其中加入珍珠粉或荧光粉，就能制成色泽鲜艳的珠光和荧光塑料。

有机玻璃的最大不足是表面硬度差，容易划伤起毛，但可以通过表面接枝、交联、共聚或喷涂等方法来改善其表面的硬度。

4.4.3 工程塑料

金属，特别是钢铁是科技和经济发展必不可少的材料。钢铁材料的强度虽然很高，但相对密度大，加工困难，而且很容易腐蚀。工程塑料就是可以作为结构材料使用的高强度塑料。以塑代钢的潜力是很大的，效果也是十分显著的。例如，用塑料管来制造输油或输气管道以及城市地下纵横交错的自来水管和煤气管具有使用寿命长、不怕腐蚀的优点。用塑料制备的齿轮和轴承不但耐磨性好，使用寿命长，而且减小了工厂和车间的噪声，改善了工人的劳动条件。塑料的比强度高，在交通运输中应用更显示了巨大的节能效果。

1. 尼龙(聚酰胺)

尼龙是最实用的、产量最大的工程塑料。它的性能良好，尤其是经过玻璃纤维增强后，其强度更佳，应用更广。

尼龙—66 的分子式如下：

$$\left[NH - (CH_2)_6 - NH - \overset{O}{\overset{\|}{C}} - (CH_2)_4 - \overset{O}{\overset{\|}{C}} \right]_n$$

尼龙的主要品种有尼龙—66，尼龙—6，尼龙—610，尼龙—1010等。前一个数字表示二元胺中的碳原子数，后一个数字表示二元酸中的碳原子数。分子中碳原子数越多，聚合物就越柔软。所以，我们用尼龙—66丝做板刷，用尼龙—1010的丝做牙刷。这样就不会损伤牙龈了。

在我国，尼龙—6和尼龙—66主要用作合成纤维，使用温度在100 ℃以下。

尼龙有很好的耐磨性、韧性和抗冲击强度。主要用作具有自润滑作用的齿轮和轴承。

尼龙的耐油性好，阻透性优良，无嗅，无毒，是性能优良的包装材料，可长期存装油类产品，制作油管。将尼龙掺混在聚乙烯塑料中或做成以尼龙为内衬的复合瓶可以制成价格低廉的农药包装瓶。但尼龙在强酸或强碱条件下不稳定，应避免同浓硫酸、苯酚等试剂接触。

尼龙的吸湿性高，吸湿后的强度虽比吸湿前强度大，但变形性也大。

芳香尼龙是一类耐高温性能十分优异的塑料。用芳香尼龙纺成的丝称为芳纶，其强度可同碳纤维媲美，是重要的增强材料，在航天工业中大量使用。

2. 聚碳酸酯(PC)

它是20世纪50年代末期发展起来的一种热塑性工程塑料。其分子式为：

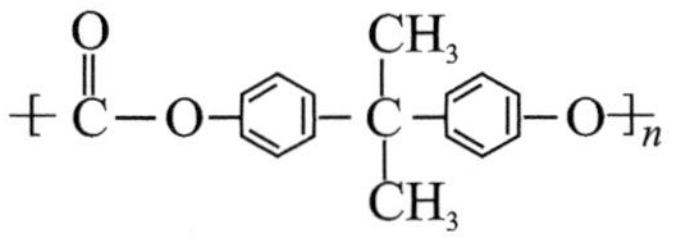

PC是一种韧而刚的塑料，它不仅强度高，而且成型收缩率小(0.5%～0.7%)，尺寸稳定性高，特别适于制备精密仪器中的齿轮、照相机零件、医疗器械的零部件。PC的耐冲击性能也很好，可用作电动工具的外壳。PC还具有良好的电绝缘性，是制备电容器的优良材料。

PC的耐温性好，可反复消毒，近年来被大量用于制备婴儿奶瓶、饮水杯(又称"太空杯")和净水桶(用于盛装"太空水")等中空容器。

PC的透光性好，强度和表面耐磨性均优于P mmA，可用于制备飞机风挡，透明仪表板。同时，也是制备CD光盘的原料。

但PC树脂的耐应力开裂性和耐溶剂性较差，同溶剂接触后表面会产生龟纹。

3. 热塑性聚酯(PET)

聚酯，俗称涤纶或的确良，是由对苯二甲酸同乙二醇缩聚制成的塑料，是性能优异的工程塑料。例如，将PET树脂用30%～40%的玻璃纤维增强后，可得到耐温超过200 ℃的超韧塑料，在汽车工业中得到应用。

目前，PET的最大用途是制备纤维、薄膜和包装材料。由于PET薄膜的强度好、模量高，故成为制作计算机软盘、录音或录像磁带片基的重要原料。PET中空容器已大量用于碳酸气饮料和食用油的包装。

PET树脂具有优良的介电性能，常用于制作电子元件，如涤纶电容器等。

聚酯家庭中的另一个成员PBT是由对苯二甲酸同丁二醇反应得到的产物。其力学性能同PET相似，但价格较PET高。这两种产品的竞争也十分激烈。

如果将一个芳香族的二元醇如双酚A同对苯二甲酸缩聚，就能得到具有全芳香结构的聚酯，称为聚芳酯。如：

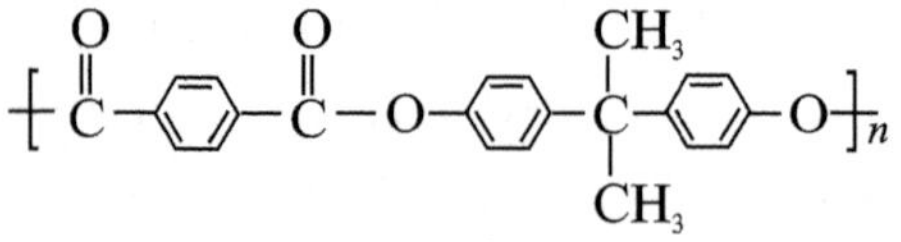

由于其主链上有大量的苯环，是一类耐高温的聚合物，是制备高强度纤维的原料。

4．聚甲醛(POM)

是由甲醛或三聚甲醛聚合而成。化学式为：

$$\left[CH_2-O \right]_n$$

聚甲醛是一种非常坚韧、耐磨的工程塑料，有很优异的耐冲击性和抗疲劳性。它的抗张强度比黄铜和锌还高，经拉伸处理后，它的强度可同钢材媲美：一根直径为 3 mm 的细丝可以承受 10 N 的拉力。聚甲醛的摩擦系数小，耐磨性好，具有自润滑的作用，制成的轴承、活塞在使用时无须加油润滑，可以代替价格昂贵的有色金属，制备齿轮、轴承、滑块、阀门、开关、键盘、拉链和把手等耐磨器件。

5．聚砜(PSF)

聚砜是一种高强度的耐高温塑料。其化学式为：

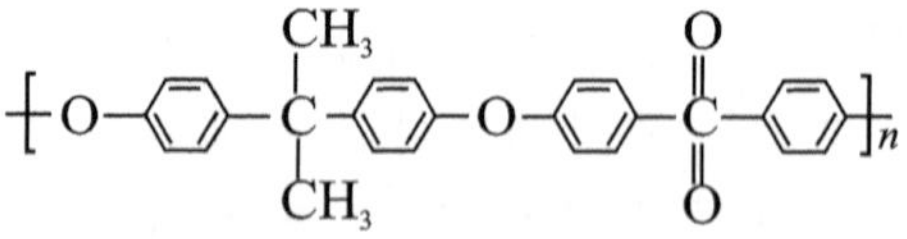

聚砜的刚性高，耐磨性好，介电性能、耐温性、耐氧化性和耐辐照性都很优良，可在 150 ℃以上长期使用。适于制备汽车、飞机中耐热的零部件，也可用于制备线圈骨架和电位器的部件等。由于聚砜的成膜性很好，已被大量用于微孔膜的制备。

6．聚酰亚胺

它是一种具有下述结构的耐高温塑料：

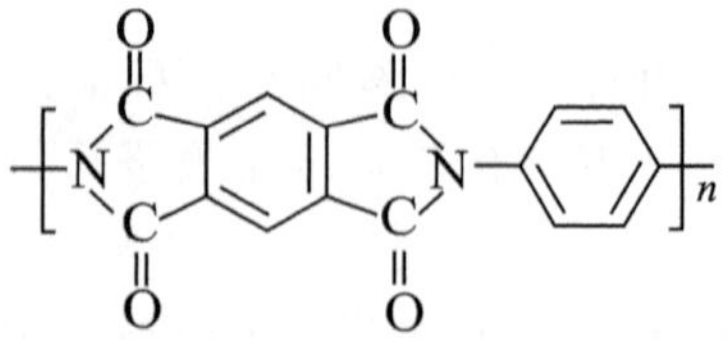

主链上具有芳杂环的结构，因此，比聚砜的刚性和耐温性更好，可以在 250～300 ℃以上长期使用。是制造电机漆包线绝缘层的重要原料。主要用于宇航和电子工业中。

7．热固性塑料

（1）酚醛树脂

酚醛树脂俗称电木或胶木，是世界上最早工业化的合成塑料。由于综合性能优良，价格便宜，至今在塑料生产中仍占有相当重要的地位。

将酚醛树脂粉碎后同炭黑等填料和助剂混在一起，可以制成酚醛模压粉。将这种模压粉置于模具中热压，线形结构的酚醛树脂能进一步反应，形成具有网状交联结构的聚合物，即能制得电木制品。它大量用作电器绝缘材料。将它同玻璃纤维或玻璃布热压在一起，可以制备玻璃钢；将它与木屑或刨花热压粘接在一起，可以制备层压板。

酚醛树脂的缺点是性质较脆，颜色单调，原料苯酚和甲醛都有一定毒性。

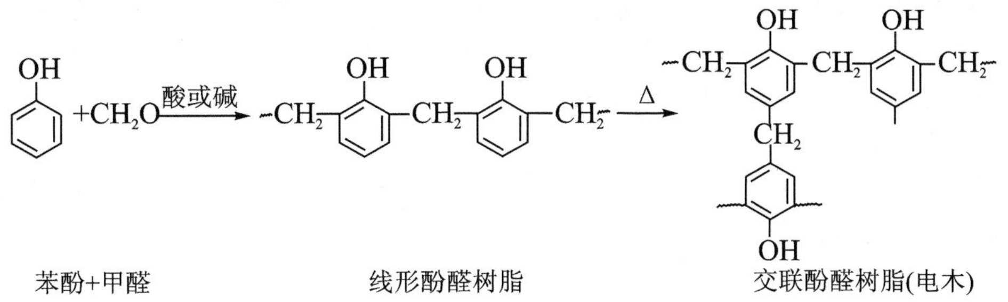

（2）氨基塑料

氨基塑料由氨基官能团（如脲、三聚氰胺、苯胺等）与甲醛缩聚而成。常见的有脲甲醛和三聚氰胺甲醛两大种。其特点是具有优良的耐电弧性，色浅，可制成各种颜色。三聚氰胺甲醛比脲甲醛具有更优良的表面硬度、耐水性。二者都可制成模塑粉和层压板，在航空工业中，脲甲醛塑料用于制造耐电弧的绝缘零件，三聚氰胺甲醛用于制作机舱壁板、桌面等。

（3）不饱和聚酯

不饱和聚酯是指由不饱和多元酸与饱和多元醇缩合而成的聚合物。

不饱和聚酯有优良的加工性，可在常温、常压下成型固化，大量应用于玻璃钢（树脂＋玻璃纤维）工业，也有制成团状模塑料（SMC）供应，用于制造结构件。

（4）环氧树脂

环氧树脂是指固化前线形分子中含有活性极大的环氧基团的高分子化合物的通称。

环氧树脂的固化反应十分复杂，常用胺类和酸酐类固化剂。前者毒性大，固化反应快，产品化学稳定性好。后者毒性小，产品固化慢，但耐热性高。它可以常温固化，也可以室温固化。

环氧树脂用途极广，主要用作涂料、电器、浇注料和胶粘剂，由于价格较贵，很少用它制作整体塑料件。航空工业中最重要的应用是用其作为航空胶粘剂和聚合物基复合材料的基材。

4.4.4　特种塑料

1. 聚四氟乙烯(PTFE)

其化学式为：

$$\left[CF_2 - CF_2 \right]_n$$

它是由四氟乙烯通过自由基聚合制备而成的。得到的聚合物是白色不透明的粉末。由于聚四氟乙烯的熔融温度很高，在加热到熔融温度以前就会发生分解。聚四氟乙烯的加工是采用先冷压成型再烧结的方法，制造技术比较复杂。

聚四氟乙烯有许多独特的性质。它不仅有非常优良的耐高低温性能，能在－260 ℃～250 ℃的范围内长期使用，而且有优异的化学稳定性。在所有的酸、碱和溶剂中都不会溶解。由于它在王水中也不会溶解，故被誉为“塑料王”。由于聚四氟乙烯具有上述特性，故在工业上被用于制备化工设备和管道的耐腐蚀内衬。

聚四氟乙烯有很低的摩擦系数，是优良的减摩材料。在工业上，可用作转动部件的密封件。有人用聚四氟乙烯制成垫块，放在笨重家具的四个角上，就可以很轻松地通过滑动将家具移到房间内任意的位置。在民用上被用于制备不粘锅的涂料。

聚四氟乙烯的介电常数高，能耐很高的电压，可以用于制造高频微波设备中的绝缘材料。

聚四氟乙烯也有不足之处，除了加工困难、原料资源少、价格高外，它的强度和硬度都较差，而且有较大的冷流性。在加压条件下，它会慢慢地变形。大家所熟悉的作为管道密封材料的生料带就是利用了聚四氟乙烯的冷流性。

2. 有机硅树脂

有机硅是一大类主链含硅的高分子化合物，属于元素有机高分子的范畴。最简单的有机硅树脂是聚二甲基硅氧烷，具有以下的结构：

$$\left[\begin{array}{c} CH_3 \\ | \\ Si-O \\ | \\ CH_3 \end{array}\right]_n$$

有机硅树脂的品种繁多，用途广泛，可用作塑料、橡胶、涂料、胶粘剂等。

有机硅树脂的突出优点是高温绝缘性好。它能在 300 ℃的高温下长期使用，可用于制备高级的电气绝缘材料。有机硅树脂无毒，是重要的医用高分子材料。

有机硅树脂的强度较差，通常须用填料或玻璃纤维增强，制成复合材料，如层压板材等，然后再加工成耐高温的绝缘制品。

4.4.5 橡胶的选用

1. 通用橡胶

(1) 产量最大的合成橡胶——丁苯橡胶

丁苯橡胶是一种通用的合成橡胶，是由丁二烯与苯乙烯共聚而成。其产量占世界合成橡胶总量的 80%左右。

同天然橡胶相比，丁苯橡胶的优点是耐磨性和气密性好，抗撕裂性和耐老化性也都较佳；但是丁苯橡胶的强度和弹性差，硫化速度慢，同帘子布的粘接性差，用作轮胎在行驶过程中内耗大，发热量高。为了提高丁苯橡胶的强度，常在橡胶中填充炭黑或矿物油。填充炭黑后的丁苯橡胶强度可提高十几倍，能够满足多种用途的需要。

丁苯橡胶的性质与苯乙烯在丁苯橡胶中的含量有很大关系。通过调节苯乙烯在橡胶中的含量，可以得到性能不同的丁苯橡胶。例如，含 10%苯乙烯的丁苯橡胶有很好的耐寒性，可作耐寒橡胶制品；含 25%苯乙烯的丁苯橡胶通用性好，可用于制备汽车轮胎；而苯乙烯含量为 50%的丁苯橡胶，虽然强度好但弹性差，主要用于制备硬质制品，如胶轮、橡胶板等；苯乙烯含量高于 90%的丁苯共聚物只能作塑料使用。

(2) 用途广泛的氯丁橡胶

氯丁橡胶是由氯丁二烯通过乳液聚合的方法制成的橡胶：

$$n\,CH2{=}CH-\underset{\displaystyle Cl}{\underset{|}{C}}{=}CH_2 \longrightarrow \left[CH2-CH{=}\underset{\displaystyle Cl}{\underset{|}{C}}-CH_2\right]_n$$

氯丁橡胶的结构同天然橡胶的结构十分相似，但氯丁橡胶具有优良的综合性能和良好的耐油性、耐光性、耐臭氧性和不延燃性。氯丁橡胶的缺点是耐寒性较差(−40 ℃)，密度较大

(1.23 g/cm^3)。氯丁橡胶的生产成本低，是一种价廉物美的通用橡胶。

氯丁橡胶的主要用途是做运输带、垫圈、防毒面具、电缆线，特别是海底电缆的护套，也可用作耐油胶管。用氯丁橡胶做成的鞋底比丁苯橡胶耐磨。氯丁橡胶还是制备胶粘剂的重要原料，如修补自行车或胶鞋的胶水就是用氯丁橡胶制成的。

(3) 耐油性好的丁腈橡胶

丁腈橡胶是由丁二烯(约75%)和丙烯腈共聚而成。虽然丁腈橡胶的弹性较差，但它的耐油性特别好，仅次于聚硫橡胶和氟橡胶。增加丙烯腈在橡胶中的含量可以提高橡胶的耐油性，但使耐寒性降低。丁腈橡胶主要用于制备各种耐油制品，如印刷机辊筒、油箱的密封垫圈、飞机油箱衬里、胶管和劳保手套等。由于它的耐热性能良好，可以用于制造工作温度在140 ℃以下的传送带。

(4) 密度最小的橡胶——乙丙橡胶

乙丙橡胶是由乙烯与15%左右的丙烯共聚而成。乙丙橡胶的主要特点是原料丰富、价格便宜。制成的产品质轻色浅，绝缘性、耐热性、耐溶剂性和耐老化性能都十分优良。其弹性介于天然橡胶和丁苯橡胶之间，是很有发展前途的橡胶新品种。但是，乙丙橡胶中不含双键，不容易硫化，而且加工性能较差，同帘子线或其他材料的粘接性也差，限制了它在轮胎工业中的应用。

乙丙橡胶的主要用途是制造工业橡胶制品，也可以作为聚合物改性剂。例如，在聚丙烯树脂中掺入一定量的乙丙橡胶，可以大大改善聚丙烯树脂的抗冲击性能，是制备汽车保险杠的重要原料。

(5) 弹性最好的顺丁橡胶

顺丁橡胶即顺—1,4—聚丁二烯，是用丁二烯($CH_2=CH-CH=CH_2$)通过定向聚合制成的。顺丁橡胶的综合性能良好，是碳链高分子中弹性最好的橡胶。顺丁橡胶的低温性能比天然橡胶还好。其玻璃化转变温度 T_g 为－110 ℃，比天然橡胶低40 ℃左右，而且耐磨性、耐老化性和耐候性都好。顺丁橡胶的主要用途是制造轮胎，占其全部用量的90%以上。

顺丁橡胶的最大缺点是加工性能较差，抗张强度、抗撕裂强度和弯曲强度都较差。需要通过与其他橡胶一起混用的办法来弥补。

2. 特种橡胶

特种橡胶主要是指硅橡胶和氟橡胶。硅橡胶是目前最好的耐温和耐寒的橡胶。它的最低使用温度为－100 ℃，最高使用温度超过300 ℃，在这样的低温和高温下，普通的橡胶早就脆裂或烧焦了。有一种用硅橡胶作绝缘层的电热丝，可以直接插在220 V的电源上，使用时把电热丝绕在任何形状的容器外面，接上电源就能加热，十分方便。

由于硅橡胶优良的高低温性能和耐臭氧性，硅橡胶在航空工业和电气工业中大显身手。常用于制备各种密封垫圈、防震缓冲层材料和电气绝缘材料。由于它无毒无嗅，又能用于制备食品工业的传送带和医疗用橡胶制品。在日常生活中，它也被大量用于制备厨具或茶具的零件，如高压锅、保暖杯的密封圈等。

含氟橡胶是特种橡胶中的全能选手，适宜在条件最最恶劣的环境中工作。它的热稳定性好，一般可在－54～315 ℃使用，化学稳定性和耐溶剂性都是最佳的，因此能耐强酸、强碱和强氧化剂。氟橡胶的这种特性使它在航空、航天、化学、石油等许多部门得到广泛的应用。

3. 新型橡胶——热塑性弹性体

大多数橡胶都要经过硫化处理,形成不溶不熔的交联结构才能使用,是热固性的材料。它们的加工过程十分复杂,劳动强度很大。而且,橡胶制品废弃物的回收成本也很高。近年来,人们通过高分子的合成反应,制备出具有很好的弹性,但无须硫化的弹性体。它们既像塑料一样,可以用注射成型的方法进行加工,得到的产品又具有很好的弹性,因此被称为热塑性弹性体。其主要品种是 SBS 弹性体(苯乙烯—丁二烯—苯乙烯嵌段共聚物)。它们的分子结构如图 4.11 所示。

图 4.11 SBS 弹性体的分子结构图

热塑性 SBS 弹性体可以通过任意调节软段和硬段的长度和比例来改变弹性体的性能。一般来说,热塑性弹性体的强度和耐磨性都优于通用橡胶,但其耐温性较差,而且价格比较高,常用于制备如旱冰鞋滚轮、飞机轮胎、塑胶跑道、运动鞋底等。

4.5 陶 瓷

4.5.1 陶瓷的力学性能

作为一类材料,陶瓷是比较脆的。不同陶瓷材料抗拉强度的差别很大,低的可以小于 0.69 MPa,高的可达 7 GPa(例如在仔细控制条件下制备的 Al_2O_3 陶瓷晶须)。然而,作为一类材料,只有少数陶瓷的抗拉强度超过 172 MPa。陶瓷材料的抗拉强度与抗压强度的差别也很大,一般情况下,后者约为前者的 5~10 倍。此外,许多陶瓷材料由于具有离子键和共价键而比较硬,并具有低的冲击抗力。

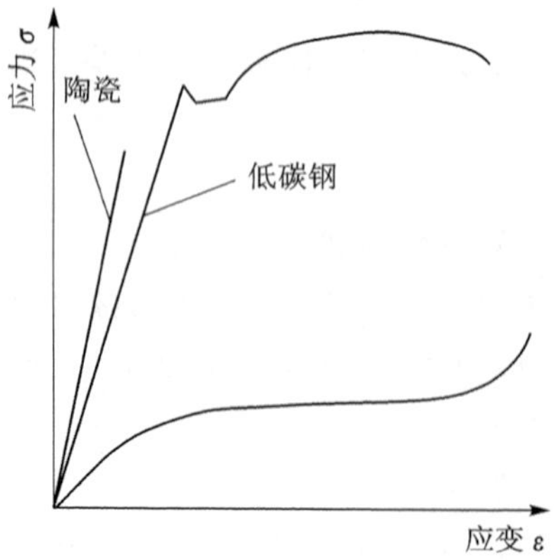

图 4.12 陶瓷和低碳钢拉伸曲线

传统陶瓷大都是以硅酸盐矿物(如粘土、长石、石英)为原料,经加工—成型—烧结,得到的无机多晶固体。近 30 年来,随着空间技术、电子工业、原子能工业发展需要,人们采用了纯度较高的人工合成原料来制造能满足高温、高强、功能性等要求的特种陶瓷,常见的有氧化物、氮化物、碳化物、硼化物等,而特种陶瓷除烧结体外还包括单晶(晶须)、纤维、薄膜及超细粉体等。为了改善陶瓷性脆及高温稳定性差的缺点,人们正在致力于发展金属陶瓷(金属基或陶瓷基复合材料)来制造各种恶劣环境下工作的工程零件。它已成为宇航等尖端工业的重要工程材料。比较图 4.12 中陶瓷和低碳钢应力—应变曲线可知,陶瓷存在以下力学性能特点:

(1) 陶瓷材料在室温时的显微组织都由主晶相、玻璃相及气相构成的多相材料,几乎没有塑性,完全是脆性断裂。其微观原因在于陶瓷晶相多属离子晶体,当带电离子沿某晶面滑移时很易引起同号离子相斥，不像金属原子那样滑移原子间距时而建立新的平衡，因而造成键的断裂。而大量气孔的存在，则是陶瓷脆性的重要宏观原因。

(2) 陶瓷内部有大量气孔，在受压应力时，气孔不易导致裂纹的扩展，故抗压强度高，而抗拉强度低。较脆的铸铁其抗拉强度与抗压强度比值约为 1/3～1/4，而陶瓷在 1/10 以下。

(3) 陶瓷受力后有一定弹性变形，其弹性模量在 10^3～10^4 GPa 数量级之间，多数陶瓷的室温弹性模量高于金属。

(4) 陶瓷的硬度远高于金属，这是因为它具有比金属复杂得多的晶体结构，要使正负离子之间产生极小的位移都要消耗较大的能量。

陶瓷材料承受外力时发生的失效主要是由组织缺陷引起的，多晶陶瓷断裂源主要是表面精加工时形成的表面裂纹间隙、夹杂以及制备时形成的大晶粒等。

脆性陶瓷材料中的孔隙是应力集中的地方，当孔隙处的应力达到临界值时，就会形成裂纹并进行扩展。由于在这类材料中没有大量的能量吸收过程，一旦裂纹开始扩展，就会继续长大直到断裂。孔隙对陶瓷材料的强度也是有害的，因为孔隙减少了试样或零件承受外力时的有效横截面积，使材料能够承受的应力减小。因此，陶瓷材料中孔隙的尺寸和体积分数是影响其强度的重要因素。

陶瓷在加工制造时形成的发裂对于决定其断裂强度是很关键的，较大的发裂可以是影响陶瓷强度的主要因素。在没有大缝隙、完全致密的陶瓷材料中，发裂尺寸通常与晶粒尺寸有关。在无孔隙陶瓷中，纯陶瓷材料的强度取决于其晶粒大小，晶粒愈细，位于晶界的发裂尺寸也愈小，因而其强度高于晶粒尺寸较大的陶瓷。

4.5.2　氧化铝(Al_2O_3)陶瓷

氧化铝是高熔点(熔点 2 050 ℃)氧化物中被研究和应用最成熟、最多的一种，原料来源丰富，约占地壳总质量的 25%，价格低廉。

由于 Al_2O_3 具有耐高温、耐腐蚀性能，故用作炼铁工业的辅助材料，如高铝砖、刚玉砖、冶炼高纯金属或生长单晶的坩埚，也用作发动机火花塞及熔模精铸的辅料。

利用其硬度大的特性，用作拉丝模、砂轮、刀具、磨料及人工关节。

利用其高温绝缘性，作热电偶保护管、原子反应堆件绝缘瓷及各种高温绝缘部件。

利用其优良的介电性能，在电子工业中用于制作各种电路基板、管座、外壳、雷达天线罩。

而用特殊工艺制作的透明 Al_2O_3 能抵抗钠蒸气腐蚀和透过红外线，故可用作高压钠灯材料和红外检测窗材料。

4.5.3　氮化硅(Si_3N_4)陶瓷

氮化硅是共价化合物，键能相当高，故化学性能稳定；由于共价晶体无自由电子，因此具有优异的电绝缘性；氮化硅硬度高，有良好耐磨性，摩擦系数小(只有 0.1～0.2)，本身具有润滑性；氮化硅的热膨胀系数小，有优越的抗高温蠕变性能；虽然它的最高使用温度不及 Al_2O_3，但它的强度在 1 200 ℃时仍不下降，是 Al_2O_3 无法做到的。

由于 Si_3N_4 具有很高的共价键能，它是一种难烧结材料，须采用反应烧结和热压法烧结。热压烧结可获得致密组织，故强度较高；反应烧结时，制品的尺寸精度较高。

由反应烧结法制得的氮化硅用于耐磨、耐腐蚀的泵和阀，如盐酸泵、三氯化铁泵、泥砂泵等。氮化硅耐高温，又有较好的抗热冲击性和耐磨性，可用作高温轴承。它也是测量铝液温度的热电偶套管的理想材料。用它还可制作输送铝液的电磁泵管道、阀门等。

氮化硅用于制作燃气轮机转子叶片，可以提高进口燃气的温度和压力，从而提高发动机功率又降低燃料消耗，还可大大减轻发动机的自重。

热压氮化硅常用于制作形状简单的制品，如金属切削刀具。

4.5.4 氮化硼(BN)

氮化硼有六方 BN 和立方 BN 两种。

六方 BN 结构与石墨相似，故又称“白石墨”。六方 BN 具良好的耐热性，导热系数与不锈钢相当，热稳定性好。在 2 000 ℃仍然是绝缘体，是理想的高温绝缘材料和散热材料。与石墨相似，六方 BN 硬度低，有自润滑性，由于 BN 陶瓷具有高温绝缘性能，故常用它作为热电偶套管和半导体散热绝缘零件。由于它有优良的热稳定性和化学稳定性，因此被用于制作熔炼半导体 GaAs、GaP 的单晶坩埚及一般冶金的高温容器和管道。六方 BN 硬度低，可进行车、铣、刨等切削加工，制品精度可达 1/1 000 mm，又因有润滑性，故可用来制作高温轴承和玻璃制品成型模具。

立方 BN 晶体的硬度与金刚石相近，是优良的耐磨材料，常用作磨料和金属切削刀具。

4.5.5 碳化硅(SiC)陶瓷

碳化物是一组熔点最高的材料，很多碳化物的熔点(或升华)都在 2 500 ℃以上。在高温下所有碳化物都会氧化，但大多数碳化物的抗氧化能力都比高熔点金属强，比石墨和硅略好一些。大多数碳化物都有良好的导电性，很多碳化物具有很高的硬度，其中碳化硼 B_4C 的硬度仅次于金刚石和立方氮化硼。

SiC 和 Si_3N_4 同样是键能高而稳定的共价晶体，故也用反应烧结和热压烧结两种工艺来制备。SiC 的最大特点是高温强度大，它的抗弯强度在 1 400 ℃时仍可保持 500～600 MPa 的水平，热压 SiC 是目前高温强度最高的陶瓷。它具有很高的热传导能力，在陶瓷中仅次于氧化铍陶瓷，故它的热稳定性好，同时也耐磨、耐腐蚀，抗蠕变。

碳化硅由于其机械强度高，故成为温度高于 1 500 ℃时的良好工程材料，如用作火箭尾喷管的喷嘴，浇注金属用的喉嘴及热电偶套管、炉管等高温零件。此外，还试验性地用作气轮机的叶片、轴承等零件。

由于其热传导能力高，碳化硅也被用作高温热交换器的材料和核燃料的包封材料等。

4.6 复合材料

4.6.1 聚合物基复合材料

1. 聚合物基复合材料的性能

(1) 比强度、比模量大

玻璃纤维复合材料具有较高的比强度、比模量，而碳纤维、硼纤维、有机纤维增强的聚合物基复合材料的比强度相当于钛合金的 3～5 倍，它们的比模量相当于金属的 4 倍之多，这种性能可由纤维排列的不同而在一定范围内变动。

(2) 耐疲劳性能好

金属材料的疲劳破坏常常是没有明显预兆的突发性破坏;而聚合物基复合材料中纤维与基体的界面能阻止材料受力所致裂纹的扩展。因此,其疲劳破坏总是从纤维的薄弱环节开始逐渐扩展到结合面上,破坏前有明显的预兆。大多数金属材料的疲劳强度极限是其抗张强度的20%~50%,而碳纤维/聚酯复合材料的疲劳强度极限可为其抗张强度的70%~80%。

(3) 减震性好

受力结构的自振频率除与结构本身形状有关外,还与结构材料比模量的平方根成正比。复合材料比模量高,故具有高的自振频率。同时,复合材料界面具有吸振能力,使材料的振动阻尼很高。由试验得知:轻合金梁需9 s才能停止振动时,而碳纤维复合材料梁只需2.5 s就会停止同样大小的振动。

(4) 过载时安全性好

复合材料中有大量增强纤维,当材料过载而有少数纤维断裂时,载荷会迅速重新分配到未破坏的纤维上,使整个构件在短期内不致于失去承载能力。

(5) 具有多种功能性

① 耐烧烛性好。聚合物基复合材料可以制成具有较高比热容、熔融热和气化热的材料,以吸收高温烧蚀时的大量热能。

② 有良好的摩擦性能,包括良好的摩阻特性及减摩特性。

③ 高度的电绝缘性能。

④ 优良的耐腐蚀性能。

⑤ 有特殊的光学、电学、磁学的特性。

(6) 有很好的加工工艺性

复合材料可采用手糊成型、模压成型、缠绕成型、注射成型和拉挤成型等各种方法制成各种形状的产品。

但是复合材料还存在着一些缺点,如耐高温性能、耐老化性能及材料强度一致性等,还有待于进一步研究提高。

2. 玻璃纤维增强热固性塑料(代号GFRP)

玻璃纤维增强热固性塑料是指玻璃纤维(包括长纤维、布、带、毡等)作为增强材料,热固性塑料(包括环氧树脂、酚醛树脂、不饱和聚酯树脂等)作为基体的纤维增强塑料,俗称玻璃钢。根据基体种类不同,可将GFRP分成三类,即玻璃纤维增强环氧树脂、玻璃纤维增强酚醛树脂、玻璃纤维增强聚酯树脂。

GFRP的突出特点是密度小、比强度高。密度为1.6~2.0,比最轻的金属铝还要轻,而比强度比高级合金钢还高。“玻璃钢”这个名称便由此而来。

GFRP还具有良好的耐腐蚀性,在酸、碱、有机溶剂、海水等介质中均很稳定,其中玻璃纤维增强环氧树脂的耐腐蚀性最为突出,其他GFRP虽然不如玻璃纤维增强环氧树脂,但其耐腐蚀性也都超过了不锈钢。

GFRP也是一种良好的电绝缘材料,主要表现在它的电阻率和击穿电压强度两项指标都达到了电绝缘材料的标准。一般电阻率大于10^6 Ω·cm的物质称为电绝缘体。而GFRP的电阻率为10^{11} Ω·cm,有的甚至可达到10^{18} Ω·cm,电击穿强度达20 kV/mm,所以它可作为耐高压的电器零件。

另外 GFRP 不受电磁作用的影响，它不反射无线电波，微波透过性好，因此可用来制造扫雷艇和雷达罩。

GFRP 还具有保温、隔热、隔音、减振等性能。

GFRP 也有不足之处，其最大的缺点是刚性差，它的刚度比木材大 2 倍，而比钢材小 10 倍。其次是玻璃钢的耐热性虽然比塑料高，但低于金属和陶瓷。导热性也很差，摩擦产生的热量不易导出，从而使 GFRP 的温度升高，导致其破坏。此外，GFRP 的基体材料是易老化的塑料，所以它也会因日光照射、空气中的氧化作用、有机溶剂的作用而产生老化现象，但比塑料老化要缓慢些。虽然 GFRP 存在上述缺点，但它仍然是一种比较理想的结构材料。

玻璃纤维增强环氧、酚醛、聚酯树脂除具有上述共同的性能特点以外，还各自有其特殊的性能。

(1) 玻璃纤维增强环氧树脂

玻璃纤维增强环氧树脂是 GFRP 中综合性能最好的一种，这是与它的基体材料环氧树脂分不开的。因环氧树脂的粘结能力最强，与玻璃纤维复合时，界面剪切强度最高。它的机械强度高于其他 GFRP。由于环氧树脂固化时无小分子放出，故而玻璃纤维增强环氧树脂的尺寸稳定性最好，收缩率只有 1%～2%，环氧树脂的固化反应是一种放热反应，一般易产生气泡，但因树脂中添加剂少，很少发生鼓泡现象。惟一不足的地方是环氧树脂粘度大，加工不太方便，而且成型时需要加热，如在室温下成型会导致环氧树脂固化反应不完全，因此不能制造大型的制件，使用范围受到一定的限制。

(2) 玻璃纤维增强酚醛树脂

玻璃纤维增强酚醛树脂是各种 GFRP 中耐热性最好的一种，它可以在 200 ℃下长期使用，甚至在 1 000 ℃以上的高温下，也可以短期使用。它是一种耐烧蚀材料，因此可用它制作宇宙飞船的外壳。它具有耐电弧性，故可用于制作耐电弧的绝缘材料。它的价格比较便宜，原料来源丰富。它的不足之处是性能较脆，机械强度不如环氧树脂。固化时有小分子副产物放出，故其尺寸不稳定，收缩率大。酚醛树脂对人体皮肤有刺激作用，会使人的手和脸肿胀。

(3) 玻璃纤维增强聚酯树脂

玻璃纤维增强聚酯树脂最突出的特点是加工性能好，树脂中加入引发剂和促进剂后，可以在室温下固化成型，由于树脂中的交联剂(苯乙烯)也起着稀释剂的作用，所以树脂的粘度大大降低了，可采用各种成型方法进行加工成型，因此它可用于制作大型构件，扩大了应用的范围。此外，它的透光性好，透光率可达 60%～80%，可制作采光瓦。它的价格很便宜。其不足之处是固化时收缩率大，可达 4%～8%；耐酸、碱性差些，不宜制作耐酸碱的设备及管件。

3. 碳纤维增强塑料

碳纤维增强环氧塑料是一种强度、刚度、耐热性均好的复合材料，这方面的性能是其他材料无法比拟的。它的质轻(密度小)，如果采用钢材、GFRP 以及碳纤维增强塑料这三种材料分别制成长途客车的车身时，其中碳纤维增强塑料最轻，比 GFRP 车身轻 1/4，比钢车身轻 3～4 倍。再看它们的刚度，从车顶的挠曲度来进行比较：GFRP 车顶弯曲下沉将近 10 cm，钢车顶下沉 2～3 cm，碳纤维增强塑料下沉不到 1 cm。碳纤维增强塑料的抗冲击强度也特别突出，假如用手枪在十步远的地方射向一块不到 1 cm 厚的碳纤维增强塑料板时，竟不会将其射穿。它的耐疲劳强度很大，而摩擦系数却很小，这方面性能均超过了钢材。

碳纤维增强塑料的不足之处，一是碳纤维与塑料的粘结性差，而且各向异性，这方面不如金属材料。目前已有解决的办法，那就是使碳纤维氧化和晶须化来提高其粘结性。用碳纤维编织法来解决各向异性的问题。另一个不足之处是价格昂贵，因而虽然有上述一些优良性能，但还是主要应用于航空、宇航工业，其他领域应用较少。

4. 芳纶增强复合材料

这是美国杜邦公司于 1968 年发明成功的一种芳香族聚酰胺纤维(简称芳纶)，商品名为 kavlar 纤维，化学名称为聚对苯二甲酰对苯二胺。在 500 ℃下经液晶纺丝可结晶成高度定向纤维，称为 kavlar—49 芳纶纤维。

kavlar—49 是专为制造复合材料用的增强材料而设计的，抗张强度达 2 800～3 700 MPa，比碳纤维和加工硬化过的钢丝还高，而密度只有 1.45，比碳纤维轻 15%，比玻璃纤维轻 45%。它的热膨胀系数低，耐疲劳性高，富有强韧性，与橡胶有良好的粘接性，容易加工成各种复杂曲面，可用普通的纺织机械加工成各种织物，用它制成的层压制品在相同厚度下比玻璃纤维层压制品轻 30%，而强度则高两倍。它还具有耐热性，分解温度高达 560 ℃。

kavlar—49 纤维的工艺性极好，编织后强度保持原纤维强度的 90%。此外，它也可以与碳纤维、硼纤维或玻璃纤维混合使用。

kavlar—49 常用来增强环氧树脂，是缠绕成型复合材料的理想原料，一般采用螺旋缠绕和环向缠绕方法成型。以三叉戟发动机壳体为例，由于使用 kavlar/环氧后，其质量比具有相同尺寸的海神减轻了 50%。此外，它还用于制作航天飞机、宇航器的某些高压容器、雷达天线罩。由于 kavlar 成本只有碳纤维的 1/3，故 kavlar 纤维的消耗远高于碳纤维，大量用于飞机轮胎帘子线以及工业用耐压管材、带材、绳索和帆布等。

5. 夹层结构复合材料

以玻璃纤维、碳纤维或硼纤维增强的复合材料(板)为蒙皮材料，以蜂窝或泡沫塑料为芯材的夹心构件称为夹层结构。夹层结构质量轻、比强度大、比刚度大，大量用于制作飞机舱壁、机翼、舵面等。另外夹层结构的保温、隔音性好，在民用工业尤其是建筑业中，以纸、木等为材料的蜂窝夹层结构被广泛使用。

(1) 蜂窝夹层结构

它实际上是一种仿生结构材料。蜂窝的正六角形的薄壁结构，从刚度、强度、节省材料及质量轻等方面看，都是相当合理的。

制造蜂窝填料时，先把玻璃布(棉布或牛皮纸)浸(或刷)胶，晾置后压成波纹状板，然后胶接成蜂窝夹层。胶接时巢孔中插进六角形铁条，起加压和维护六角形格子形状的作用，铁条表面涂高温润滑油以防粘结，蜂窝夹层胶接时不完全硬化，以便于以后成型。蜂窝填料的成型以及和蒙皮的胶接，一般是在模型上进行的。

(2) 泡沫夹层结构

泡沫夹芯通常是在专用模具里发泡成型的，它与成型模具差一蒙皮厚度。泡沫夹芯成型后，粘贴蒙皮即制成泡沫夹层结构。

(3) 空心微珠夹芯材料

这是近几年来正在研究发展中的一种轻质结构技术。空心微珠一般由玻璃制成，也可由酚醛树脂或碳制成。玻璃微珠壁厚约 2 μm，直径在 10～250 μm，其表观密度为 0.16～0.24 g/cm^3，将微珠分散在树脂中可制成轻质芯材，其具有低密度和保温性能好的特点。

4.6.2 金属基复合材料

1. 金属基复合材料的性能

金属基复合材料是以金属为基体，以纤维、晶须、颗粒等为增强物制成的复合材料。通过优化组合可以获得既具有金属特性，又具有高比强度、高比模量、耐热、耐磨等综合性能。

金属基复合材料的性能取决于所选用金属或合金基体和增强物的特性、含量、分布等。综合归纳金属基复合材料有以下性能特点。

(1) 高比强度、高比模量

由于在金属基体中加入了适量的高强度、高模量、低密度的纤维、晶须、颗粒等增强物，明显提高了复合材料的比强度和比模量，特别是高性能连续纤维——硼纤维、碳(石墨)纤维、碳化硅纤维等增强物，具有很高的强度和模量。密度只有 1.85 g·cm^{-3} 的碳纤维的最高强度可达到 7 000 MPa，比铝合金强度高出 10 倍以上，石墨纤维的最高模量可达 91 GPa，硼纤维、碳化硅纤维密度为 2.5～3.4 g·cm^{-3}，强度为 3 000～4 500 MPa，模量为 350～450 GPa。加入 30%～50%高性能纤维作为复合材料的主要承载体，复合材料的比强度、比模量成倍地高于基体合金的比强度和比模量。

(2) 导热、导电性能

金属基复合材料中金属基体占有很高的体积分数，一般为 60%以上，因此仍保持金属所具有的良好的导热和导电性。良好的导热性可以有效地传热，减少构件受热后产生的温度梯度，迅速散热，这对尺寸稳定性要求高的构件和高集成度的电子器件尤为重要。良好的导电性可以防止飞行器构件产生静电聚集的问题。

在金属基复合材料中采用高导热性的增强物还可以进一步提高金属基复合材料的导热系数，使复合材料的热导率比纯金属基体还高。

(3) 热膨胀系数小、尺寸稳定性好

金属基复合材料中常用的增强物碳纤维、碳化硅纤维、晶须、颗粒、硼纤维等均具有很小的热膨胀系数，又具有很高的模量，特别是高模量、超高模量的石墨纤维具有负的热膨胀系数。加入相当含量的增强物不仅可以大幅度地提高材料的强度和模量，也可以使其热膨胀系数明显下降，并可通过调整增强物的含量获得不同的热膨胀系数，以满足各种工况要求。例如，石墨纤维增强镁基复合材料，当石墨纤维含量达到 48%时，复合材料的热膨胀系数为零，即在温度变化时使用这种复合材料制成的零件不发生热变形，这对人造卫星构件特别重要。

(4) 良好的高温性能

由于金属基体的高温性能比聚合物高很多，增强纤维、晶须、颗粒在高温下又都具有很高的高温强度和模量，因此金属基复合材料具有比金属基体更高的高温性能，特别是连续纤维增强金属基复合材料。在复合材料中纤维起着主要承载作用，纤维强度在高温下基本不下降，纤维增强金属基复合材料的高温性能可保持到接近金属熔点，并比金属基体的高温性能高许多。如钨丝增强耐热合金，其 1 100 ℃，100h 高温持久强度为 207 MPa，而基体合金的高温持久强度只有 48 MPa；又如石墨纤维增强铝基复合材料在 500 ℃高温下，仍具有 600 MPa 的高温强度，而铝基体在 300 ℃其强度已下降到 100 MPa 以下。因此，金属基复合材料被选用在发动机等高温零部件上，可大幅度地提高发动机的性能和效率。

总之，金属基复合材料制成的零构件比金属材料、聚合物基复合材料制成的零件能在更高的温度条件下使用。

(5) 耐磨性好

金属基复合材料，尤其是陶瓷纤维、晶须、颗粒增强金属基复合材料具有很好的耐磨性。这是因为在基体金属中加入了大量的陶瓷增强物，特别是细小的陶瓷颗粒。陶瓷材料具有硬度高、耐磨、化学性能稳定的优点，用它们来增强金属不仅提高了材料的强度和刚度，也提高了复合材料的硬度和耐磨性。SiC/Al 基复合材料的高耐磨性在汽车、机械工业中有很广的应用前景，可用于汽车发动机、刹车盘、活塞等重要零件，能明显提高零件的性能和寿命。

(6) 良好的疲劳性能和断裂韧性

金属基复合材料的疲劳性能和断裂韧性取决于纤维等增强物与金属基体的界面结合状态，增强物在金属基体中的分布以及金属、增强物本身的特性，特别是界面状态。最佳的界面结合状态既可有效地传递载荷，又能阻止裂纹的扩展，提高材料的断裂韧性。据美国宇航公司报道 C/Al 复合材料的疲劳强度与拉伸强度比为 0.7 左右。

(7) 不吸潮、不老化、气密性好

与聚合物基相比，金属基性质稳定，组织致密，不存在老化、分解、吸潮等问题，也不会发生性能的自然退化，这比聚合物基复合材料优越，在空间使用不会分解出低分子物质污染仪器和环境，有明显的优越性。

总之，金属基复合材料所具有的高比强度，高比模量，良好的导热、导电性、耐磨性、高温性能，低的热膨胀系数，高的尺寸稳定性等优异的综合性能，使金属基复合材料在航天、航空、电子、汽车、先进武器系统中均具有广泛的应用前景，对装备性能的提高将发挥巨大作用。

2. 常用金属基复合材料

(1) 铝基复合材料

这是在金属基复合材料中应用得最广的一种。由于铝合金基体为面心立方结构，因此具有良好的塑性和韧性，再加之它所具有的易加工性、工程可靠性及价格低廉等优点，为其在工程上应用创造了有利的条件。

在制造铝基复合材料时通常并不是使用纯铝而是用各种铝合金。这主要是由于与纯铝相比铝合金具有更好的综合性能。至于选择何种铝合金做基体，则往往根据实际应用中对复合材料的性能需要来决定。

铝基复合材料的增强物有 Al_2O_3、SiC 的纤维、颗粒、晶须和石墨纤维等。

(2) 镍基复合材料

这种复合材料是以镍及镍合金为基体制造的。由于镍的高温性能优良，因此这种复合材料主要是用于制造高温下工作的零部件。人们研制镍基复合材料的一个重要目的，即是希望用它来制造燃汽轮机的叶片，从而进一步提高燃汽轮机的工作温度。但目前由于制造工艺及可靠性等问题尚未解决，所以还未能取得满意的结果。

(3) 钛基复合材料

钛比任何其他的结构材料具有更高的比强度。此外，钛在中温时比铝合金能更好地保持其强度。因此，对飞机结构来说，当速度从亚音速提高到超音速时，钛比铝合金显示出了更大的优越性。随着速度的进一步加快，还需要改变飞机的结构设计，采用更细长的机翼和其他翼型，为此需要高刚度的材料，而纤维增强钛基复合材料可满足这种对材料刚度的要求。

钛基复合材料中最常用的增强体是硼纤维，这是由于钛与硼的热膨胀系数比较接近，界面上的内应力可以达到最小。

4.6.3 陶瓷基复合材料

陶瓷材料强度高、硬度大、耐高温、抗氧化，高温下抗磨损性好，耐化学腐蚀性优良，热膨胀系数和密度较小。这些优异的性能是一般常用金属材料、高分子材料及其复合材料所不具备的；但陶瓷材料抗弯强度不高，断裂韧性低，限制了其作为结构材料使用。当用高强度、高模量的纤维或晶须增强后，其高温强度和韧性可大幅度提高。最近，欧洲动力公司推出的航天飞机高温区用碳纤维增强碳化硅基体和用碳化硅纤维增强碳化硅基体所制造的陶瓷基复合材料，可分别在 1 700 ℃和 1 200 ℃下保持 20 h 的抗拉强度，并且有较好的抗压性能和较高的层间剪切强度，而断裂延伸率较一般陶瓷高，耐辐射效率高，可有效地降低表面温度，有极好的抗氧化、抗开裂性能。陶瓷基复合材料与其他复合材料相比发展仍较缓慢，主要原因一方面是制备工艺复杂，另一方面是缺少耐高温的纤维。

4.7 功能材料

现代工程材料按性能特点和用途大致分为结构材料和功能材料两大类。金属材料、陶瓷材料、高分子材料和复合材料作为结构材料主要被用来制造工程结构、机械零件和工具等，因而要求其具备一定的强度、硬度、韧性及耐磨性等力学性能。那些要求具备声、光、电、磁、热等特殊物理性能的材料，正引起人们越来越多的重视。例如，激光唱片、计算机和电视机的存储及显示系统，现代武器用激光器等，都有特殊物理性能材料的贡献。现在把具有某种或某些特殊物理性能或功能的材料叫做功能材料。

功能材料种类很多，包括半导体、光功能材料、电子材料、形状记忆材料、储能材料、智能功能材料、纳米功能材料等。功能材料的应用领域涉及太阳能、原子能的利用，以及微电子技术、激光技术、传感器技术、工业机器人、空间技术、海洋技术、生物医学技术、电子信息技术等。

功能材料按其功能可分为电功能材料、磁功能材料、热功能材料、光功能材料、智能功能材料等。按照其特性又可分为超导材料、形状记忆材料、储能材料、永磁材料、光敏材料、隐形材料等。

4.7.1 形状记忆材料

固体材料在低温下经塑性变形后，加热到某一临界温度以上时，形状恢复到低温变形前的形状的现象叫形状记忆。具有形状记忆特性的材料叫形状记忆材料。形状记忆合金还具有超弹性。

1. 形状记忆材料的分类

(1) 按材料分类

① 形状记忆合金：发现最早、应用最广的形状记忆合金是 Ti—Ni 合金。它含 Ti 50%，Ni 余量。由于 Ti—Ni 合金价格较高，其他合金不断地被研制出来，较成熟的有 Cu 基合金、Fe 基合金。

② 形状记忆陶瓷：有些陶瓷也具有形状记忆特性，如 ZrO_2。

③ 形状记忆树脂：具有形状记忆特性的聚合物，如经照射交联的聚乙烯。

（2）按变形特征分类

按变形特征可将形状记忆材料分为单程形状记忆材料、双程形状记忆材料和全程形状记忆材料。

经过“高温定形”，再经“低温变形”的形状记忆材料，再次加热到转变温度以上时，其形状会恢复到“高温定形”时的形状。冷却后，单程形状记忆材料形状不再变化；双程形状记忆材料的形状会恢复的“低温变形”时的形状；而全程形状记忆材料则产生与“高温定形”时的形状相反的变形，见表 4.11。

表 4.11　按变形特征分类的形状记忆材料

类型	高温定形	低温变形	加热	冷却
单程		——		
双程		——		——
全程		——		

2. 形状记忆合金变形原理

形状记忆合金的变形原理如图 4.13 所示。

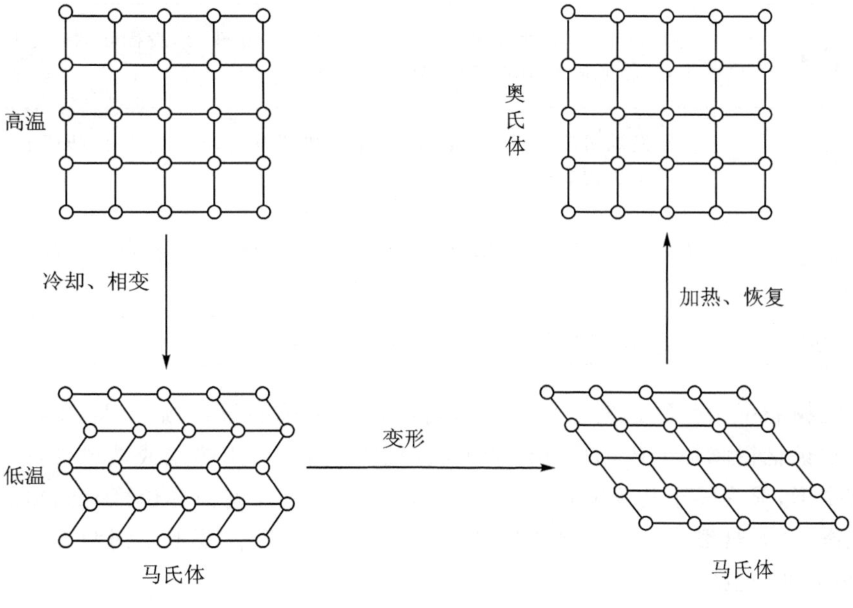

图 4.13　形状记忆合金变形原理

3. 形状记忆材料的应用

形状记忆合金最早的应用是用于F—14飞机油管的接头。十几万个接头无一泄漏。

人造卫星天线和飞船太阳能电池帆板也采用了形状记忆合金。发射时天线和太阳能电池帆板折叠起来，发射到太空后通电加热形状记忆合金，使其发生变形，把天线和太阳能电池帆板打开。

形状记忆合金在医用领域有着越来越广泛的应用。尤其是给骨科内固定器械带来了崭新的应用前景。Ti—Ni形状记忆合金在低温下（0～5 ℃）可随意变形，当温度升高至人体温度（37 ℃）时，它便可自行恢复至设定的形状，同时产生一适当的形状恢复力。Ti—Ni形状记忆合金的弹性模量与人骨较为接近，在37 ℃时仅为不锈钢的1/4。与传统的外科植入物相比，Ti—Ni形状记忆合金 还具有质量轻、无磁性、耐磨损、耐腐蚀以及具有更高的疲劳强度、断裂强度、冲击韧性、抗弯强度等优点，是非常理想的人体生物功能材料。形状记忆合金还可制作医用血管、气管内支架、口腔正畸器材、脊柱矫形棒、手术缝合线、节育环和医用导丝等。表4.12列举了形状记忆合金的应用情况。

表4.12 形状记忆合金的应用

应用领域	应用举例
电子仪器、仪表	温度自动调节器，火灾报警器，温控开关，电路连接器，空调自动风向调节器，液体沸腾报警器，光纤连接，集成电路钎焊
航空航天	人造卫星天线，卫星、航天飞机等自动启闭窗门
机械工业	机械人手、脚微型调节器，各种接头、固定销、压板，热敏阀门，工业内窥镜，战斗机、潜艇用油压管、送水管接头
医疗器械	人工关节、耳小骨连锁元件，止血、血管修复件，牙齿固定件，人工肾脏泵，去除胆固醇用环，能动型内窥镜等
交通运输	汽车发动机散热风扇离合器，卡车散热器自动开关，排气自动调节器，喷气发动机内窥镜
能源开发	固相热能发电机，住宅热水送水管阀门，温室门窗自动调节弹簧，太阳能电池帆板
生活用品	记忆合金眼镜架丝、手机天线丝、胸罩丝等

形状记忆树脂可用作固定创伤部位的器材以代替传统的石膏绷带（见图4.14）。操作方法是先将形状记忆树脂加工成创伤部位的形状（见图4.14a），用热水或热风加热使其软化，施加外力使它变形，成为易于装配的形状，等冷却固化后装配到创伤部位，等到再加热时便可恢复到原始状态，和石膏绷带一样起到固定的作用（见图4.14b）。要取下时只要加热，树脂便软化，取下时很方便（见图4.14c）。

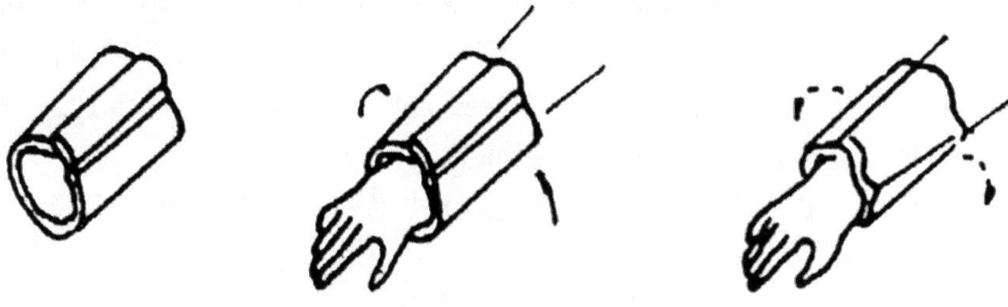

(a)　(b)　(c)

图 4.14　智能高分子绷带工作原理示意图

4.7.2　智能材料

智能材料是指对环境具有可感知、可响应，并具有功能发现能力的材料。后来，仿生功能被引入材料，使智能材料成为有自检测、自判断、自结论、自指令和执行功能的材料。可以说形状记忆合金已被应用于智能材料和智能系统，如月面天线、智能管道联接件等。有些灵巧无机材料如氧化铅增韧陶瓷、灵巧陶瓷、压电陶瓷和电致伸缩陶瓷也已被用于仿生中。

高分子凝胶是一种具有交联网络结构的高分子材料。其分子链上带有一些特殊的基团，能够吸附大量的溶剂。当外部环境的 pH 值、温度、光照或电场发生改变时，它吸附的溶剂量会发生突变，造成凝胶体积巨大变化。由于这种变化是可逆的和不连续的，因而能提供相应的动力，故可用于制备高效率的化学发动机和人造肌肉。例如用聚丙烯腈部分水解制成的凝胶，它们在酸性环境中能收缩，而在碱性环境中体积会成倍增加，因此可以用来制作机械手。

有一种智能高分子材料被称为机敏材料，根据它的响应方式的不同可将其分为主动控制式和被动控制式。主动控制式机敏材料具有自动检测材料的动力和静力的复杂功能，在允许范围内比较测定的结果，经过筛选确定做出适当的响应，控制不希望出现的动态特性；被动控制式机敏材料只能传输传感器所感受到的信息（如位移、应变、温度、压力和加速度等），但结构比较简单。

4.7.3　隐形材料

在 1991 年海湾战争中，隐形战斗机是美军使用的先进武器之一。隐身技术是一种探测对抗技术，能降低飞机对雷达的反射截面和红外特征。达到隐身的方法主要通过改进飞机的外形设计，并在飞机表面使用吸波材料。隐形技术的关键是隐形材料。根据探测器的相关类型，隐形材料可分为吸波材料和红外隐形材料等。

吸波材料是用来对抗雷达探测和激光测距的隐形材料，其原理是它能够将雷达和激光发出的信号吸收，从而使雷达、激光探测收不到反射信号。

红外隐形材料是用来对抗热像仪的隐形材料，它要求材料的比辐射率要低。

吸波材料是指能吸收雷达波的复合材料，它可对抗雷达对飞机的探测。目前研制和应用的吸波材料主要有两类：一类是介电吸波材料，它是通过在高分子化合物中添加碳纤维、导电炭黑和碳化硅等电损耗性物质，来降低雷达的入射能量；另一类是电磁吸收材料，是在高分子化合物中添加铁氧体等磁性物质，依靠电磁作用来损耗雷达的入射能量。

外形的设计对飞机的隐身也有十分重要的作用。F—117A 飞机的机身表面是用吸波材料做成蜂窝状的夹层结构。为了减少雷达波散射截面，机翼的前后沿由一连串拇指大小的六角形小室构成，每个小室内填充吸波材料，材料密度从外向内递增，用多种吸波材料制成。入射的雷达波先投射在机翼的表面上，然后被多层吸波材料吸收，剩余的雷达波进入六角形小室，继续被吸收，几乎可完全消除来自机翼前后雷达波的反射。

隐身技术将从隐身飞机扩展至其他领域，隐身技术将成为战争中应用更广泛的高科技手段。

4.7.4 高分子液晶材料

液晶就是液态的晶体。它既能像液体一样流动，又具有晶体的某些特性。通常液体分子的排列是杂乱无章的，为三维远程无序的结构，是各向同性的物质。而晶体中原子或分子的排列是有规律的，是远程有序的，是各相异性的物质。液晶也有一定的有序性，但这种有序性是近程的，通常只具有一维和二维的远程有序，因此是一种介于理想液体和晶体之间的一种状态。

液晶有很多有趣的性质。这种流动晶体的结构会随着外界条件（如电、磁、热、力等）的变化而变化，因而可制成各种有用的器件。如变色水杯的图案就是用一种含有热致变色液晶的涂料印制的。在室温下杯子具有一种图案，当杯里加入 80～90 ℃的热水时，由于液晶的热致变色效应，原来的图案消失了，新的图案会显现出来；而当温度降低时，它又会恢复到原来的图案。

液晶最有用的性质是它的电光效应。这种液晶分子的有序排列在电场作用下发生改变的现象被用来制造液晶显示器。它具有工作电压低（3～5 V）、功率损耗小的特点，已被制成大型的平板显示器。

高分子液晶具有特殊的光学性质、电光效应、热光效应等，因而可以用作信息显示材料、光学记录材料、储存材料、非线性光学材料等。利用高分子液晶的外观颜色随温度而变化的特征，可将其用于温度测量技术等。

把透明的各向同性液晶放在透明电极之间，当施加电压时，分子会有序排列成为液晶态，部分地失去透明性而产生与电极形状相同的图像。根据这一原理可制成数码显示器、电光学快门、电视屏幕和广告牌等显示器件。

高分子液晶在熔融温度和外场作用下分子会发生高度取向，冷却或除去外场后取向态又会被冻结。利用这种特性可将其作为记录、储存材料。

此外，某些液晶聚合物还具有光导性、选择渗透性等特性，可用于制备光调制器、功能性液晶高分子膜等。

4.7.5 磁性功能材料

磁性功能材料包括软磁材料、永磁材料和信息磁材料等。

1. 软磁材料

它在较低的磁场中被磁化而呈强磁性，但在磁场去除后磁性基本消失。这类材料被用作电力、配电和通信变压器和继电器、电磁铁、电感器铁芯、发电机与发动机转子和定子以及磁路中的磁扼材料等。

软磁材料根据其性能特点又被分为高磁饱和材料（低矫顽力）、中磁饱和材料和高导磁材料。软磁材料还包括耐磨高导磁材料、矩磁材料、恒磁导材料、磁温度补偿材料和磁致伸缩材料等。典型的软磁材料有纯铁、Fe—Si 合金(硅钢)、Ni—Fe 合金、Fe—Co 合金、Mn—Zn 铁氧体、Ni—Zn 铁氧体和 Mg—Zn 铁氧体等。非晶态合金是很好的软磁材料。

2. 永磁材料

磁性材料在磁场中被充磁,当磁场去除后,材料的磁性仍长时保留,这种磁材料就是永磁材料(硬磁材料)。高碳钢、Al—Ni—Co 合金、Fe—Cr—Co 合金、钡和锶铁氧体等都是永磁材料。永磁材料制作的永磁体能提供一定空间内的恒定工作磁场。利用这一磁场可以进行能量转化等,所以永磁体广泛应用于精密仪器仪表、永磁电机、磁选机、电声器件、微波器件、核磁共振设备与仪器、粒子加速器以及各种磁疗装置中。

永磁材料种类繁多,性能各异。普遍应用的永磁材料按成分可分为五种,即 Al—Ni—Co 系永磁材料、永磁铁氧体、稀土永磁材料、Fe—Cr—Co 系永磁材料和复合永磁材料。

Al—Ni—Co 系永磁合金是较早使用的永磁材料,其特点是高剩磁、温度系数低、性能稳定,在对永磁体性能稳定性要求较高的精密仪器仪表和装置中,多采用这种永磁合金。

永磁铁氧体是 20 世纪 60 年代发展起来的永磁材料。其主要优点是矫顽力高、价格低;缺点是最大磁能积与剩磁偏低、磁性温度系数高。该种材料应用于产量大的家用电器和转动机械装置等。

稀土永磁材料是 20 世纪 70 年代以来迅速发展起来的永磁材料,至 80 年代初已发展出三代稀土永磁材料。这种材料是目前最大磁能积最大、矫顽力特别高的一类永磁材料。所以,这类材料的产生使得永磁元件走向了微小型化及薄型化。

表 4.13 给出了三代稀土永磁材料的性能指标。

表 4.13　三代稀土永磁材料性能指标

材料	第一代	第二代	第三代
	RCo_5 系	R_2Co_{17} 系	钕铁硼合金
剩磁 B_r/T	1.00	1.10	1.21
矫顽力 H_c/(kA/m)	760	760	922
最大磁能积 $(BH)_{max}$/(kJ/m³)	176	240	280
B_r 温度系数 a_b/%・℃	−0.04	−0.03	−0.13
密度 $\rho/10^3$ kg. m^{-3}	8.3	8.4	7.4
居里温度/ ℃	710	820	312

稀土永磁材料目前广泛应用于制造汽车电机、音响系统、控制系统、无刷电机、传感器、核磁共振仪、电子表、磁选机、计算机外围设备、测量仪表等。

Sm—Fe—N 系、Sm—Fe—Ti 系及 Sm—Fe—V—Ti 系是目前人们努力探索的第四代稀土永磁材料,目标是改善温度稳定性,提高居里温度,并且降低成本。

附　　录

附表 4.1　球墨铸铁的牌号和力学性能

牌号	基体	力学性能					应用举例
		σ_b/ MPa	$\sigma_{0.2}$/ MPa	δ/%	a_k/(kJ·m^{-2})	HB	
QT400—17	铁素体		250	17	600	≤179	汽车、拖拉机零件；1.6～6.4 MPa 阀门的阀体、阀盖
QT420—10	铁素体	420	270	10	300	≤207	
QT500—5	铁素体+珠光体	500	350	5		147～241	机油泵齿轮
QT500—2	珠光体	600	420	2		229～302	柴油机、汽油机曲轴；磨床、铣床、车床的主轴；空压机、冷冻机缸体、缸套
QT700—2	珠光体	700	490	2		229～302	
QT800—2	珠光体	800	560	2		241～31	
QTl200—1	下贝氏体	1 200	840	1	300	≥38HRC	汽车、拖拉机传动齿轮

附表 4.2　可锻铸铁的牌号和力学性能

分类	牌号	铸铁壁厚	试棒直径	σ_b/ MPa	δ/%	硬度 HB	应用举例
铁素体可锻铸铁	KT200—6	>12	16	300	6	120～163	弯头、三通等管件
	KT330—8	>12	16	330	8	120～163	螺丝扳手，犁刀、车轮壳等
	KT350—10	>12	16	350	10	120～163	汽车拖拉机前后轮壳、减速器壳、转向节壳、制动器等
	KI370—12	>12	16	370	12	120～163	
珠光体可锻铸铁	KT450—5		16	450	5	152～219	曲轴、凸轮轴、连杆、齿轮、活塞环、轴套、耙片、万向接头、棘轮、扳手、传动链条
	KTZ500—4		16	500	4	179～241	
	KTZ600—3		16	600	3	201～269	
	KTZ700—2		16	700	2	240～270	

附表 4.3　耐磨铸铁的力学性能和应用范围

铸铁名称	牌　号	力学性能			应用范围
		抗拉强度 σ_b/MPa	抗弯强度 σ_{bb}/MPa	硬度 HBS	
高磷耐磨铸铁	MTP15	150	330	170～229	普通机床的床身、溜板、工作台等
	MTP20	200	400	179～235	
	MTP25	250	470	187～241	
	MTP30	300	540	187～255	
铬钼铜耐磨铸铁	MTCrMoCu25	250	470	185～230	中小型精密机床仪表及机床床身导轨等铸件
	MTCrMoCu30	300	540	200～250	
	MTCrMoCu35	350	610	220～260	

附表 4.4　常用低合金结构钢

钢号	化学成分 w/%					厚度或直径/mm	力学性能				应用举例
	C	Mn	V	Nb	Ti		σ_b/MPa	σ_s/MPa	δ%	a_k/(kJ·m^{-2})	
Q295	≤0.16	0.80～1.50	0.02～0.15	0.015～0.060	0.02～0.20	<16 16～35 35～50	≥295 ≥275 ≥255	390～570	23	34	桥梁、车辆、容器、油罐
Q345	0.18～0.20	1.00～1.60	0.02～0.15	0015～0.060	0.02～0.20	<16 16～35 35～50	≥345 ≥325 ≥295		21～22	34	桥梁、车辆、船舶、压力容器、建筑结构
Q390	≤0.20	1.00～1.60	0.02～0.02	0.015～0.060	0.02～0.20	<16 16～35 35～50	≥390 ≥370 ≥350		19～20	34	桥梁、船舶、起重设备、压力容器
Q420	≤0.20	1.00～1.70	0.02～0.02	0.015～0.060	0.02～0.20	<16 16～35 35～50	≥420 ≥400 ≥380	520～680	18～19	34	桥梁、高压容器、大型船舶、电站设备、管道
Q460	≤0.20	1.00～1.70	0.02～0.20	0.015～0.060	0.02～0.20	<16 16～35 35～50	≥460 ≥440 ≥420	580～720	17	34	中温高压容器、锅炉、化工高压厚壁容器

附表 4.5 常用渗碳钢的牌号、热处理、性能及用途

钢号	热处理/ ℃			力学性能(不小于)				应用举例
	渗碳	淬火	回火	σ_b/MPa	σ_s/MPa	δ/%	a_k/(kJ·m^{-2})	
15	930	770～800 水	200	>500	>300	15		活塞销等
20Mn2	930	770～800 油	200	820	600	10	600	小齿轮、小轴、活塞销
20Cr	930	800 水,油	200	850	550	10	600	齿轮、小轴、活塞销等
20MnV	930	880 水,油	200	800	600	10	700	齿轮、小轴、活塞销等
20CrV	930	800 水,油	200	850	600	12	700	高压管道、齿轮、小轴、顶杆、活塞销等
20CrMn	930	850 油	200	950	750	10	600	齿轮、轴、活塞销、摩擦轮
20CrMnTi	930	860 油	200	1 100	850	10	700	汽车、拖拉机上的变速箱齿轮
20Mn2TiB	930	860 油	200	1 150	950	10	700	代 20CrMnTi
20SiMnVB	930	780～800 油	200	1 200	1 000	10	700	代 20CrMnTi
18Cr2Ni4WA	930	850 空	200	1 200	850	10	1 000	大型渗碳齿轮和轴类件

附表 4.6 常用弹簧钢的牌号、热处理、性能及用途

钢号	热处理		力学性能				应用范围
	淬火温度/ ℃	回火温度/ ℃	σ_b/MPa	σ_s/MPa	δ_5/%	a_k/(kJ·m^{-2})	
60	840 油	480	1 000		9		截面<12～15 mm 的小弹簧
70	820(油)	480	1 100		7		
85	820(油)	480	1 150	900	6		
65Mn	830 油	480	1 100～	1 000	8		截面≤25 mm 的弹簧,例如车箱板簧、机车板簧、缓冲卷簧
50Si2Mn	870 油\水	460	1 200	1 200～1 300	6	300	
60Si2Mn	870 油	460	1 200	1 300	5	250	
70SiMnA	860 油	420	1 600	1 800	5	200	
55MnSi	820 油	480	800	1 000	8	300	
60MnSi	860 油	460	1 200	1 300	5	250	

续附表 4.6

钢号	热处理		力学性能				应用范围
	淬火温度/℃	回火温度/℃	σ_b/MPa	σ_s/MPa	δ_5/%	a_k/(kJ·m^{-2})	
50 Si2CrA	870 油	420			5	300	截面≤30 mm 的重要弹簧，例如小型汽车、载重车板簧，扭杆，低于350 ℃的耐热弹簧
60 Si2CrVA	850 油	600			5	300	
60 Si2MnWA	850 油	420			5	300	
50 CrVA	850 油	520			10	300	
50 CrMnVA	850 油	520			6	350	

附表 4.7　常用轴承钢的牌号、热处理、性能及用途

钢号	主要化学成分 w/%				热处理规范及性能			主要用途
	C	Cr	Si	Mn	淬火温度/℃	回火温度/℃	回火后硬度/HRC	
GCr6	1.05～1.15	0.40～0.70	0.15～0.5	0.20～0.40	800～820	150～170	62～66	<10 mm 的滚珠、滚柱和滚针
GCr9	1.0～1.10	0.9～1.2	0.15～0.35	3.20～0.40	800～820	150～160	62～66	20 mm 以内的各种滚动轴承
GCr9SiMn	1.10～1.10	0.9～1.2	0.40～0.70	0.90～1.20	810～830	150～200	61～65	壁厚<14 mm，外径<250 mm 的轴承套；25～50 mm 的钢球；直径 25 mm 左右的滚柱等
GCrl5	0.95～1.05	1.30～1.65	0.15～0.35	0.20～0.40	820～840	150～160	62～66	与 GCr9SiMn 同
GCrl5SiMn	0.95～1.05		0.40～0.65	0.90～1.20	820～840	170～200	>62	壁厚>14 mm，外径 250 mm 的套圈；直径 20～200 mm 的钢球；其他同 GCr15
GMn-MoVRE	≤0.95～1.05		0.15～0.40	1.10～1.40	770～810	170±5	≥62	代 GCrl5 用于军工和民用方面的轴承
GSiMoMnV	≤0.95～1.10		0.45～0.65	0.75～1.05	780～820	175～200	≥62	与 GMnMoVRE 同

附表 4.8 常用低合金工具钢的牌号、热处理及用途

钢号	淬火		回火		用途举例
	温度/ ℃	冷却介质	温度/ ℃	硬度/HRC	
5CrMnMo	830～850	油	490～660	30～47	中型锻模
5CrNiMo	840～860	油	600～620	30～47	大型锻模
9Mn2V	780～820 790～820	油	150～200 150～260	60～62 58～64	滚丝模、冷冲模、冷压模、塑料模
9CrWMn	1 020～1 040	油		55～63	冷冲模、塑料模

附表 4.9 常用高合金工具钢的牌号、热处理、性能及用途

钢号	淬火		回火		用途举例
	温度/ ℃	冷却介质	温度/ ℃	硬度/HRC	
4Cr2W8V	1 000～1 150	油	540～650	50～54	压铸模、锻模、热挤压模
4Cr5MoSiV	1 000～1 025	空气			热锻模、压铸模、热挤压模
3Cr3Mo3V	1 010～1 040	油、硝盐			热镦模
4Cr2W4Mo2VTiNb	1 160～1 200	硝盐	580～630	48～56	热镦模
5Cr4W5Mo2V	1 130～1 140	油		50～56	热镦模、温挤压模
Crl2	1 115～1 130	硝盐		60～62	冷冲模、拉延模、压印模、滚丝模
Crl2MoV	980～1 000	油	150～425	58～62	冷冲模、压印模、冷墩模
Cr6WV	1 020～1 040	油	150～210	＞60	冷挤压软铝零件模、拉延模
Cr4W2MoV	840～860	硝盐	180～200	62～64	代 Crl2MoV 钢
Cr2Mn2SiWMoV		油	560～580	60～63	代 Crl2MoV 钢
6W6Mo5Cr4V		油或硝盐	200～250	53～56	冷挤压模(钢件、硬铝件)
4CrW2Si	860～900	油	430～470	44～45	剪刀、切片冲头

附表 4.10 常用奥氏体不锈钢的牌号、热处理、性能及用途

类别	钢号	w_C/%	热处理	力学性能				特性及用途
				σ_b/ MPa	σ_s/ MPa	δ/%	ψ/%	
奥氏体型	0Cr18Ni9	≤0.08	1 050 ℃ ~1 100 ℃ 水淬	>500	>180	>40	>60	耐蚀及耐晶间腐蚀，为化学工业用的良好耐蚀材料
	1Cr18Ni9	≤0.14	1 100 ℃ ~1 150 ℃ 水淬	>560	>200	>45	>50	耐硝酸、冷磷酸、有机酸及盐溶液腐蚀的零件
	0Cr18Ni9Ti 1Cr18Ni9Ti	≤0.08 ≤0.12	1 100 ℃ ~1 150 ℃ 水淬	>560	>200	>40	>55	耐晶间腐蚀。制造耐酸容器与设备衬里、管道以及抗磁仪表、医疗器械
奥氏体+铁素体型	1Cr21Ni5Ti	0.09~0.14	950 ℃ ~1 100 ℃ 水或空淬	600	350	20	40	硝酸及硝铵设备及管道，尿素液蒸发设备及管道

附表 4.11 常用奥氏体耐热钢

类型	钢号	状态	力学性能(不小于)						用途
			试验温度/ ℃	σ_b/ MPa	$\sigma_{0.2}$/ MPa	δ_5/ %	ψ/%	σ_{100}/ MPa	
固溶强化	GH140	锻造	20 800	670 270	260 180	40 40			排气管、隔热板、燃烧室外壳
时效强化	GH36	冷轧或热轧板材	20 600 700	940 600 820	600	16 12 13	36	500 280	涡轮盘、环形零件及紧固零件

附表 4.12 变形镍基高温合金

类型	牌号	力学性能					主要用途
		试验温度/℃	σ_b/MPa	$\sigma_{0.2}$/MPa	δ_5/%	高温强度/MPa	
固溶状态下使用	GH30	20	730～780	270～200	38～40	$\sigma_{100}^{500}=45$	用于800 ℃以下的燃烧室、加力燃烧室
		800	180～220	100～111	65	$\sigma_{0.2/100}^{500}=10$	
	GH39	20	830～860	100	45	$\sigma_{100}^{500}=70$	用于850 ℃以下的火焰筒及加力燃烧室等材料
		800	290	150	40		
	GH44	20	750～900	300～350	45～55	$\sigma_{100}^{800}=110$ $\sigma_{0.2/100}^{800}=33$	用作航空发动机的燃烧室
		800	380～430	190～230	40～55		
时效状态下使用	GH33	20	950～1 100	620～700	15～30	$\sigma_{100}^{500}=250$ $\sigma_{0.1/100}^{500}=150$	用于700 ℃的涡轮叶片和750 ℃的涡轮盘等材料
		800	500～600	420～480	12～20		
	GH37	20	1 140	750	14	$\sigma_{100}^{800}=280$ $\sigma_{0.2/100}^{800}=170$ $\sigma_{0.2/100}^{850}=140$	用于800～850 ℃涡轮叶片
		800	750	460	6～8		

附表 4.13 部分常用铸造高温合金

类型	牌号	状态	力学性能					应用
			温度/℃	σ_b/MPa	$\sigma_{0.2}$/MPa	δ_5/%	热强度/MPa	
镍基	K1	1 500 ℃真空浇注，淬火(1 120 ℃，10 h)，空冷	20	950		2.0	$\sigma_{100}^{950}=140$ $\sigma_{0.2/100}^{950}=70$ $\sigma_{-1}^{950}=250$	<900 ℃ 导向叶片
	K17	1 490 ℃真空浇注，不热处理，铸态使用	20	1 000	780	11.5	$\sigma_{100}^{900}=320$ $\sigma_{0.1/100}^{900}=180$ $\sigma_{-1}^{800}=300$	950 ℃ 导向叶片、工作叶片
铁基	K11	真空或非真空浇注，淬火(900 ℃ 5 h)，空冷	20	500	300	7	$\sigma_{100}^{800}=150$ $\sigma_{0.2/100}^{500}=70$ $\sigma_{-1}^{800}=170$	<900 ℃ 导向叶片

附表 4.14　铸造铝合金的性能及用途举例

代号	线收缩率/%	流动性	热处理	σ_b/ MPa	δ/%	用途举例
ZL101	0.9～1.2	5 级	T5	196	2	用于形状复杂的、承受中等负荷、工作温度≤200 ℃的零件
ZL102	0.8～1.1	5 级	T2	137	4	压铸件，复杂外形的薄壁件，零件工作温度不超过 200 ℃
ZL103	1.1～1.3	4 级	T5	216	0.5	用于工作温度低于 275 ℃、承受负荷不大的各种小型零件，如油泵壳体等
ZL104	0.9～1.1	5 级	T6	225	2	承受高负荷的大型飞机和发动机零件，如传动机匣和压缩机匣等
ZL105	0.9～1.2	5 级	T5	225	0.5	用于 250 ℃以下工作的、承受大负荷的零件，如汽缸头、发动机机匣、增压器壳体和油泵壳体等
ZL201	1.25～1.3	3 级	T5	333	4	用于 300 ℃以下工作的零件和高强度的附件，如支臂和特设挂架梁等
ZL202	1.3	2 级	T5	392	8	用于制造在常温或高温(300 ℃以下)承受大负荷或冲击负荷的零件
ZL203	1.3～1.5	1 级	T5	216	3	用于在 225 ℃以下工作的、承受中等负荷和形状简单的中、小零件
ZL301	1.0～1.35	3 级	T4	284	9	用于 80 ℃以下工作的、承受高负荷和耐腐蚀性能高的零件
ZL302	1.2～1.25	4 级	T4	225	1.5	用于在 150 ℃以下工作的、承受中等负荷和耐蚀性要求高的零件
ZL303	1.0～1.3	4 级		147	1	用于在 200 ℃以下工作的、承受中等负荷和在腐蚀介质作用下的零件
ZL401	1.2	5 级	T1	167	0.5	用于制造在高温下(至 400 ℃)长期工作的承受气压、液压的零件，如分配器壳体等
ZL501	0.9～1.2	5 级		245	1.5	用于压铸零件

注：流动性等级：5 级——优；4 级——良；3 级——中；2 级——差；1 级——极差。

T1～T6 为热处理状态代号：T1——不淬火，人工时效；T2——退火；T4——淬火＋自然时效；T5——淬火＋不完全时效；T6——淬火＋人工时效。

附表 4.15 常用钛合金

类别	代号	化学成分	室温力学性能			高温力学性能			用途
			热处理	σ_b/ MPa	δ/%	温度/℃	σ_b/ MPa	σ_s/ MPa	
工业钝钛	TA1	Ti(杂质极微)	退火	350～500	30～40				在 250 ℃以下工作、强度要求不高的零件
	TA2	Ti(杂质微)	退火	550～700	25～30				
	TA3	Ti(杂质微)	退火	750～950	20～25				
α型	TA4	Ti—3Al	退火	700	12				在 500 ℃以下工作的零件，导弹燃料罐、超音速飞机的涡轮机匣
	TA5	Ti—4Al—0.005B	退火	700	15				
	TA6	Ti—5Al	退火	700	12～15	350	430	400	
β型	TB1	Ti—3Al—8Mo—11Cr	淬火	1100	16				在 350 ℃以下工作的零件、压气机叶片、轴、轮盘等重载荷旋转件，飞机构件
			淬火+时效	1300	5				
	TB2	Ti—5Mo—5V—8Cr—3Al	淬火	1000	20	1350	8		
			淬火+时效						
α+β型	TC1	Ti—2Al—1.5Mn	退火	600～800	20～25	350	350	350	在 400 ℃以下工作的零件，有一定高温强度的发动机零件，低温用部件
	TC2	Ti—3Al—1.5Mn	退火	700	12	350	430	400	
	TC3	Ti—5Al—4V	退火	900	8～10	500	450	200	
	TC4	Ti—6Al—4V	退火	950	10	400	630	580	
			淬火+时效	1200	8				

附表 4.16 常用变形镁合金

牌号	材料状态	力学性能(不小于)			
		σ_b/ MPa	$\sigma_{0.2}$/ MPa	δ/%	HB
MB1	板(厚 0.8～2.5 mm)，M 型材，R	190 260	110	5 4	
MB2	棒(ϕ<130 mm)，R 锻件	260 240		5 5	45 45
MB3	板(厚 0.8～2.5 mm)，M	250	140	6	

续附表 4.16

牌号	材料状态	力学性能(不小于)			
		σ_b/ MPa	$\sigma_{0.2}$/ MPa	δ/%	HB
MB8	板(厚 0.8～2.5 mm),M 板(厚 1～2.5 mm),Y2 棒(ϕ<130 mm),R	220 250 220	120 160	12 8	
MBl5	棒(ϕ<130 mm),S 型材,S	520 320	250 250	6 7	75

附表 4.17　常用铸造镁合金

牌号	热处理状态	σ_b/ MPa	δ%	线收缩率/%	抗热裂倾向	流动性	用途举例
ZM1	Tl T6	235 240	5.0	1.3～1.5	2 级	4 级	用于要求高强度、高屈服强度和受冲击载荷的零件,如飞机轮缘、隔框、支架等
ZM2	T1	186	2.5	1.3～1.5	4 级	4 级	用于 200 ℃以下工作的发动机零件及高屈服强度零件,如发动机机匣、整流舱和电机壳体等
ZM3	T2	118	1.5	1.2～1.5	3 级	3 级	用于在 250～300 ℃下工作的零件,如发动机增压机匣、压缩机匣、扩散器壳体、燃烧室罩和进气道等零件
ZM5	T4 T6	225 225	5.0 2.0	1.1～1.2	4 级	5 级	高负荷零件,如飞机舱连接隔框、舱内隔框、纵向承受梁、轮毂、轮缘、增压机匣等零件

流动性 1～5 级说明和 T1～T6 说明见附表 4.14 注。

习题与思考题

1. 合金元素在钢中主要从哪些方面改善了钢的性能？合金钢在热处理工艺上与碳钢有何不同？为什么？“合金钢的性能比碳钢好，应当尽可能选用合金钢”这句话有无问题？

2. 何谓淬透性？钢淬透性的好坏与其选材有何关系？一般碳钢应当“水淬”；合金钢应当“油淬”，这是为什么？如果反过来会造成什么后果？

3. 合金结构钢与合金工具钢在成分、热处理及性能上有何差别？

4. 根据结构钢中各类钢的特点，分析下列牌号属于那一类，它们的成分、热处理、性能各如何？能制造何种零件(可举一例)？

20Cr、18CrMnTi、12CrNi3A、30CrMnSiNi2A、40CrNiMo、30CrMoA1、50CrVA、65Mn、GCr15。

5. 何谓红硬性？高速钢为什么具有红硬性？热处理时采取哪些工艺措施才能保证高速钢具有优良的红硬性？冷冲模具选高速钢合理吗？

6. 硬质合金为什么具有更高的红硬性？制作切削刃具可否不用高速钢而全部采用硬质合金？

7. 抗腐蚀性的实质及提高抗腐蚀性的途径是什么？为什么 1Cr18Ni9Ti 具有优良的抗腐蚀性？它的强化方式是什么？为什么？

8. 一般机械制造中，为什么灰口铸铁用量很大？它有何特性？怎样进一步改善其性能？

9. 说明球墨铸铁的性能优于灰口铸铁的原因。

10. 可锻铸铁是否能锻造？特点是什么？

11. 请判断下列成分铁水在不同的方式下冷却，应得到下列何种组织？

(1) 含 3%碳的铁水、浇入冰水中。

(2) 含有 3%C，2%Si 的铁水在砂型中铸造。

(3) 含 2.5%C 的铁水在金属型中铸造，冷却到 20 ℃后再加热到 980 ℃保温 18 h，然后空气冷却。

(4) 含 3.5%C，2%Si，0.05%Mg 的铁水浇入砂型内。

① 马氏体和奥氏体；② 大块的碳化物；③ 珠光体；④ 贝氏体；⑤ 球墨铸铁；⑥ 白口铸铁；⑦ 可锻铸铁；⑧ 灰口铸铁。

12. GH39 与 GH37 的力学性能有何不同？飞机发动机的火焰筒应选用哪种高温合金材料？

13. 飞机发动机中的涡轮叶片工作环境恶劣，不仅在高压高温下高速旋转，且需承受自身的离心力及高压气体作用力和各种振动负荷。问应选用固溶强化还是时效强化高温合金？

14. 某航空发动机涡轮轴材料选用 40CrNiMoA，试问精磨后还应安排哪种工艺步骤？目的如何？

15. LY11 铝合金的时效硬化工艺和 0.5%碳钢形成马氏体的强化工艺具有相似的热处理步骤，但每一步骤所引起的合金组织变化是不同的，请回答：

(1) 两种工艺的第一步是：加热到高温，然后淬火。淬火时，铝合金和钢内部各发生什么变化？

(2) 两种工艺的第二步是：加热到较低温度，在铝合金和钢内部各发生什么组织变化？

16. LF2、LY12、LD5、LC4、ZL105 各属于何种铝合金，试分析它们的特性、强化方法及用途(可举一例)。

17. 为什么 ZL102 具有良好的铸造性能？在变质处理前后其组织与性能有何变化？为什么变质后性能得到改善？

18. 轻金属合金中，铝、镁、钛合金各有何特点？各用于何种条件下较为合理？

19. 什么叫高分子相对分子质量的分散性和分子结构的分散性？

20. 与金属相比，高分子材料的力学性能有何特点，它对塑料的应用有何影响？

21. 试从大分子链的结构和性能关系来比较聚乙烯(PE)和聚苯乙烯(PS)，二者力学性能和耐热性的高低。

22. 为什么有热塑性塑料和热固性塑料之分？

23. 比较线形定型和无定型高聚物的三态形成，并比较塑料、橡胶、纤维的应用特点。

24. 塑料硬度不高，但为什么常用于耐磨部件？

25. 现有原料 ABS、LDPE、HDPE、PVC、尼龙 1010、PS、聚四氟乙烯、聚丙烯、液态酚醛树脂、不饱和聚酯及织物和切短玻璃纤维。现有如下任务：

(1) 制造汽车防撞保险杠；

(2) 制造食品包装用高强薄膜；

(3) 制造微型仪表齿轮(要抗一定蠕变)；

(4) 直径 ϕ100 cm 圆筒形外壳，要求能耐 200 ℃左右短时高温；

(5) 化工管道耐腐阀门，并要求 200 ℃以下长期使用。

试分别选用最合适的原料，并简述理由。

26. 试从下列几方面比较不饱和聚酯、酚醛、环氧的性能特点：

(1) 机械强度；(2) 粘附力；(3) 耐热性；(4) 收缩率；(5) 工艺性；(6) 化学稳定性。

27. 简述复合材料的制备原则。常见的聚合物基复合材料的制造工艺有哪些？

28. 简述陶瓷材料结构和性能关系，指出其主要特性。

29. 通过学习金属、高聚物和陶瓷的有关内容，试比较此三类材料在使用性能和工艺性上有何显著特点，各自有哪些显著弱点和优点。

第五章　工程材料的选择

在机械产品及其工艺装备的设计中,合理地选用工程材料直接关系到产品的质量、寿命与经济效益,是十分重要又是相当复杂的问题。正确地选择和使用工程材料,并能初步分析机器及零件使用过程中出现的各种有关工程材料的问题,是对从事机械设计与制造的工程技术人员的基本要求。因为机械零件的设计不单是结构设计,还应包括材料与工艺的选择。本章通过介绍选材的原则、选材方法、选材时应考虑的各种因素以及典型零件的选材等内容,为合理地选材提供必要的基础知识。

5.1　选材的原则

选择材料时应遵循以下三条基本原则:

(1) 满足零件的使用性能要求,使零件在一定的寿命期内正常工作。

(2) 具有较好的工艺性能,以便于加工,并易于保证加工质量。

(3) 有较好的经济性。

选材是一项复杂的工作,要考虑的因素很多,除考虑材料的成分外,还要考虑组织状态、冶金质量、加工工艺等。在材料化学成分一定时,组织状态是由热处理(或其他强化方法)所决定的。因此,在选材的同时还必须考虑选择相应的热处理及其他强化方法。许多因素之间相互矛盾,如材料的强度、硬度升高,则塑性、韧性下降;热处理能提高材料的性能,但使成本增加。

5.2　零件的使用性能与选材

材料的使用性能是指机械零件(或构件)在正常工作情况下材料应具备的性能。它包括力学性能和物理、化学性能等。零件的使用性能是保证其工作安全可靠、经久耐用的必要条件。在大多数情况下,这是选材时首先应考虑的。对一般机械零件来说,则主要考虑其力学性能。对非金属材料制成的零件(或构件)还应注意其工作环境,因为非金属材料对温度、光、水、油等的敏感程度比金属材料大得多。

5.2.1　使用性能要求分析

对所选材料使用性能的要求,是在对零件的工作条件及零件的失效形式分析的基础上提出的。

1. 根据零件工作条件分析使用性能

首先是判断零件在工作中所受载荷的性质、大小。要判明是持久作用的恒定载荷,还是大小和方向都变化的交变载荷;是缓慢作用的静载荷,还是动载荷或冲击载荷;载荷是均匀分布,还是有应力集中。还要判断应力的种类并计算载荷所引起的应力大小。载荷的性质及应力大小是决定材料使用性能的主要依据之一。例如，载荷为持久作用的静载时，则材料对弹性或塑性变形的抗力是最主要的使用性能；在有尖锐缺口或裂纹一类缺陷存在时，断裂韧性可能成为对材料要求的一个重要使用性能；如果受的是交变载荷，则疲劳抗力是主要的使用性能等。还要考虑零件的工作环境，主要包括温度和介质的性质（是否有腐蚀性）。最后，对材料的某些特殊要求的性能，也应充分考虑，如要求导电性、磁性、密度、外观等。表 5.1 是几类零件的工作条件分析。

表 5.1　几种零件（工具）工作条件、失效形式及要求的力学性能

零件（工具）	工作条件			常见失效形式	要求的主要力学性能
	应力种类	载荷性质	其他		
紧固螺栓	拉、切应力	静		过量变形、断裂	屈服强度、抗剪强度、塑性
传动轴	弯、扭	循环冲击	轴颈处摩擦、振动	疲劳破坏，过量变形，轴颈处磨损、咬蚀	综合力学性能
传动齿轮	压、弯	循环冲击	强烈摩擦、振动	磨损、麻点剥落、齿折断	表面硬度及弯曲疲劳强度、接触疲劳抗力、心部屈服强度、韧性
弹簧	扭、弯	循环冲击	振动	弹性丧失、疲劳断裂	弹性极限屈强比、疲劳强度
冷作模具	复杂应力	循环冲击	强烈摩擦	磨损、脆断	硬度，足够的强度、韧性
压铸模	复杂压力	循环冲击	高温度、摩擦、金属液腐蚀	热疲劳、脆断、磨损	高温强度、热疲劳抗力、韧性与红硬性
滚动轴承	压	循环冲击	强烈摩擦	疲劳断裂、磨损、麻点剥落	接触疲劳抗力、硬度、耐蚀性
曲轴	弯、扭	循环冲击	轴摩擦	脆断、疲劳断裂、咬蚀、磨损	疲劳强度、硬度、冲击疲劳抗力、综合力学性能
连杆	拉、压	循环冲击		脆断	抗压疲劳强度、冲击疲劳抗力

2. 根据零件的失效形式分析使用性能

失效分析是对损坏失效的零件进行分析。零件失效分析的目的是找出零件损坏的原因，为正确选材提供依据。所谓失效是指：

① 零件完全破坏，不能继续工作。

② 严重损伤，继续工作很不安全。

③ 虽能安全工作，但已不能满意地起到预定的作用。

只要发生上述三种情况中的任何一种，都认为零件已经失效。

造成失效的原因是多方面的，根据零件损坏的特点及损坏时所承受载荷的形式及外界条件，可将失效分为三大基本类型，即变形、断裂及表面损伤(磨损)。

实际零件在工作中往往不只是一种失效方式起作用。例如一根轴，轴颈与滑动轴承相对摩擦发生磨损，应力集中处发生疲劳，两种方式同时起作用。但一般来讲，造成一个零件失效时总是一种方式起主导作用，很少有两种方式同时都使零件失效。失效分析的目的实际上就是要找出主要的失效形式。

(1) 变形失效

变形失效包括塑性变形失效和弹性变形失效。

零件由于发生塑性变形而不能继续工作的失效，称为塑性变形失效。塑性变形失效是零件中的工作应力超过材料的屈服强度的结果。

零件由于发生过大的弹性变形而造成的零件失效，称为弹性变形失效。零件在工作中发生弹性变形是不可避免的，但弹性变形过大也会造成零件失效，如一根轴在外力作用下发生过大的弹性挠曲，结果同与其配合的零件相撞而破坏。

弹性变形失效由过大的弹性变形所引起，此时零件所受的应力未超过弹性极限。在可能发生弹性变形失效时，应选用具有高弹性模量的材料。

(2) 断裂失效

断裂失效包括韧性断裂、脆性断裂、低应力脆断、疲劳断裂等。

① 韧性断裂是由于材料抗拉强度不足造成的。

② 脆性断裂是由于材料塑性、韧性过低引起的。

③ 低应力脆断是由于材料断裂韧性不足引起的。

④ 疲劳断裂失效是由于材料的疲劳强度不足引起的。疲劳断裂是机器零件中最常见的失效方式。各种机器中，因疲劳失效的零件达到总数的60%～70%以上。

(3) 表面磨损

承受摩擦受损的零件情况比较复杂，大致可分为以下三类：一是对整体硬度要求较高的零件，如刀具、冷冲模、量具、滚动轴承等；二是自身要耐磨，又要求减摩以保护配偶件的零件，如滑动轴承、丝杠螺母等；三是对心部强韧性还有较高要求的零件，如齿轮、凸轮、活塞销等。它们都要求有较高的耐磨和减摩性。

5.2.2 以综合力学性能为主的选材

若零件工作时承受循环与冲击载荷，失效形式主要是过量变形与疲劳破坏，则要求材料的强度、疲劳极限、韧性与塑性能有较好的配合，即要求材料具有优良的综合性能。对一般机器零件，通常选用调质或正火状态的中碳钢，调质、正火或等温淬火状态的球墨铸铁或选用淬火、低温回火的低碳钢等制造。但对航空零件，如起落架、涡轮轴、机翼大梁等，由于受力复杂，工作条件比较苛刻，可选用强度较高的合金调质钢和超高强度钢，以保证在整个大截面上具有均匀的综合性能。当零件受力较小并要求有较高的比强度与比刚度时，应考虑选择铝合金、镁合金、钛合金或工程塑料与复合材料等。

5.2.3 以耐磨损为主要性能的选材

机器运转中两零件发生摩擦时，其磨损量与其接触压力、相对速度、润滑条件及摩擦副的材料等有关。材料的耐磨性是抵抗磨损能力的指标，它主要与材料的硬度、显微组织有关。根据零件工作条件不同，其选材也可分以下两种情况。

(1) 受力较小而摩擦情况严重的制品，对其材料的基本要求是耐磨性和高硬度，如各种量具、钻套、顶尖、刀具、冷冲模等。在应力较低的情况下，材料硬度愈高，其耐磨性愈好；硬度相同时，组织中分布的碳化物数量愈多，弥散度愈大，耐磨性也愈好。适应这种工作条件下的零件或工具所选的材料一般为经过淬火及低温回火后的过共析钢、高碳合金钢以及制造一般零件常用的铸铁、青铜、塑料等。

铸铁中的石墨是优良的固体润滑剂，石墨脱落后，孔隙中可储存润滑油，所以也常用铸铁做耐磨零件，如机床导轨等。铜合金的摩擦系数小，约为钢的一半，也常用作在运动、摩擦部位工作的零件。如滑动轴承、丝杠开合螺母等。塑料的摩擦系数更小，也常用于摩擦部件，甚至是无润滑的摩擦部位。

(2) 同时受摩损与循环载荷及冲击载荷的零件，如传动齿轮、凸轮等，所选材料还应根据零件工作条件而定，同时采用相应的表面硬化方法。表 5.2 所列为三种齿轮的选材情况。

表 5.2　三种齿轮的选材

工作条件	钢种	热处理	变形	要求零件形状
传递功率大，摩擦压力大，运转速度高，冲击大	低碳合金钢	渗碳	较小	简单、复杂均可
	低碳钢		较大	
传递功率较大，摩擦压力较大，运转速度不太高，冲击力不太大	中碳钢或中碳低合金钢	高频淬火		简单
传递功率大，摩擦压力小，运转速度高，冲击小	中碳合金钢	氮化	很小	简单、复杂均可

5.2.4　要求抗蚀性或热强度为主的选材

当受力不大，要求抗蚀性较高时，一般可以考虑选用奥氏体不锈钢，例如发动机尾锥体和飞机蒙皮。选用奥氏体不锈钢，不仅耐蚀，而且具有一定的耐热性，同时成型工艺性好。当零件受力较大(例如压气机盘、叶片)而又要求抗蚀性时，则以选用马氏体不锈钢为宜。为减轻结构质量，也可考虑选用钛合金。

从热强度角度选用材料，必须了解零件的工作温度、介质的性质、所受载荷的大小和性质。不同类型的材料，具有不同水平的耐热性。耐热铝合金和镁合金，一般只能在 300～400 ℃以下工作，而且能够承受的工作应力较小。往往是为了减轻结构质量，或因零件形状较复杂，需要铸造成型时选用。不锈钢和钛合金的耐热水平相近，大致都可在 500～600 ℃以下工作，但不锈钢零件的结构质量较大。在工作应力、温度和腐蚀条件允许时，选用钛合金可以减小结构质量。工作温度在 700～1 000 ℃之间的零件，应采用高温合金制造，如飞机发动机的燃烧室、涡轮等。工作温度更高的零件可考虑用陶瓷、陶瓷基复合材料、碳—碳复合材料等。

以电绝缘性、抗腐性为主而力学性能不作要求的非承力零件，则应更多地考虑选用工程塑料、橡胶及其复合材料。

各种材料的力学性能可从有关材料手册中查到。但应注意手册中所列的力学性能数据，是在实验条件下测得的，实际使用的零件不仅形状较试件复杂，而且工作时所处的应力状态也复杂得多。因此，应用手册上的力学性能数据选材，必须结合零件的实际工作条件与形状、尺寸等，予以适当修正。材料的性能不仅与化学成分有关，还与加工工艺、热处理等密切相关，金属材料尤其明显。因此，要注意手册中数据相应的加工、热处理条件。材料的力学性能一般随截面尺寸增大而降低，即具有尺寸效应。钢的尺寸还与淬透性有关，选材时应进行适当的修正。

5.3 零件的工艺性能与选材

任何零件都是由不同的工程材料通过一定的加工工艺制造出来的。因此材料的工艺性能，即加工零件的难易程度，自然应是选材时必须考虑的重要问题。因为它直接影响到零件的加工质量和加工费用。与使用性能的要求比较，工艺性能处于次要的地位；但它却又是确保产品质量、提高加工效率、降低工艺成本的重要条件之一。特别是在大批量生产时，材料的工艺性能应受到足够的重视。熟悉材料的加工工艺路线及材料的工艺性能，对于正确选材是相当重要的。

下面简要介绍各种加工工艺对金属材料所要求的工艺性。

金属材料由原材料加工成零件的主要加工工艺有铸造、锻压、焊接、机械加工、热处理及粉末冶金等。

5.3.1 铸造性能

材料的铸造性能一般按流动性、收缩特点和偏析倾向等综合评定。成分接近共晶点的合金的铸造性能最好，例如硅铝明、铸铁等。一些承载不大、受力简单而结构复杂，尤其是一些有复杂内腔结构的零部件，如机床床身、减速器机壳、发动机汽缸等，应选用含有共晶体的铸铁、铸造铝合金等材料。

5.3.2 锻压性能

锻压加工的方法很多，大体上可分为两类：热加工，主要有热锻、热压（如热挤压）等；冷加工，主要有冷冲压、冷镦、冷挤压等。在选材时，承载较大、受力复杂的构件，如重要的轴、内燃机连杆、变速箱齿轮等，应选用中、低碳钢或合金结构钢、锻铝等具有良好可锻性的材料进行锻造成型，并进行必要的热处理，以强化组织、提高力学性能。许多轻工业产品一般承载不大，但要求色泽美观、质量轻而且批量大，如自行车、家用电器中的金属构件，宜选用塑性优良的低碳钢、有色合金，以便冷压成型，并进行必要的表面防护、装饰处理。

5.3.3 焊接性能

在机械工业中，焊接的主要对象是各种钢，其焊接性能可大致由碳当量来评价。当碳当量超过0.44%时，焊接性能大大恶化，因此钢的含碳量越高、合金元素含量越高，则焊接性能越差。碳当量过高的钢，不宜采用焊接成型法来制造零件毛坯。许多容器、输送管道、蒸汽锅炉等产品以及某些工程结构，一般体积较大，要求气密性好，能承受一定的压力，应选择低碳钢、低合金钢等可焊性好的材料焊接成型。铝合金、钛合金极易氧化，需要在保护气氛（如氩气）中焊接，焊接性能不好。

5.3.4　机械加工性能

各种机械加工，主要是切削加工及磨削加工，是工业中应用最广的一种金属加工方法。绝大多数机器零件都要进行切削加工，应选用硬度适中(170～230 HBS)、可切削性好的材料。铝及其合金的切削加工性就好，而奥氏体不锈钢及高速钢的加工性能却很差。当材料的切削加工性差时，可采用必要的热处理以调整它的硬度，或改进切削加工工艺，才能保证切削质量。

5.3.5　热处理工艺性能

许多金属构件都要进行热处理，尤其是进行淬火和回火处理，才能达到所要求的力学性能。因而选材时不能忽视热处理的工艺性能，特别是淬透性。对于要求整体淬透而截面较大的零件，应选用淬透性高的合金钢；形状比较复杂的对热处理变形要求严格的工件，也应选用淬透性高的合金钢，采用缓慢的冷却方式，以减小淬火变形；而对于只需要表层强化或形状简单的工件，则可以选用淬透性较低的材料。

5.4　选材的经济性

除了使用性能与工艺性能外，经济性也是选材必须考虑的重要问题。选材的经济性不单单指选用的材料本身的价格应便宜，更重要的是采用所选材料来制造零件时，可使产品的总成本降至最低，同时所选材料应符合国家的资源状况和供应情况，等等。表 5.3 所列为常用工程材料的价格。

表 5.3　常用工程材料的价格

材料牌号	规格	价格/元	材料牌号	规格	价格/元
Q235	圆钢	2 500～2 750	LY12CZ	棒、板	31 000
45	圆钢	2 600～2 800	ZL102	铸锭	15 000
40Cr	圆钢	2 900	H62	棒	24 000
40CrMnSi	圆钢	6 000	TC4	棒、板	250 000
65Mn	圆钢	4 000	PVC	板	14 000
T10	圆钢	3 300～3 900	PA6	棒、板	24 000
GCr15	圆钢	4 000	PE	棒、板	22 000～24 000
9SiCr	圆钢	5 000～5 500	PP	棒、板	22 000～26 000
Cr12	圆钢	8 300～9 000	PMMA	棒、板	32 000
1Cr18Ni9Ti	圆钢、板	22 000	聚砜	棒、板	46 000
CrWMn	圆钢	6 000	夹布胶木	棒、板	35 000
35CrMo	圆钢	4 100	玻璃钢	棒、板	25 000
3Cr2W8V	圆钢	11 800			

注：此价格是 2002 年市场价，仅供参考。

(1) 选择价格低廉、易于加工的材料:如在金属材料中,碳钢和铸铁的价格比较低,加工工艺性能较好,所制零件成本较低。

(2) 优先采用国产材料,积极推广新材料,合理选择代用材料:如根据我国情况,尽量考虑以含 Mn、Si、B、Mo、V 等元素的合金钢代 Cr、Ni 合金钢;以铝基轴承合金代替巴氏合金及铜基轴承合金;以球墨铸铁代替铸钢或锻钢;以表面防护代替不锈钢以及有色金属合金以及努力扩大工程塑料的应用范围等。

(3) 尽量降低加工费用:例如低碳钢渗碳淬火与中碳钢感应加热表面淬火相比,两者材料费用相差无几,但前者的加工费用要高得多。又如制造某些变速箱体,虽然铸铁原料比钢板低廉,但在单件或小批生产时,选用钢板焊接反而经济,因为可省掉制造模型的费用。特别要注意,强化方法应根据实际需要选择,不要盲目提出过高要求。如对于尺寸很大的 45 钢工件,正火与调质后所能达到的力学性能相近,而正火比调质要经济得多,故应采用正火而不必采用调质。此外,将热处理与切削加工的工序配合好,可因材料切削加工性能提高而降低切削加工成本。

(4) 降低维护、修理费用和回收利用成本:如游艇的壳体,可以用钢材制造。但由于钢材容易生锈,需要定期除锈、刷漆,维护费用较高。若采用玻璃钢制作就不需要除锈、刷漆,节省了维护费用。

5.5 零件材料选择的步骤

零件材料的合理选择通常是按照以下步骤进行的。

(1) 在分析零件的服役条件、形状尺寸与应力状态后,确定零件的技术条件。

(2) 通过分析或试验,结合同类零件失效分析的结果,找出零件在实际使用中的主要和次要的失效抗力指标,以此作为选材的依据。

(3) 根据力学计算,确定零件应具有的主要力学性能指标,正确选择材料。这时要综合考虑所选材料应满足失效抗力指标和工艺性的要求,同时还需考虑所选材料在保证实现先进工艺和现代生产组织方面的可能性。

(4) 决定热处理方法(或其它强化方法),并提出所选原材料在供应状态下的技术要求。

(5) 审核所选材料的生产经济性(包括热处理的生产成本等)。

(6) 试验、投产。

零件选材的具体方法应视零件的具体服役条件而定。如果是新设计的关键零件,通常还应进行必要的力学性能试验;如是一般的常用零件(如轴类零件或齿轮等),可以参考同类型产品中零件的有关资料和国内外失效分析报告等来进行选材。

5.6 典型零件选材举例

前面我们介绍了选材的原则及一般方法,下面我们将通过典型零件选材举例,将选材中的有关问题加以联系,加深对选材方法的认识。

5.6.1 轴类零件的选材

1. 轴类零件的选材

轴是机械装置中常用的重要零件。轴的类型很多，包括传动轴、曲轴、半轴、心轴等。轴的工作条件及性能要求参见表 5.1。

可供轴类零件选择的材料很多。受力不大的非重要的轴，可选用 Q235；载荷不大、对韧性有要求的轴，可选用中碳调质钢(35、45 钢)或优质低碳钢；载荷较大、较重要的轴，应选用合金调质钢(40Cr、35CrMo)；表面硬度有特殊要求的轴，可选用中碳调质钢(表面淬火或渗氮)或低碳合金钢(渗碳)；在腐蚀环境下工作的轴，应选用不锈钢(1Cr13\2Cr13 或 1Cr18Ni9Ti)；结构复杂的凸轮轴、曲轴多采用球墨铸铁；受力很小、精度要求不高的轴，可采用尼龙等塑料制造。

2. 汽车半轴的选材

半轴是汽车后桥传递扭矩的重要零件。它主要承受扭转力矩和一定的冲击载荷。在汽车启动和上坡时扭矩很大；在紧急刹车和行驶在不平路面时还会承受复杂的应力作用。载货汽车半轴损坏的主要形式是扭转疲劳断裂。疲劳裂纹大多发生在杆部和凸缘的连接处，或花键端和花键与杆的连接处。此外，花键还要承受磨损。因此，要求制造半轴的材料应具有好的强韧性、疲劳强度以及耐磨性。

例如，红旗—100 型轿车，半轴直径小于 40 mm，要求硬度 241～286 HBS，局部淬火，淬硬层 2～5 mm，表面硬度＞50HRC，强度大于 600 MPa，扭转疲劳强度 140 MPa，选用 45 钢，840±10 ℃，水冷，540±20 ℃回火，局部中频表面淬火，120 ℃回火。

BJ—212 型北京牌越野车后半轴，要求硬度 387～445 HBS，强度 750 MPa，扭转疲劳强度 195 MPa，选用 40 MnB，840±10 ℃油淬，325±25 ℃回火。

3. 内燃机曲轴的选材

曲轴是保证内燃机安全可靠运行的重要零件之一，也是全机价格最高的零件。曲轴要求承受弯曲、扭转、交变载荷和一定的冲击载荷，中、高速柴油机的轴颈还经受较大的摩擦，总之，曲轴是受力复杂的零件。此外，曲轴沿轴线方向的横截面的尺寸变化剧烈，以致曲轴各部分的应力分布不均。例如，在曲臂和轴颈过渡的圆角区以及轴颈上油孔周围存在明显的应力集中，这是曲轴疲劳破坏的主要原因。疲劳破坏是曲轴失效的形式之一；曲轴破坏的另一种形式是轴颈磨损。因此，曲轴材料应具有较高的强度、一定的塑性和韧性以及良好的耐磨性。

例如，东方红 54/75 型履带式拖拉机柴油机曲轴，选用 45 钢，调质 840±10 水冷，600±10 空冷，轴颈中频表面淬火，硬度 HRC55～63。农用新 195 型柴油机曲轴，功率小，表面硬度 HRC46～50，则可用 QT600—2，910±10 正火，轴颈表面中频淬火；重型载货汽车用柴油机如 6140 型，功率大，表面硬度大于 50 HRC，可用 30 CrMo。调质 870±10 ℃油冷，560±10 ℃回火，轴颈表面中频淬火；也可用铜钼稀土球墨铸铁，900～980 ℃正火，550～620 ℃回火，轴颈表面中频淬火。

5.6.2 飞机起落架的选材

1. 起落架的工作条件及性能要求

起落架是飞机起飞、降落的关键性部件，它承受着飞机的全部重量。飞机起飞、降落滑行时，由于跑道不可能绝对平整，所以起落架承受着强烈的振动和交变载荷；飞机降落时，与跑道发生冲击，所以又承受着巨大的冲击负载。每一次起飞和降落，在承受飞机重量条件下，起落架的振动和冲击等载荷都将经历一次循环。因此，起落架失效形式主要是疲劳破坏。根据起落架的工作条件，它必须具有：

（1）高的强度，以承受飞机载荷。

（2）高的疲劳强度，以抵抗疲劳破坏。

（3）高的冲击韧性，以抵抗冲击负荷。

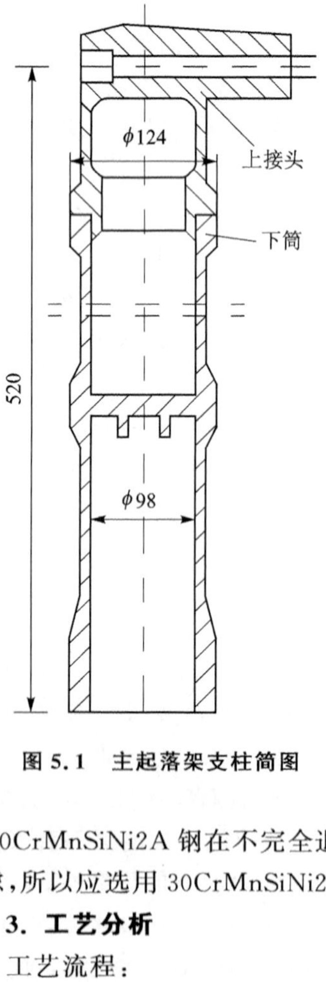

图 5.1 主起落架支柱简图

2. 选材分析

起落架的支柱是主要受力部件，是由模锻、机械加工的上接头和下筒焊接而成。因此材料的选择，在首先考虑强度要求的同时，还要考虑工艺性。

图 5.1 是某机主起落架支柱上接头和下筒焊接装备件简图。根据计算，上接头和下筒所选用的材料，应具有很高的抗拉强度。显然，选用的钢种属于超高强度钢。

在航空常用结构钢中，抗拉强度可以达到 1 700 MPa 的钢种，及其使用状态和性能比较见表 4.5。

由表可知，30CrMnSiNi2A，30CrMnSiA 以及 40CrNiMoA 的抗拉强度都可以达到要求，但是后两种钢的韧性（a_k）和塑性不及 30CrMnSiNi2A。

从淬透性方面来分析，30CrMnSiNi2A 的淬透深度在三种钢中最大，当淬火双面冷却时，筒形零件的厚度小于 40 mm，可以淬透，因而可满足起落架支柱淬透性要求。

起落架支柱是焊接件，所选用钢材应有良好的焊接性。30CrMnSiA 的焊接性略高于 30CrMnSiNi2，而 40CrNiMoA 的焊接性差。30CrMnSiNi2A 钢可用电弧焊焊接；若用氩弧焊，则更易焊接，可以满足焊接生产要求。

切削加工性，三种钢中 30CrMnSiA 退火状态最好。但 30CrMnSiNi2A 钢在不完全退火或正火后可以切削加工。从力学性能和工艺性方面综合考虑，所以应选用 30CrMnSiNi2A。

3. 工艺分析

工艺流程：

模锻→正火＋低温回火→机械加工→焊接→去应力退火（600～650 ℃）→等温淬火（900 ℃加热、保温后于 180～230 ℃等温 60 min）→低温回火（250～300 ℃）→探伤→磷化

正火＋低温回火：改善模锻后组织，同时改善切削加工性。

去应力退火：消除焊接应力，避免焊接裂纹。

等温淬火（180～230 ℃）＋低温回火：获得最终组织，一部分贝氏体，一部分马氏体；再通过低温回火进一步消除应力，提高韧性。

这里选用的超强钢常用来制造大型、高速飞机的起落架支柱、起落架轮叉、机翼主梁、翼梁接头等特别重要的零件。

5.6.3　发动机涡轮轴的选材

1. 涡轮轴的工作条件及性能要求

涡轮轴是高速旋转的零件，向压气机传递巨大的功率（见图 5.2），因此承受着巨大扭矩；涡轮轴还承受着转子的重力、转子不平衡所造成的不平衡惯性力以及飞机偏冲、爬高时所造成的陀螺力矩；此外，还承受弯矩和振动。涡轮轴与涡轮盘连接的一端，通常还受有一定的温度作用。

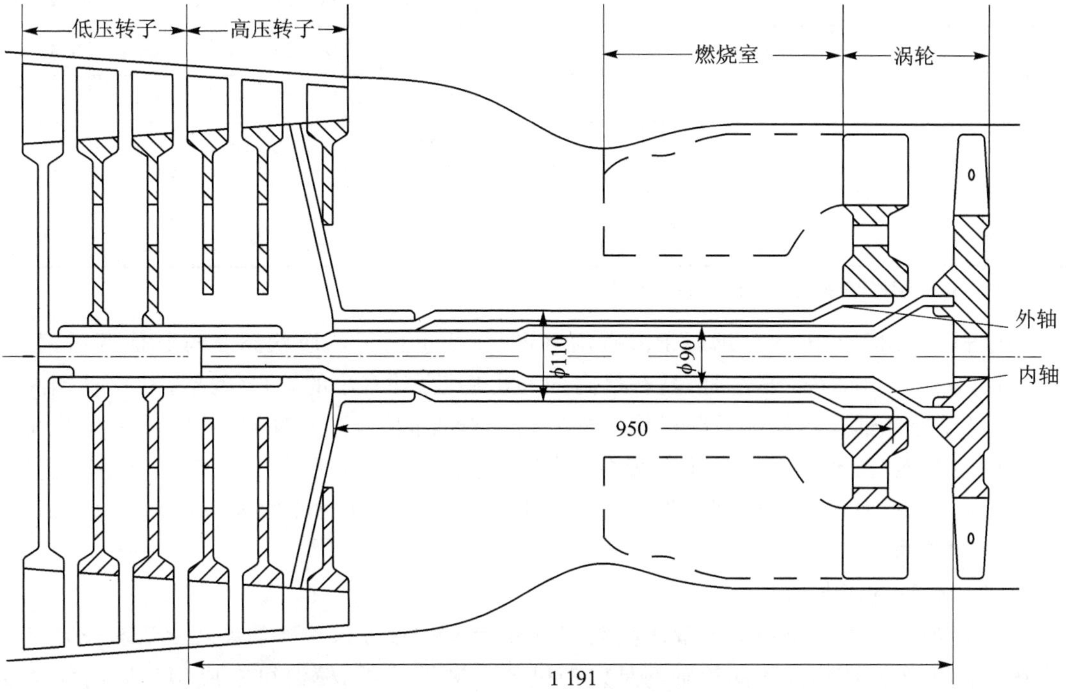

图 5.2　涡轮轴工作示意图

发动机每经一次启动、停车，涡轮轴所受的各种力，都将经历一次循环（交变），因此会产生低循环疲劳。

综上所述，涡轮轴应具有：

（1）高的强度、硬度，高的韧性与塑性的配合，即有高的综合力学性能。

（2）高的疲劳强度。

（3）在一定温度作用下，屈服强度不能明显降低。

2. 选材分析

以图 5.2 为例进行分析。图中有两根涡轮轴，其中外轴（即高压涡轮轴）与第一级涡轮盘、高压压气机相接；其中内轴（即低压涡轮轴）与第二级涡轮盘、低压压气机相接。轴与涡轮盘相接的一端，温度约为 350 ℃，其余部位接近室温，两根轴接触的介质为大气，不受燃气腐蚀。两根轴的结构特点是壁薄，细而长，轴与轴之间间隙小，在旋转振动时，可能发生相互摩擦。根据轴的受力情况，外轴、内轴的技术条件如表 5.4 所列。由强度要求和工作环境分析，两根轴应当在合金结构钢中考虑选材。外轴材料：40CrNiMoA 钢淬透性大，可以保证在淬火、高温回火后获得高的综合力学性能，而且与某些结构钢相比，具有较高抗疲劳性能，在 350 ℃下，强度无明显下降(见表 5.4)。加之在适当热处理后，机械加工不很困难，所以用作外轴是可以满足技术要求的。

表 5.4 涡轮轴的材料、热处理和性能要求

名称	选用材料	热处理	试验温度/℃	技术要求					
				σ_b/MPa	σ_s/MPa	δ/%	ψ/%	a_{kU}/(kJ/·m²)	HBS压痕/mm
外轴	40CrNiMoA	840～860 ℃油冷 570～670 ℃油冷	室温	1 100	950	12	50		3.4～3.15
			350	1 030	830	17	53	90～100	
内轴	18Cr2Ni4WA	940～960 ℃空冷 810～860 ℃油冷 525～575 ℃油冷	室温	1 160	1 030	12	50	120	3.4～3.15
			350	1 050	800	15		120	

注：350 ℃下的性能数据为参考值，不在技术要求之内。

内轴材料：18Cr2Ni4WA 钢属于渗碳用钢，但往往也用于调质状态。与其他调质钢相比，在强度(σ_b)为 1 100 MPa 左右时，具有最高的冲击韧性，具有小的缺口敏感性。这种钢的淬透性很大，可以保证轴在热处理后获得均匀的综合力学性能。18Cr2Ni4WA 钢在振动载荷下表现出高的疲劳强度，这对内轴是很重要的。因为内轴细而长，在一定条件下容易引起振动。该钢在 350 ℃下强度无明显下降(见表 5.4)。因此，内轴选用 18Cr2Ni4WA 是合适的。

3. 工艺分析

外轴和内轴的工艺流程为：

模锻预备热处理→粗加工→最终热处理→精加工→磁力探伤→最终尺寸检验→发蓝

因为高压涡轮轴和低压涡轮轴都是发动机的关键性零件，模锻可在成型的同时使金属组织致密，但由于锻造温度高，组织粗大，同时锻造后的硬度较高，难以进行切削加工，所以要进行预备热处理，正火是为了改善锻造组织，高温回火则是为了降低硬度便于切削加工。最终热处理均采用调质处理，目的是使涡轮轴具有良好的综合力学性能。发蓝是一种表面氧化处理，在零件表面形成蓝色的 Fe_3O_4 钝化膜，用以抵抗大气的腐蚀。

5.6.4 冷冲模具的选材

冷冲模具的工作条件与失效形式见表 5.1。选择材料时应考虑冲压件的材料、形状、尺寸及生产批量等因素。各种冷冲模具推荐选择的材料见附表 4.8。

现以落料凹模(见图 5.3)为例分析其选材及热处理工艺。该凹模是冲切黄铜制的接线板，冲切件的厚度小，尺寸小，抗剪强度低，故凹模所受载荷较轻，但凹模如在淬火时变形超差，则无法用磨削法修正，因凹模内腔较复杂，且有螺纹孔、销孔，壁厚也不均匀。如选碳素工具钢，淬火变形开裂倾向大。可选 CrWMn 钢或 9Mn2V 钢，淬火回火后硬度为 HRC58～60。

接线板落料凹模的加工路线为：

下料→锻造→球化退火→机械加工→去应力退火→淬火，低温回火→磨模面

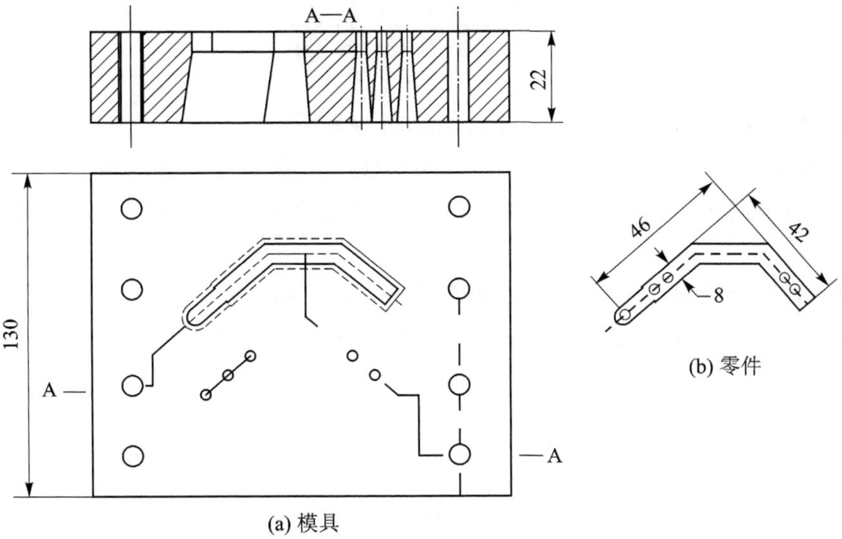

图 5.3 落料凹模及钣金件图

为了使淬火变形尽可能减小，其最终热处理应采用分级淬火，凹模的热处理工艺如图 5.4 所示。

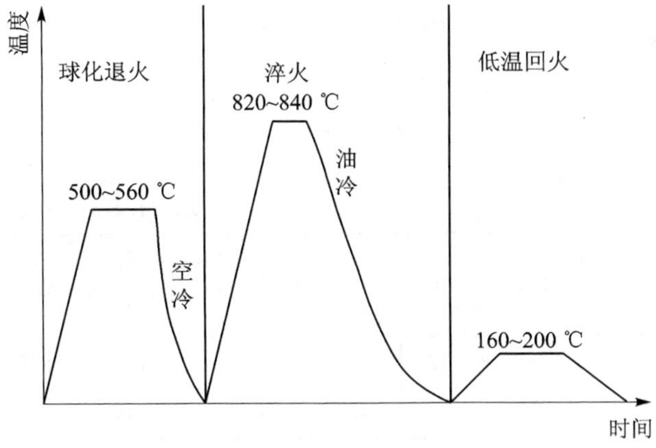

图 5.4 CrWMn 凹模热处理工艺曲线

热处理安排去应力退火是为了消除淬火前凹模内存在的残余应力，使淬火后变形减少。淬火时采用分级淬火，凹模淬入温度稍低于 M_s 点的热浴中(硝盐或油)，保温一段时间，使一部分过冷奥氏体转变为马氏体，并在随后保温时转变为回火马氏体。这样，不仅消除凹模内外温差引起的热应力，也消除了部分过冷奥氏体转变为马氏体产生的组织应力。在随后空冷中，由于截面上同时形成马氏体，且数量有所减少，故引起的组织应力也较小，而抵消淬火时由于形成马氏体所引起的体积膨胀，因而使凹模变形较小。淬火、低温回火后，凹模硬度可达 HRC58～60。

习题与思考题

1. 在选材时应考虑哪些原则？简述它们之间的关系。

2. 某镗床镗杆选用 38CrMoAl 钢制造较为理想，其制造工艺路线如下：

备料→锻造→退火→粗加工→调质→精加工(留磨量)→时效→粗磨(孔留磨量)→氮化→精磨、研磨

试从力学性能和成分的角度说明各热处理工序的作用。

3. 从你接触到的机械产品中选出 2～3 种具有代表性的零件，在本书所述的材料范围内选材。要点：

(1) 说明工作条件及性能要求；

(2) 选出材料；

(3) 确定热处理技术条件，制定工艺路线；

(4) 热处理工艺及工序位置的分析。

4. 某机械厂可供利用的材料情况如表 5.5 所列。

表 5.5

材料	σ_b/MPa	σ_s/MPa	δ/%	热处理条件	硬度	交货状态	材料成本/(元/kg)
Q235	375～460	215	23			退火、棒	3.5
HT200	≥200					铸锭	2.0
ZG310—570	570		15		200HBS	板、铸锭	6
QT450—10	450	310	10	孕育处理	160～210 HBS	板、铸锭	2.8
20	410	245	27	910 ℃正火	210HBS	圆钢、板材	5.4
45Mn	920	375	13	850 ℃正火	230 HBS	圆钢、板材	7
T8	520	335		780～800 ℃水淬	62HRC	圆棒	8.5
65Mn	1 000	800	18	830 ℃油淬 200 ℃回火	45 HRC	圆棒	10.5
CrWMn	800	675		820 ℃油淬 200 ℃回火	651 HRC	棒、板	18

此厂的铸、锻工艺成本≈材料成本；机械加工工艺成本≈1.5 倍材料成本；不考虑热处理工艺成本。

现需制造一种鄂式破碎机(见图 5.5)，在综合考虑工作性能、成本因素后需要完成下列任务：

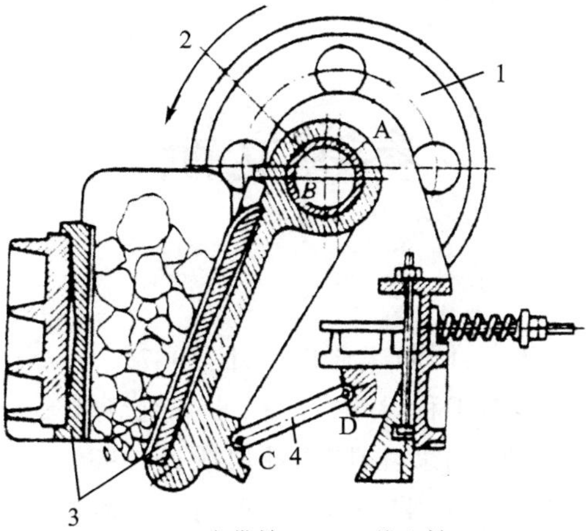

1——大带轮；2——偏心轴
3——动、定鄂板；
4——摇杆

图 5.5　鄂式破碎机

（1）选择动、定鄂板的材料及主要加工工艺；要求鄂板耐冲击、表面 HRC＞60，板厚度＞45 mm，鄂板可以由单种材料制造，也可以由二种不同材料复合而成，试分析这二种方法的可行性。

（2）大带轮的选材：要求轮直径＞800 mm，主要承受低速离心力，请选用合适材料。

（3）选定摇杆材料及热处理工艺，主要承受循环交变应力，HRC＞30。

（4）选定偏心轴材料，要求表面硬度 HRC＞55，同时要有较高韧性。

（5）分析机器系统的易损件及失效形式（选 1～2 件最易破坏零件分析）。

参考文献

1 吴培英主编. 金属材料学. 北京:国防工业出版社,1987

2 谢希文,过梅丽编. 材料科学与工程导论. 北京:北京航空航天大学出版社,1988

3 田长生编. 金属材料及热处理. 北京:国防工业出版社,1980

4 北京航空材料研究所编. 航空材料学. 上海:上海科学技术出版社,1982

5 陈恒订等编. 中国钢铁材料牌号手册. 北京:中国标准出版社,1994

6 施江澜主编. 工程材料学. 南京:东南大学出版社,1991

7 邓文英主编. 金属工艺学. 北京:高等教育出版社,1992

8 胡光立等. 钢的热处理. 北京:国防工业出版社,1985

9 陈国良编. 高温合金学. 北京:冶金工业出版社,1988

10 朱日彰,何业东编. 高温腐蚀及耐高温腐蚀材料. 上海:上海科学技术出版社,1995

11 周敬恩等. 非金属工程材料. 西安:西安交通大学出版社,1987

12 于芝兰. 金属防护工艺原理. 北京:国防工业出版社,1990

13 曾华梁等. 电镀工艺手册. 北京:机械工业出版社,1985

14 蓝立文主编. 高分子物理. 西安:西北工业大学出版社,1988

15 高技术新材料要览. 北京:中国科学出版社,1993

16 王运言主编. 机械工程材料. 北京:机械工业出版社,1992

17 R A LINDBERG. Processes and Materials of Manufacture. ALLYN and BACON,1990

18 R A 弗林,P K 特若简. 工程材料及其应用. 北京:机械工业出版社,1986

19 B. W. NIEBER. Modem Manufacturing Process Engineering. Mcgraw-Hill Publishing company 1989

20 KALPAKJIAN. Manufacturing Engineering and Technology. Addison-Wesley Publishing Company 1995

21 E D DeGarme. Material and Processes in Manufacturing. 6th edition. Macmi Han Publishing company 1985

22 L EDOYLE. Manufacturing Processes and Material for Engineers. Prentice—Hall,Inc, 1985